이분법을 넘어서

이분법을

물리학자 장회익과 철학자 최종덕의 통합적 사유를 향한 대화

넘어서

한길사

이분법을 넘어서

지은이 · 장회익 최종덕
펴낸이 · 김언호
펴낸곳 · (주)도서출판 한길사

등록 · 1976년 12월 24일 제74호
주소 · 413-756 경기도 파주시 교하읍 문발리 520-11
www.hangilsa.co.kr
E-mail: hangilsa@hangilsa.co.kr
전화 · 031-955-2000~3   팩스 · 031-955-2005

상무이사 · 박관순 | 영업이사 · 곽명호
편집 · 박희진 안민재 | 전산 · 한향림
마케팅 및 제작 · 이경호 박유진 | 관리 · 이중환 문주상 장비연 김선희

출력 · 지에스테크 | 인쇄 · 현문인쇄 | 제본 · 대원바인더리

제1판 제1쇄 2007년 12월 20일
제1판 제4쇄 2011년 12월 15일

값 17,000원

ISBN 978-89-356-5866-4 03100

• 이 도서의 국립중앙도서관 출판시도서목록(CIP)은
e-CIP 홈페이지(http://www.nl.go.kr/ecip)에서 이용하실 수 있습니다.
(CIP제어번호: CIP2007003829)

• 잘못 만들어진 책은 구입하신 서점에서 바꿔드립니다.

"이해가 깊어지면 깊어질수록 자연의 법칙은
더 간결해지고 심지어 아름다워집니다."
• 장회익

대화로 더 넓은 지식의 세계를 배우다
▪ 머리말

 빛이 있으면 그늘이 있고, 삶이 있으면 죽음이 있다. 자연계의 모든 현상에 양면이 있듯이 우리는 존재가 있으면 비존재가 있고, 유한이 있으면 무한이 있을 거라는 식의 이분법적 사고에 익숙하다. 언어의 소산물인 개념을 자연계의 범주처럼 생각하는 일종의 믿음 때문이다. 그 믿음이 바로 형이상학의 출발이었고, 인간이 만들어내는 형이상학은 최고의 정신적 구조물이었다. 하지만 정신적 관념의 세계가 자연의 실상을 마음대로 다룰 수 있다는 자만이 넘치다보니 개념의 칼날을 휘두를 때마다 실체 없는 실체가 무수히 생겨나고 말았다.
 자석의 두 극을 서로 떼어 놓으려 한다면 어떻게 되겠는가? 막대자석은 반으로 쪼개어도 여전히 막대자석이다. 양극과 음극으로 분리된 자석을 생각한다면 그것은 실상이 아니며 단순한 개념이다. 예를 들어 300 더하기 200이 얼마인지 묻는 산수 문제에 답을 못하는 아이도 300원 더하기 200원이 얼마냐고 바꿔 물으면 단

박에 500원이라고 쉽게 말할 수 있는 것은 개념과 실상의 차이를 단적으로 말해준다.

개념의 탄생은 이성의 역사에서 매우 중요하지만, 개념이란 결국 실상을 찾아가는 지도일 뿐이다. 지도가 땅을 대신 할 수 없듯이, 개념이 실상을 대신할 수 없다.

그런 개념이 낳은 이분법의 아픔을 가장 많이 절감하는 사람들이 바로 한국인이기도 하다. 현대와 전통, 서양과 동양이라는 역사의 오랜 갈등은 과학과 비과학이라는 경계선에 절묘하게 놓여 있다. 그 경계선에서 지식 권력의 도그마이자 현실 권력의 도구로서 이분법을 오히려 즐기는 사람들이 있다. 그 달콤함에 머문다면 자연과 역사의 실상을 찾아가는 길을 영원히 잃을 수 있다. 길을 안내하는 지식과 정보는 산더미처럼 쌓여 있지만, 이 길이 저 길 같고 저 길이 이 길 같은 혼란스러운 '처세술의 지식'일 뿐이다. 개념은 정교해지는데, 온전한 지식은 점점 사람들의 관심에서 멀어진다. 분화된 개념을 넘어서 원래 하나의 실상을 찾을 수 있는 깨달음의 지식을 가질 수 있다면 이제라도 그런 지식을 찾아 공부해야겠다고 생각했다. 이런 생각의 만남이 곧 우리 대화의 시작이었다.

우선, 대화의 중요한 소재로서 상대성이론과 양자역학, 생명사상과 생물학, 동양적 자연관과 서양적 세계관, 의식과 물질 그리고 삶과 자연의 문제까지 이야기는 길게 이어졌다. 하지만 미리 정해 놓은 결론이란 처음부터 없었기 때문에, 과학과 철학이 이렇게 만나서 저렇게 되어야 한다는 식의 교훈적인 주장들은 대화에 들어설 틈이 없었다. 정말 소중하게 생각한 것은 오히려 지식이 무엇이고, 왜 필요하며, 어떻게 얻게 되는지에 대한 철학적 성찰이었다. 정형화된 철학담론에서 벗어나 구체적인 상황에서 지식과 우리의 삶이 어떻게 만나는지를 따져보았다. 자연스럽게 전통과 현대, 동양과 서양이라는 분화된 지식의 한계를 스스로 알게 되었고, 나아가 파편화된 지식들을 어떻게 통합해낼지를 고민하는 데에 이르렀다. 물론 현답(賢畓)을 곧장 이끌어낸 것은 아니지만, 어느 것이 도그마이고 실상인지를 분별할 수 있게 해주었다. 그래서 우리는 이미 각자가 배운 것을 일방적으로 토해내는 독백 같은 대화가 아니라 서로에게 묻고 답하는 변증법적 대화로 더 넓은 지식의 세계를 배우고 싶어했다.

그러나 충분한 상호 이해에 도달하지 못하고 문제제기만 하고 그친 것은 아닌지 반성해본다. 사실 이러한 대화라면 먼 길을 함께 걸으며 언어와 사유 저 바닥까지 내려가, 상대방이 알아듣지 못함에 대해 또는 납득되지 않는 상대방의 주장에 대해 역정을 내어가며 끝을 보아야 하는데, 그렇지 못했다. 제한된 분량의 책으로 묶어내야 한다는 점과 보이지 않는 또 하나의 참여자 곧 독자를 의식하지 않을 수 없었던 것 같다.

기존의 통념에서 벗어나는 얘기로 독자들에게 혹시 당혹감을 주거나 전문 용어와 개념들로 난해함만 더했을 수도 있다. 부족한 점은 독자들의 상상력에 맡기고자 한다. 지식의 여행담을 듣는 사람이 여행의 장면을 나름대로 상상하는 일은 그 자체 의미도 있고 기분 좋은 일이다. 그곳에는 '해밀토니안'이라는 괴물도 있고 '시간을 늘렸다 줄였다' 하는 도깨비도 등장한다고 생각해주면 좋겠다.

언젠가는 그 괴물들과 마주쳐보고 싶다는 생각으로 이끌리고, 개념 안에 제한된 통념에서 벗어나 자유로운 사유의 세계를 마음껏 그려본다면 금상첨화일 것이다.

실패를 통해 배운다고 했다. 어쨌든 이번 대화는 우리 당사자들에게는 좋은 배움의 자리가 되었다. 학문의 길을 가면서 서로 말을 나눈다는 것이 얼마나 소중한 것인지를 익히 알면서도 평소 제대로 실천하지 못했다. 이런 기회가 아니었더라면 묻혀버릴 뻔한 생각의 실마리들을 풀어내었다는 것이 하나의 성과이며, 이러한 생각이 소통되고 공유될 수 있음을 알게 된 것 또한 큰 보람이다.

2007년 11월
장회익 · 최종덕

이분법을 넘어서

■ 머리말 | 대화로 더 넓은 지식의 세계를 배우다 —————— 6

1 과학과 철학의 만남 ——————————————— 13

과학 공부의 여정   15
안다는 것은 무엇인가   33
통합적 사유를 찾아서   51
열린 교육의 가능성   65

2 지식의 누적과 전환: 고전에서 현대로 ———— 71

이해의 폭은 성장한다   73
체계의 전환과 누적: 돈오와 점오   88
상대성과 절대성, 그리고 상대성이론   95
실재란 무엇인가   106
이성에 대한 왜곡   135

3 생명에 대하여 ——————————————————— 149

생명사상의 출발   151
과학으로서의 온생명   158
온생명의 언어와 존재   171
닐스 보어의 생명이해   195

4 동양과 서양 — 201

격물치지: 대생지식의 가능성	203
동서의 차이와 다양성	218
서로를 이해하기	237
동서간, 학제간 통합의 가능성	245

5 의식과 물질 — 259

의식의 원형과 도약	261
의식의 진화	273
의식의 주체화	284
양자역학에서 의식의 주체	291
삶의 경험주체로서의 의식	298
가치의 주체성: 삶의 윤리	304

6 대립과 화해, 물러섬과 나아감 — 311

종합을 향한 통찰	313
실존적 대립을 넘어서	320
도덕과 자연: 삶과 세계	331

■ 찾아보기 — 343

1

과학과 철학의 만남

과학 공부의 여정

최종덕 안녕하세요, 선생님. 아주 오랜만에 뵙습니다. 여전히 활발히 활동하시는 모습을 보니 반갑습니다.

장회익 저도 최 선생의 근황을 간접으로 듣고 있었던 터인데 이런 대화의 만남을 갖게 되어 참으로 기쁩니다.

최종덕 출판사의 기획으로 서로 이렇게 만나게 되었습니다. 이 책의 전반적인 방향에 대해 많이 생각했지만, 사실 이야기가 어떻게 전개될지는 저도 궁금합니다.

장회익 나나 최 선생이나 자연과학과 인문학 모두에 관심을 갖고 공부를 해왔기 때문에 결국은 인문학과 과학의 만남이 되겠지요.

최종덕 저도 그렇게 생각합니다. 그러면 이제부터 이야기를 풀어놓으며 토론여행을 떠나보겠습니다. 형식은 토론이지만 굳이 어떤 결과가 나와야 한다는 조건을 달 필요는 없을 것 같습니다. 그러면 오히려 이야기가 자연스럽지 못하겠지요.

우선 서로의 학문 여정을 살펴보면서 이야기를 시작해보면 어떨까 합니다.

장회익 좋은 생각입니다. 지난날을 되돌아보며 생각의 물줄기를 짚어나가는 것이 좋겠지요.

최종덕 선생님은 물리학과 철학, 동양과 서양, 이론과 실천을 조화시킨 학제간 지식인으로 많이 알려지셨습니다. 또한 선생님의 '온생명' 개념은 이미 많이 알려졌습니다. 그런데 이 온생명 개념은 단순히 물리학이나 철학 분야에만 국한되지 않고, 독자들의 입장과 필요에 따라 다각도로 인지되고 있습니다. 그래서 온생명 개념이 담고 있는 사상을 생태론적 세계관을 다루는 모든 학문의 종착점으로 보는 사람들도 있지요.

넓게는 자연과학과 인문학, 좁게는 물리학과 철학 사이에서 다리를 놓는 일을 꾸준히 해오신 선생님의 학문적 성과들은 오랜 삶의 고민과 학문 여정을 통해 나왔을 것입니다. 저 역시 자연과학을 하면서 인문학을 하고 있기 때문에 선생님의 그런 고유한 사유방식이 어떻게 형성되었는지 궁금했고 함께 얘기해보고 싶었습니다.

장회익 과학과 철학이 나와 어떻게 만나게 되었는지, 그 만남이 나에게 어떤 의미를 가져다주었는지, 또 과학을 통해 자연을 안다고 말하는데, 과연 안다는 것이 무엇인지 이런 근원적인 문제들에 대한 이야기를 풀어나가야 겠습니다.

먼저 최 선생님부터 그간 공부해오신 과정에 대해 말씀해주시면 좋을 듯합니다.

최종덕 저는 지금 철학을 전공하고 있지만 대학 다닐 때 물리학을 공부했습니다. 그런데 물리학을 처음 시작했을 때는 사실 수학에 더 관심이 많았어요. 어쨌든 고등학교 때 왜 물리학에 관심이 있었나 하고 생각을 더듬어보니, 환경문제에 관심이 많았던 것 같습니다. 그때는 환경문제를 푸는 방식이 오로지 과학뿐이라고 생각했어요. 환경문제의 원인은 물질적 오염이 전부라고 보았거든요. 지금 생각해보면 단순하고 좀 어리숙했지만, 환경문제를 푸는 방법에는 먼저 화학적 방식이 있고, 그 다음 물리학적 방식이 있을 거라고 생각했죠. 예를 들어, 굴뚝에서 나오는 연기가 나쁘고, 자동차가 뿜어내는 배기가스는 심각해지고, 그로 인한 매연은 화학물질에 의한 오염이 주범이라고 보았죠. 그러나 화학 작용으로 생긴 환경오염을 화학적으로 풀려고 하면 문제가 풀리기는커녕 더 커질 것 같은 엉뚱한 생각을 했습니다.

화학을 화학으로 풀려고 하면 일시적으로는 풀릴 수 있지만, 부차적인 또 다른 심각한 문제를 야기할 수 있다는 뜻입니다. 물론 구체적인 과학적 증거를 가졌던 것은 아닙니다. 막연한 추측이었지요. 그래서 화학으로 생긴 문제를 다른 방식으로 해결하는 게 좋겠다고 생각했는데, 아무래도 물리학이 아니겠나 싶었죠. 사실 물리학이라는 게 뭔지 제대로 모르기도 했지만, 일단 화학은 아니라고 나름대로 결론낸 겁니다. 나중에 생각해보니, 그 어린 나이에 생각했던 논리구조란 바로 엔트로피 증가의 법칙이었지요. 화학적 오염을 화학적 방식으로 해결하는 방식은 엔트로피 증가의 결과만 낳는다는 일종의 메타포의 생각이었지요.

장회익 그래서 그런 공부를 계속하셨나요?

최종덕 막상 대학에 들어온 뒤 저는 일반물리와 수학 관련 세미나에 참여하며 꽤나 의욕적으로 과학공부를 시작했어요. 한편 당시 군부독재의 정치적 상황이 사회문제로 눈을 돌리게 하면서 역사와 철학에 관심을 갖게 했어요. 오로지 자연에 대한 관심만 있던 저는 조금씩 인간과 사회에 대해 고민하게 된 것입니다. 이후 철학 공부를 독학과 청강으로 시작하여 서양철학사 번역서를 10회 이상 통독할 정도로 철학공부에 깊이 빠졌지만, 자연운동의 법칙성과 세계에 대한 과학적 호기심은 여전했습니다.

그때부터 과학과 인문학이 이상하게 서로 충돌하기 시작한 거예요. 저한테는 영원히 풀리지 않을 문제였죠. 지금도 두 가지에 다 관심 있다고 그럴듯하게 말하기도 하고 학술논문에서도 그 둘의 대화를 멋지게 풀어간다고 자만할 때가 있습니다. 그러나 본질적으로 두 영역의 만남과 충돌의 문제를 풀기는 쉽지 않습니다.

장회익 푼다는 뜻은 자연과학과 인문학의 관계를 밝힌다는 것인가요?

최종덕 예. 다른 말로 종합이라고도 할 수 있겠지요. 학문을 시작하는 초기에는 그러한 충돌, 나아가 갈등이나 모순 등이 만날 수 없는 평행선처럼 보여 앞으로만 나아갔죠. 양쪽 사유를 마냥 왔다 갔다만 했어요. 그런데 점점 세월이 지나면서 양쪽의 대척점이 크고 긴 하나의 연결선의 양쪽이었다고 파악되기 시작하더군요. 둘은 분리된 것이 아니라 연속적이어서 충분히 잘 연결하거나 종합할 수도 있겠구나 하는 믿음도 생겼습니다. 과학과 인문학, 전통과 현대, 동양과 서양, 결정론과 자유의지 등 주변에서 흔히 경험하는 대척점의 사유나 갈등적 사태, 다른 말로 하면 이분법적 사유를 많이 고민해봤죠.

장회익 얘기를 듣고보니 저보다 지적으로 훨씬 일찍 성숙하셨군요. 내가 공부를 시작할 때는 환경문제 같은 것은 생각할 수도 없었어요. 아마 시대 차이라고도 생각되는데, 그때는 공장에서 연기가 나면 그게 자랑스러울 뿐이었지요.

나는 중학교 때 처음 과학을 해야겠다고 마음먹었어요. 두 가지

> **최** 서양철학사 번역서를 10회 이상 통독할 정도로
> 철학공부에 깊이 빠졌지만, 자연운동의 법칙성과
> 세계에 대한 과학적 호기심은 여전했습니다.

생각 때문이었는데, 하나는 그냥 과학이 재미도 있고, 좀 소질이 있는 것 같았어요.

최종덕 너무 겸손하신 말씀입니다.

장회익 아마 이게 더 중요할 텐데, 나머지 하나는 우리나라가 앞으로 제대로 살아갈 방법은, 과학기술을 하는 길이라고. 그래서 기술산업을 일으키는 바탕으로 과학을 해야 한다는 생각에 이른 거지요. 최 선생은 환경문제에까지 닿았다는데, 나는 말하자면 일종의 개발론자로 출발한 거죠.

최종덕 그건 당시의 전반적인 사회풍조 아니었던가요?

장회익 그런 면이 있었을 겁니다. 나라가 어떻게 해야 힘을 기를 것인가 하는 것이 가장 큰 과제였고, 항상 그런 말을 듣고 자랐으니까요. 어쨌든 지금에야 돌이켜보면 좀 성급한 결정이었는데…… 어쨌든 공업고등학교로 진학했어요. 나는 일단 결론이 나오면 가능한 한 빨리 실천하자는 것이었지요. 지금의 과학고등학교 같은 것이 그때 있었다면 제일 가고 싶은 학교였을 겁니다.

산업의 기초가 되는 과학을 일찍부터 공부하고 싶었지만, 그때는 그런 의미의 과학을 하는 학교는 없었어요. 우선 산업을 일으켜야 한다고 보았기 때문에, 공업고등학교를 가자고 마음먹었던 것

이죠. 고등학교인데도 벌써 학과로 나뉘어 있었고 저는 기계과를 선택했지요. 산업기술은 기계 없이 되는 게 아니니까요.

최종덕 그런 학생들이 많았나요?

장회익 많지는 않았지만, 내가 좀 순진했지요.

최종덕 그 당시에는 기술직에 대한 사회적 인식이 호의적이지 않았을 텐데 집에서 반대하지 않았나요?

장회익 어머니가 극구 말렸죠.

최종덕 그런데도 공고를 선택하셨군요?

장회익 어머니는 의사가 되기를 바라셨지만 아버지는 생각이 조금 달랐어요. 아버지는 저수지와 수로(水路)를 설계하고 공사감독을 하는 토목 기사였기 때문에 과학에 대한 이해가 그런 대로 깊었죠. 공부는 많이 못하셨지만 수학과 물리학에는 대단한 탐구력을 가진 분이셨어요. 초등학교를 졸업하고 나서 한 일 년 정도 측량기사 양성과정을 마치고 바로 측량기사로 출발했어요. 수학, 물리학에 대한 기초는 별로 없으셨지만 실제 업무에 필요하니까 독학으로 공부를 많이 하셨어요. 그래서 아버지 서가에는 수학과 물리학 책이 제법 많이 꽂혀 있었지요. 공사현장 감독으로 출장을 자주 가셨는데, 집에 들어오시면 늘 펼쳐 보시는 것이 수학 책 아니면 물리학 책이에요. 삼각형, 원 등이 그려져 있고 수식도 많아서 초등학생이었던 저로서는 도무지 이해할 수 없는 세계였죠. 그저 '이상한 책 보신다'고만 생각했지만 나도 모르게 그런 쪽에 관심이 쏠렸던 것도 사실이에요. 과학을 하고 싶었고 그러려면 공고로 진학해야 한다고 했더니 아버지는 선뜻 동의하시더군요. 어머니는 반대하셨지만, 2대 1이니까 우리가 이겼지요.

그런데 결과는 그만 잘못 선택한 꼴이 되고 말았어요. 흥미를 느끼던 물리를 공부하고 싶었는데, 물리 선생님이 다른 직장으로 옮기시는 바람에 수업을 거의 듣지 못했고 엉뚱하게 생물학을 배우게 되었어요. 사실 중학교 때부터 생물 수업은 질색이었어요. 무얼 하나 깊이 이해시키는 것도 없고, 신체부위의 이름들, 교감신경, 부교감신경 같은 낯선 용어들만 줄줄이 나오는, 따분하게 외워야만 하는 과목이었어요. 공고를 왔는데 물리를 배우기는커녕 싫어하던 생물학을 또 만나게 되니 내심 불만이었죠. 또 전공으로 배우는 기계공학이라 해봤자 대단한 깊이가 있었던 것도 아니고. 그때 학교에는 고철을 녹이는 용선로(鎔銑爐)라는 것이 있어서 여기서 나오는 쇳물을 부어 제일 만들기 쉬운 아령 같은 것을 만들어보는 게 고작이었어요. 산업기술이 중요하다는 생각은 여전했지만, 아무래도 내 적성이 그런 기술직에 맞는 것 같지는 않더라고요. 결국 공과대학 갈 생각을 단단히 하고 방성희 선생이 쓴 두 권짜리 물리학 교과서를 혼자 보기 시작했어요. 읽어나가다 보니까 너무 재미가 있어서 두 권을 몽땅 읽어버렸지요.

최종덕 아버지처럼 독학을 하신 거네요?

장회익 그런 셈이지요. 책에 나온 연습문제도 쉽게 풀리고, 진짜 재미있어서 아예 물리학과를 가야겠다고 방향을 바꿨어요. 그 당시 물리학과는 문리과대학 소속이었어요. 그러니까 주변에선 또 반대예요. 이왕에 시작한 공부니 공과대학을 가지 왜 또 물리학과를 가느냐고. 물리학 배워서 뭘 할 거냐고. 그렇지만 공부도 내

장 산업기술이 중요하다는 생각은 여전했지만, 내 적성이 기술직에 맞는 것 같지는 않더라고요. 공과대학 갈 생각으로 물리학 교과서를 혼자 보기 시작했어요.

가 하고 싶어야 하죠. 물리가 공학의 기초니까 물리학을 먼저 하고 공학을 해도 된다고 설득했죠.

그 무렵 상대성이론에 대한 글도 좀 읽었어요. 고등학교 때 처음 상대성이론에 대한 이야기를 들었을 때는 정말 신기했어요. 시간이 길어졌다 짧아졌다 한다니! 대학에 가면 제대로 한번 알아봐야겠다고 생각했어요. 입학할 즈음 물리학에 푹 빠지고 싶었지요.

최종덕 그래서 대학에 들어가 정말 푹 빠지셨나요?

장회익 흥미가 없었던 생물학 대신 물리학만 하면 되니 얼마나 좋았겠어요. 그런데 그것도 오래 가지 못했지요.

최종덕 이유는 뭔가요?

장회익 굳이 핑계를 대자면 교육여건 때문이라고 할까요. 책이 귀했던 시절이죠. 일반물리 교재는 영어로 된 책이었는데, 선생님이 책 한 권을 어렵게 구해 가르쳤어요. 그것도 절반으로 나눈 반쪽짜리 책으로 전반부를 우리에게 가르치고, 나머지 반쪽은 다른 대학의 선생님을 주어 그쪽에서 가르친다고 하더군요.

그 정도로 책이 귀할 때니까, 우린 교수님이 칠판에 써주시면 열심히 베끼는 수준이었죠. 근데 처음에는 좀 재미있더니 점점 진도를 나가니까 내용은 많아지고 따라가기 힘들어지더군요. 내용이

다 흥미로운 것도 아니고. 그래도 일반역학을 배우며 2학년 때까지는 그런 대로 애써 공부를 했어요. 하여간 교과서는 외국에서 발간한 유명한 책으로 한다고 하는데, 현실적으로 책은 없었지요. 어쩌다 좀 빌려 읽어보아도 외국어여서 뜻이 알쏭달쏭하고 내용을 몰라 이해가 안 되는지 말을 몰라 이해가 안 되는지 알 수가 없었어요.

고등학교 때까지는 읽으면 읽는 대로 안다고 느꼈는데, 대학에서 제대로 공부하려니 안다는 것 자체가 무엇인지 의심이 드는 거예요. 고전역학에서도 '버추얼 포스'(virtual force)니 뭐니 하는 전문용어가 나오고, 이상스런 수학함수들을 자꾸 도입하는데 어떻게 받아들여야 할지 모르겠더군요. 그러면서도 3학년이 되자 상대성이론 강의를 정식으로 신청하여 듣게 되었어요.

최종덕 학부에서 상대성이론이라는 과목이 따로 있었나요?

장회익 아예 별도 교과목으로 있었어요.

최종덕 제가 물리학과를 다닐 때에는 특수상대성이론의 로렌츠 변환식만을 맛보기로만 가르쳤지 상대성이론이란 과목은 없었거든요.

장회익 그 당시 서울대학교 물리학과에서는 현정준 교수가 정식 과목으로 두 학기나 가르쳤지요. 이분은 나중에 천문학과로 자리를 옮기셨지요. 사실 상대성이론은 4학년 과목이었는데, 마음이 급해 3학년 때 앞당겨 들은 거예요. 선배들 강의에 혼자 들어가 듣기가 좀 멋쩍어 동급생 친구 두 명을 설득해 함께 들었어요. 관심이 컸던 만큼 학점도 100점을 받았어요. 당시 성적을 점수로 내는 분도 있었죠. 하지만 시험성적과는 별개로 나는 배움에 여전히 만족스럽지 않았어요. 내가 정말 이해를 하는지를 모르겠고. 수식은 따라가면 되었지만 독특하고 이상스런 논리를 펴는데는 일종의 거부감도 들었어요. 왜 그것은 되고 저것은 안 되는가? 도대체 어떤 논리와 사유는 되고 어떤 것은 안 되는가? 이런 근원적 문제가 해결되지 않았어요. 그러다가 문득 떠오른 생각이 철학이 부족하다는 것이었지요.

최종덕 단순히 추상적인 차원이 아니라 체험적인 깨달음의 결과로 그런 결론에 도달하신 것이군요.

장회익 그밖에 좀더 깊은 내면의 요구가 있었겠지요. 그러나 표면적으로는 물리학을 더 깊이 이해하겠다고 한 것이 이런 구실을 제공한 셈이지요.

최종덕 학문에 대한 근본적인 고민으로 자연스럽게 철학에 관심을 가지게 되었군요. 이야기를 듣고 보니 과학자의 근원적 질문이 시작되었다는 느낌이 듭니다. 마치 20세기 최고의 물리학자 닐스 보어나 하이젠베르크의 이야기를 듣는 것 같습니다. 당시 많은 서구 물리학자들은 과학자이면서 철학자이기도 했습니다. 닐스 보어도 그러했지만 하이젠베르크 역시 고전 희랍어 원전으로 고대 철학을 거의 섭렵했을 정도이니까요. 물리학이나 철학이나 모두 진리를 찾아가는 길이며 단지 탐구방법만 다를 뿐이라고 생각합니다. 선생님께서는 수식이 아닌 이상스런 논리라고 말씀하셨는데, 그것이 바로 철학이라고 깨달았다는 것은 소중한 계기였다고 생각됩니다. 과학 공부가 단순히 수학적 문제를 해결하는 것이 아니라

운동의 세계를 이해하는 통찰의 방식임을 깨닫게 해주는 말씀 같습니다. 저 역시 철학이 따로 있는 것이 아니라 그런 고민 자체가 철학이라고 생각합니다. 그 이후의 여정이 궁금하군요.

장회익　그래서 3, 4학년 들어서 철학과목을 찾아다니며 들었어요. 물리학과가 문리대(文理大)에 있으니까 철학과와 가까이 있었고 자유롭게 강의를 들었지요. 제일 먼저 들은 것이 과학철학(科學哲學)이었어요. 내가 왜 과학을 잘 이해하지 못하는 것인가, 도대체 과학의 철학은 무엇인가라는 자생적인 내 의문을 풀 수 있는 기회라고 보았죠.

최종덕　중요한 철학적 질문을 스스로에게 던지셨는데, 진정으로 안다는 것이 무엇인가라는 문제는 결국 지식이 과연 무엇인가라는 반성적 문제와 관련 있는 것 같습니다. 문제를 푸는 것과 그리고 안다는 것에 대한 반성에서 철학의 필요성을 이야기하셨고, 과학철학 이야기까지 진전되었는데, 과학의 지식과 철학의 인식이 어떻게 만나는지 계속 이야기해주시죠.

장회익　대학시절 과학철학을 담당하시던 분이 김준섭 교수였는데, 매학기 주제를 달리했지만 내가 처음 듣던 학기에는 라이헨바흐(Reichenbach)가 쓴 「상대성이론의 철학적 의미」라는 논문을 읽는 거예요. 내 관심 분야에 딱 맞는 것 아닌가요? 그런데 실제로 얻은 건 별로 없었어요. 영어 논문을 읽어가는 수업이었는데, 돌려가며 번역하기 바빴고 그나마 상대성이론이 무엇인지 감이라도 잡는 사람은 물리학과 학생인 나 외에 별로 없었으니까요. 교수님도 물리학에 대해 어둡기는 마찬가지였고. 읽다가 어려움이 생기면 으레 "장 군은 어떻게 생각해?" 하셨죠. 나는 좀 으쓱했어요. 지금은 그 내용 중 생각나는 게 거의 없군요. 사실 기대와는 달리 그 안에서 내가 정말로 궁금해하는 것을 찾을 수가 없었어요. 내가 물리학 공부에서 왜 막혔는지, 물리학적 해명에 앞서 내가 알아야 할 더 기본적인 무언가가 있어야 할 것 같은데, 시원한 답은 역시 나오지 않더라고요. 그래도 지식이 무엇인가에 대한 공부를 더 해봐야겠다고 생각해서 과학철학 과목만 3학기를 들었어요. 과학철학 과목을 들으며 철학공부를 하다보니까, 철학에 대한 관심은 더욱 늘어나 최재희 선생이 강의하신 칸트의 '순수이성비판', 박종홍 선생의 '현상학' 등도 듣게 되었어요.

여담으로 최재희 선생의 칸트의 순수이성비판 강의에 대해 조금 더 말씀드릴까요? 선생님은 『순수이성비판』 독일어 원본을 놓고 강의하셨어요. 나는 공고를 졸업했기 때문에 독일어를 전혀 배우지 못했고 대학에서도 입문 과목 겨우 두 학기를 배웠기 때문에 어디 따라 읽을 수가 있나요? 다행스럽게도 진도가 얼마나 늦은지 본문은 고사하고 서론조차 들어가지 못하고 겨우 서문을 절반 정도 읽고 한 학기가 끝난 거예요. 그리고 학기말 시험이 다가왔는데, 생각해보니 결국 그동안 읽은 독일어 원문을 주고 번역하라는 것이 나오지 않을까 싶더군요. 그래서 용기를 내서 선생님을 찾아갔어요. 제가 이 강의를 들은 것은 칸트의 시간공간 이론과 아인슈타인의 시간공간 이론의 차이를 알고 싶어서였는데, 거기까지 가지 못하고 끝날 듯하니 이것에 대해 제가 공부해 보고서를 내겠노라고, 학기말 시험은 이것으로 대신하게 해달라고 했지요. 그랬더니 선생님도 쉽게 내 뜻을 이해해주시고 그렇게 하라는 거예요. 그래서 영어판 『순수이성비판』을 구해 여기에 나오는 시간공간론을 읽고 내가 아는 상대성이론 지식에 대한 나의 상상력을 보태 논문을 하나 만들었지요. 써놓고 보니 제법 그럴 듯해 사본을 만들어놓고 제출하고 싶었는데, 그때는 복사라는 것이 불가능하잖아요. 결국 다시 전체를 베끼는 수밖에 없는데, 너무 힘들어서 못하고 원본을 그냥 제출하고 말았어요. 나중에 성적 결과를 보니까 철학과 학생들을 다 제쳐놓고 최고점을 받았더군요. 그때 내가 이 논문에 무엇을 썼는지, 아마 무척 유치한 내용일 테지만 한 번쯤 다시 읽어볼 수가 없어 아쉽게 되었어요.

최종덕 그렇지만 그때 공부하신 것 가운데 체험적으로 기억나는 것은 없으신지요?

장회익 이 무렵 과학철학 공부를 통해 얻은 것이 있다면 20세기 초 이른바 비엔나 학파(Vienna Circle)를 중심으로 한 논리실증주의를 어느 정도 섭렵했던 게 아닌가 합니다. 후에 논리실증주의는 논리경험주의로 확대되어 불렸죠. 분석철학의 핵심으로서 논리경험주의는 그동안 많은 비판을 받아왔습니다. 나 역시 비판적이었지만, 논리경험주의 안에는 나름대로 배울 것이 있어요. 나는 지금도 철학하는 사람들이 일단 이것을 밟고 넘어서야 한다고 봅니다. 철학적 사유를 유도하는 방법론적 태도를 배울 수 있기 때문입니다.

또 한 가지가 있다면 나름대로 공부에 대한 확신이 생긴 거예요. 지식이란 것이 그 자체로 완전할 수 없다는 생각이 들면서, 무슨

논리실증주의와 비엔나 학파

1920년대 비엔나 대학의 모리츠 슐리크(M. Schlick, 1882~1936)와 루돌프 카르나프(R. Carnap, 1891~1970)를 중심으로 물리학자·철학자·경제학자·수학자 등이 모여서 기존의 형이상학을 부정하는 새로운 실증주의 학파를 세웠다. 이들은 검증되지 않는 모든 명제들은 무의미하므로 학문의 대상에서 제외해야 한다고 강하게 주장했다. 이들의 입장은 모든 학문체계를 물리학의 기반으로 환원되어야 한다는 '통일과학운동'의 재구성이라고 볼 수 있다. 예를 들어 실체·인과성·자유·신(神) 등 실증할 수 없는 심오한 기존 개념들은 진위를 판단할 수 없는 무의미한(senseless) 질문이므로 아예 학문의 범주에서 제거해야 한다는 것이다. 이런 문제들을 파헤쳐보면 자연에 관한 질문이 아니라 단지 인간 언어의 활용에 지나지 않는다고 보았기 때문이다.

여기서 중요한 점은 과거 실증주의를 주창했던 베이컨이나 콩트 그리고 J. S. 밀의 입장과 차이가 있다. 즉 과거의 실증주의 철학자들은 그런 형이상학적 명제들을 '가짜'(false)라고 규정한 반면 논리실증주의자들은 사실도 허위도 아닌 무의미한 명제라고 한 것이다. 이들의 주장은 지나치게 강하여 반발도 많았고 많은 수정을 거쳤지만, 영미 분석철학의 기반을 구축했다고 해도 과언이 아니다.

학문이든지 간에 일정한 도식을 통해서만 앎에 도달하는 것은 아니라고. 혼자 책을 읽고 상상을 넓혀가면서 공부하는 것이 오히려 지식을 익히는 데 더 좋을 수도 있다고 말입니다. 어떤 학문이든지 붙잡기만 하면 해낼 수 있겠다는 생각도 들었는데, 이 점에서는 굳이 과학과 인문학을 나눌 필요도 없는 것이지요.

그래서 조금 전에 최 선생이 인문학과 과학의 관계에 대해 말씀하실 때, 어떤 접합의 가능성을 느꼈어요. 말하자면 나는 학문 영역 사이의 경계를 의식하지 않고 내 관심사만을 내키는 대로 좇아가다보니 자연스럽게 과학과 철학이 만나는 곳을 넘나든 셈입니다. 과학 공부를 하다보니 과학 지식의 바탕에 대한 의문이 들었고 그 바탕을 파고들려고 하니 철학적인 생각을 하게 된 거고, 철학적인 생각을 한다는 게 곧 넓은 의미의 인문학으로 연결되는 것이지요. 이렇게 하나보니 연관된 철학적 관심사가 단순히 과학철학에만 머물지 않고 당시 유행하던 실존철학과 현상학 등으로 넓혀지더라고요. 막연하게나마 삶이라는 것이 무엇인지에 대한 철학적 질문이 시작된 것입니다. 삶에 대해 어떤 깊고 좁은 학문적 추구라기보다는 이미 앞에 놓인 철학적 문제들에서 출발하여 주체로서의 나와 연관된 문제들, 과학에 대한 인식의 문제, 가치의 문제, 그리고 삶 자체의 문제까지 질문들이 이어지게 되었습니다.

최종덕 삶에 대한 지식, 아니 지식이라기보다 삶에 대한 질문이 왜 하필이면 과학과 연관될 수 있는가라는 문제라고 봅니다. 저 역시 그런 질문들이 저를 가만 놔두지 않았습니다. 저도 물리학 공부를 했지만 학부 때는 단순 계산과 문제풀이에서 벗어나지 못했습니다. 예를 들어 돌이 떨어지는 낙하지점을 계산하기 위해서 혹은 행성의 궤도 속도를 묻는 질문에 대한 답을 교과서에서 배운 대로 열심히 풀기에 바빴지요. 그런데 왜 항상 돌은 위에서 아래로만 떨어지는지, 행성은 왜 그런 궤도로만 도는지 하는 질문이 결핍되어 있음을 느꼈습니다. 오히려 물리학은 좀더 근원적인 세계에 대한 지식을 다루는 것이라는 생각이 들게 됩니다. 물리학은 근본 지식에 대한 뿌리를 찾아가는 과정이라고 본 것입니다. 선생님께서도 근본 지식에 대한 질문을 더 멀리 더 깊이 밀고 나가 삶에 대한 질문으로 이어가면서 과학과 인문학의 접점을 경험하신 건데, 그것이 선생님의 학문 여정을 여는 사유 방식의 첫 출발상황이었다고 할 수 있겠군요.

장회익 세계에 대한 질문과 삶에 대한 질문이 서로 만날 수 있다는 것을 처음부터 기대했던 것은 물론 아니었어요. 이것은 서로 다른 두 세계라 생각하기가 쉽거든요. 이 말은 객관적 대상에 대해 질문하는 일이 '과연 나 자신이 무엇인가'를 질문하는 일과 어떤 관계가 있느냐는 물음이기도 합니다. 철학의 입장은 어떤가요?

최종덕 물리학이라는 건 세계에 대하여 지식의 체계를 찾아나가는 것이지만, 또 다른 측면에서 그 지식의 체계에서 나 자신이 제외되었다는 생각을 뿌리칠 수 없었습니다. 세계와 자아, 객관과 주관이 완전히 구분될 수 있다는 생각에 동조하기 어려웠어요. 물리학을 하면서도 대상이 무엇인가를 물어보는 주체는 분명 나 자신이므로 자아에 대한 질문을 먼저 해야 된다는 생각에 빠져 있었습니다. 그런 생각은 저를 끊임없는 고민에 빠져들게 했어요. 그런

장 세계에 대한 질문과 삶에 대한 질문이 서로 만날 수 있다는 것을 처음부터 기대했던 것은 물론 아니었어요.

고민 때문에 전공을 물리학에서 철학으로 바꾼 것이기도 하고요. 좀 도식화시켜보면, 대상적인 지식과 성찰적인 지식이 자연과학과 인문학의 커다란 차이라고 좀 어설픈 판단을 한 것입니다. 그것이 대상적 지식이든 성찰적 지식이든 진짜 근본을 파고든다는 점에서는 물리학이나 철학이나 공통적이지만요.

장회익 그런 이유 때문에 물리학에서 철학으로 바꾼 것인가요?

최종덕 사람들이 저한테 가장 많이 던지는 질문입니다. 사실 그 답은 쉽고도 어려운 것 같습니다. 선생님은 계속 물리학을 하면서도 제도교육의 틀을 벗어나 독자적으로 철학 등의 인문학에 관심을 가져오신 것이지요. 그렇게 하신 것이 오히려 자유롭고 열린 철학적 사유를 할 수 있다고 봅니다. 저처럼 물리학에서 철학으로 전공을 바꾼 관련 학자들이 국내에도 꽤 있는데, 금방 떠오르는 사람만 해도 7, 8명은 되는 것 같습니다. 다들 한결같이 하는 말이, 근본을 알고 싶은 지적 호기심이란 물리학이나 철학이나 동일하다는 거죠. 굳이 대상지식과 성찰지식을 나눌 필요가 없어요.

장회익 서양과학사를 훑어보면, 물리학자들은 대부분 자연과학자이면서 자연철학자이기도 했어요. 서구 근대까지만 해도 자연과학자들에게는 대상에 대한 경험적 지식과 세계에 대한 존재론적 성찰이 그렇게 분리적이지 않았던 것 같아요.

최종덕 그렇습니다. 17세기 뉴턴에서 19세기 볼츠만에 이르는 많은 과학자들은 경험과학과 신의 존재를 가정한 선험철학을 서로 연관시키려고 했습니다. 우리는 이런 연관성을 과학실재론이라고 말하기도 합니다. 자연계 배후에는 신(God)이나 이데아(Idea)처럼 사물을 사물이게끔 만들어주는 실재가 존재한다는 뜻이지요. 그 실재는 실제로 추상적 개념일 수도 있지만요. 서구 근대 대부분의 과학자들은 나름대로 어떤 종교적인 배후와 혹은 대상을 인식하는 주체에 대한 정체성을 고민했고, 그것이 세계를 바라보는 시각으로 바뀌었지요. 과학이라는 것은 대상에 대한 지식이지만, 대상을 찾아가는 것은 인간, 즉 나라는 주체이기 때문에 과학과 인문학은 불가분의 관계죠.

과학철학 교과서에서는 '발견의 맥락'과 '정당화의 맥락'이라는 말을 많이 합니다. 그런데 흔히 자연과학은 논리적 추론만 강조하는 정당화의 맥락을 많이 연구해왔단 말이죠. 20세기 논리실증주의의 효시였던 라이헨바흐의 진리관 역시 논리적 진리에 국한한 듯합니다. 다시 말해서 참이냐 거짓이냐를 결정하는 것은 그 명제가 지칭하는 대상과 대응할 때는 진리이고, 그렇지 않으면 거짓이라는 그런 의미의 논리적 진리만을 강조했죠. 그런데 과학자 자신의 주체적 성찰과 과학지식의 사회적 상관성, 나아가 지식의 패러다임을 지배하는 역사적 지평 등이 과학적 탐구와 밀접히 연관되어 있다는 것은 오늘날 두말할 필요가 없게 되었어요.

제가 물리학에서 인문학으로 바꿀 때 시작한 것이 과학철학이었는데 불행히도 과학철학이라고 배웠던 것이 아까 말씀하신 논리실증주의 철학이었습니다. 당시에는 그것이 철학의 전부라고 생각했어요. 한국 분석철학계의 신화였던 이한조 교수님께 과학철학을 처음 배우면서, 그것이 전부라고 생각했습니다. 그런데 나중에 독일에서 철학 공부를 하고 나서, 그게 아니라는 것을 깨달았습니다. 제가 배웠던 것이 대개 미국 중심의 분석철학이었다는 것을 알게 된 겁니다. '나는 반쪽 철학을 공부했구나. 심하게 얘기하면, 과학방법론에 종속된 철학, 흔히 사유의 올빼미라고 얘기하는 철학만 공부했구나'라고 말입니다. 우주와 자연을 통찰하며 진정한 나 자신을 성찰하고 삶에 대해 질문하는 방식의 과학철학이 있다는 것을 뒤늦게 깨달은 셈입니다.

안다는 것은 무엇인가

최종덕 그럴 기회가 오진 않겠지만 만일 제가 지금 일반물리를 학생들에게 가르친다면, 철학을 배후로 삼아 재미있게 가르칠 수 있을 것 같아요. 수학을 버려서는 안 되지만 수학과 물리학이 다르다는 것을 학생들에게 알려주고 싶다는 뜻입니다. 예전에 물리학 공부를 하면서 수학에 너무 치였거든요. 아니, 수학이 아니라 산수죠. 계산하는 문제에 너무 휘둘려서 물리학적인 사유나 세계관에 대해서는 배우지도 못했고 생각할 틈도 없었어요. 문제를 한참 풀다가보면 답은 맞은 것 같은데 어떤 물리적 현상을 기술하고 있는 것인지 모르고 그저 산수 문제나 겨우 맞추었다는 생각이 들더군

초/ 우주와 자연을 통찰하며 진정한
나 자신을 성찰하고 삶에 대해 질문하는 방식의 과학철학이
있다는 것을 뒤늦게 깨달은 셈입니다.

요. 과연 내가 안다는 것이 무엇인지 의심이 들었어요. 자연과학에서 안다는 것이 무엇인지에 대해 선생님의 경험을 듣고 싶습니다.

장회익 안다는 것, 특히 이해한다는 것은 자기 속에 설정된 앎의 틀 안에 앎의 내용이 제대로 자리를 잡는 것을 말하는 것이 아닐까요. 그런데 경우에 따라 이 틀의 조정 또는 확대가 필요합니다. 참 어려운 문제입니다. 추상적인 이야기보다 내가 경험해온 일을 하나 말씀드리죠.

저는 대학을 졸업하고 나서 군대문제를 고민하다가 공군 장교에 지원했어요. 공군사관학교 교관으로 가면 가르치면서 계속 공부할 수 있다고 해서죠. 거기서는 일반물리와 현대물리 두 가지를 가르치는데, 사실 일반물리가 중심이고 현대물리는 맛보기 정도로 가르쳤죠. 교육을 시작하면서 눈을 딱 감고 내가 물리학에 대해서 뭘 아는가 하고 자성을 해보니까, 머릿속에 떠오르는 게 별로 없었어요. 물론 교과서를 보고 거기 있는 대로 가르치면 되지만, 그럴 수는 없었지요. 그래서 다시 공부를 해야겠다고 마음먹었어요. 가르치면서 내 나름대로 구조를 만들어 이론을 입체적으로 재구성했지요. 그렇게 일 년 가르치니까 일반물리를 좀 알겠다는 생각이 어렴풋이 들더라고요. 그동안 내 지식을 쌓을 앎의 틀이 제대로 마련

되지 않았는데 이 기회에 그 틀을 정비하면서 내용을 그 안에 채워 넣은 셈이지요.

최종덕 말씀은 쉽게 하시지만 그 '틀'이라는 말이 잘 와닿지 않네요.

장회익 그게 참 중요하면서도 설명하기는 어렵습니다. 우리가 흔히 배우는 과정에서 크게 잘못 생각하는 게 있어요. 배우는 사람 곧 내용을 받아들이는 사람의 머리를 백지로 가정하고 배움이라는 것은 그 위에 글씨를 써나가는 것으로 생각하거든요. 예를 들어 종로에 불이 났다고 합시다. 이 말은 누구나 알아듣지만 사실은 종로를 위치 지을 수 있는 지리적 개념과 불이라는 현상에 대한 경험 바탕이 깔렸기에 가능한 것입니다. 이것은 누구나 공유하고 있으니까 이해의 바탕을 고려하지 않고 '말만 하면 알아듣는 것'으로 본다는 거지요. 그런데 예를 들어 바둑에서 '패(覇) 싸움이 붙었다'고 해봅시다. 이건 바둑의 묘미를 조금 아는 사람이 아니고는 알아들을 수 없을 것입니다. 바둑을 전혀 모르는 사람에게 패의 의미를 이해시키려면 아마 몇 달은 걸리지 않겠어요? 그동안 바둑이라는 세계가 어떻게 돌아가는 것이라고 하는 이해의 틀이 형성되고 그 안에서 '패(覇) 싸움'이 어떤 상황을 말한다는 것을 알아야 비로소 알게 되지요.

중요한 점은 이렇게 잠재된 이해의 틀을 우리는 거의 의식하지 않는다는 거예요. 과학을 공부하는 데에도 이것이 대단히 중요한데, 그 점을 학생은 물론, 교사 심지어 교과서를 쓰는 사람조차 잘 모르고 있어요. 그 중요성조차 이해들을 못하고 있지요.

최종덕 선생님께서 오래 전에 쓰신 『과학과 메타과학』에 나오는 '의미기반'이라는 개념을 생각나게 합니다.

장회익 바로 그것입니다. 토마스 쿤(Thomas Kuhn)이 말하는 소위 패러다임 전환이라는 것은 실은 이것, 즉 이해틀의 변화를 말하는 것인데, 지금까지 과학철학계에서조차 여기에 주의를 기울인 사람들이 별로 없어요. 최근에 저는 데카르트의 전기를 읽고 있는데, 데카르트가 불평하는 것 중 하나가 사람들이 자기가 말할 때는 다 잘 알아듣는 것 같았는데, 막상 그 이야기를 자기들이 할 때는 전혀 엉뚱한 소리를 한다는 거예요. 저도 비슷한 것을 많이 겪었어요. 그들은 말하는 사람과 전혀 다른 이해의 틀 위에서 받아들이기 때문에 다르게 이해하는 거지요.

최종덕 그런 점에서 저자가 책을 쓸 때에도 독자의 어떤 이해의 틀을 전제하고 쓰느냐가 중요하겠군요.

장회익 그래요. 그리고 이해의 틀은 사람마다 다르니까 자기에게 맞는 책이 무엇인가를 찾아내는 것도 중요하고요. 내 경우를 예로 든다면 고전역학을 이해하는 데서 흔히 대학원 수준 고전역학의 표준교재로 꼽는 골드슈타인(Goldstein)의 책보다 란도-리프쉬츠(Landau-Lifshitz)가 쓴 책이 더 도움이 되었어요. 조그맣고 얇은 책인데, 핵심적인 내용이 내가 원하는 방식으로 잘 담겨 있었죠. 란도-리프쉬츠를 읽고 내 나름대로 정리하고 나니까 그제야 고전역학을 알겠구나 하는 느낌이 들었죠. 그 다음 전자기학은 스트래튼(Stratton)이 쓴 꽤 두꺼운 책을 읽고 공부했어요. 다른 사람들은 파노프스키(Panofsky)의 무슨 책이 좋다고들 했는데, 나에게는 별로 와 닿지 않았어요. 내가 여기저기 뒤져 고른 책 중에 마음에 드는 책들이 가끔 나왔는데, 스트래튼이 바로 그런 책이었어요. 요즘에는 그 책을 거의 볼 수 없어요. 이 책은 곧바로 '맥스웰(Maxwell)의 방정식'에서 시작하는 데 그 논리적 구조가 마음에 든 것이었지요. 제가 이렇게 복잡한 책이름을 나열한 이유는 다른 게 아니라 사람마다 인식의 틀이나 이해의 틀을 달리 가질 수 있다는 거지요. 그래서 안다는 것은 정해진 도식에 따를 수가 없는 것입니다.

최종덕 선생님은 대학시절부터 이미 역학구조에 대한 깊은 이해를 갖고 계셨군요. 선 이해가 있어야 그런 선택을 할 수 있다고 보는데요?

장회익 대학 4년 동안 나름의 체계가 없어서 또는 내 관점에 맞는 책을 구하지 못해 혼란을 겪었다면, 이제 고전물리학에 대해서는 좀 알겠다, 하게 된 것이 공군사관학교에서 4년 동안 가르치며 얻은 결실입니다. 상대성이론은 여전히 알쏭달쏭했어요. 그 무렵 어느 책을 읽다가 민코프스키(Minkovsky)에 의해 도입된 4차원 시공간을 전제로 하고 이를 기반으로 하여 풀어나가니까 모든 게 확실해지더라고요. 그 전까지는 나도 모르게 내 관념의 습성 속에 박힌 기존의 시공간 개념을 그대로 둔 채, 그 안에서 무엇이 잘못되었는지를 찾으려 했기에 찾을 수 없었던 거예요. 사실 기존 시공간 개념을 무조건 잘못된 것이라고 할 수 없습니다. 그것 나름대로 훌륭한 개념의 틀이거든요. 4차원 시공간은 또 그것 나름대로 생각해볼 수 있는 또 하나의 개념틀이고요. 그러니까 둘 중의 어느 것이 옳고 그른 것이 아닙니다. 단지 서로 다른 것뿐인데 4차원 개념틀을 사용하면 세상이 달라 보이고 그렇게 보이는 세상이 우리 현실세계에 더 가깝다는 점이 상대성이론의 핵심입니다. 이렇게 간단한 것이었지만 이를 파악하기까지 5, 6년은 족히 고생했을 겁니다. 모든 것이 알고 보면 너무도 간단합니다.

최종덕 선생님은 개념의 틀을 강조하시면서 서로 다른 개념틀을 통해 세상이 달리 보일 수 있다는 말을 하셨습니다. 현실의 실재 세계는 하나이지만 다른 개념틀을 통해 볼 때 달리 표현될 수 있다는 뜻으로 받아들이겠습니다. 현대 상대성이론은 분명 고전 뉴턴역학과 다른데 상대성이론의 틀을 통해 더 많은 세계 이해를 가져온 것은 분명합니다. 양자역학으로 넘어가면 안다는 것이 더 묘해지지 않나요? 시공간 개념틀의 차이뿐만 아니라 주관과 객관, 관찰자와 관찰대상 사이의 기존 개념틀과 큰 차이를 갖는 양자역학을 통해서 세상을 보는 방식이 더 많이 달라지지 않았을까요?

장회익 네, 맞아요. 내 경험을 더 이야기해보지요. 공군사관학교에서 혼자 공부하면서 이왕이면 양자역학까지 이해해보자고 단단히 별렀는데 그 근처도 가지를 못했어요. 책이 내게 맞지 않다고 생각해서 양자역학에 관한 책이라면 모조리 뒤져보고 더구나 새로 나온 책이 있다면 어려운 주머니 사정에도 불구하고 사 모았어요. 당시 영어 원서를 산다는 것은 엄청난 부담이었지요. 결과적으로 나는 양자역학 서적수집가가 돼버린 셈이에요. 지금도 서가 한쪽이 그때 산 책들로 꽉 차 있어요. 혹시 이 책은 내가 지금 이해하지 못한 것을 설명하고 있을까 하고 애써 구해 읽어보면 역시 비슷했어요. 그렇게 고심하다가 군복무를 마치고 미국 유학을 가게 되어, 처음 일 년 동안 집중적으로 양자역학만 공부하다시피 했지요. 결국 양자역학에 친숙해졌다고 할까요. 그 이론적 구조를 대략 파악했고 또 문제풀이를 하면서 좀 알겠구나 하는 기분은 들었는데, 깊은 이해에는 도달하지 못했지요.

최종덕 지식과 이해가 다르다는 말인가요?

장회익 안다고 하는 것은 내가 지닌 이해의 방식을 기반으로 그 위에 자리를 잡아야 하는데 거기까지 도달하지 못한 거지요. 양자이론이 왜 그렇게 되어야 하는가가 내가 설정한 이해방식에서 무리 없이 도출되어야 하는데 그런 과정이 가능하지 않았던 것입니다. 그런데도 어느 정도 익숙해지니까 양자역학 이론을 이용하는 데에는 별 지장이 없었어요. 내 박사학위 논문은 양자역학과 관련 있는 응집물질 이론이었어요. 반도체의 모든 물리학적 성질을 양자역학적인 계산을 통해 풀어냄으로써 실험결과와 맞춰 보는 논문을 쓴 겁니다. 이런 과정을 통해 양자역학에 대한 친근감도 생겼고 그 응용력도 늘었다고 할 수 있지요. 하지만 이에 대한 철학적 성찰은 별개의 문제입니다. 양자역학을 내가 제대로 이해하기 시작한 것은 그 후 몇 십 년이 지난 80, 90년대에 들어서입니다. 일생 동안 물리학을 가르치고 난 후 교수직에서 물러날 때가 되어서야 안다는 느낌이 든 겁니다.

최종덕 그렇게 하는 과정에서 철학의 도움을 받으셨나요?

장회익 재미있는 점인데요. 양자역학은 기존에 가졌던 철학적 관념으로는 이해할 수 없는 부분이 있어요. 기존의 철학보다도 새로운 과학이론이 앞서 나갔다고 할까요? 마치 상대성이론을 이해하기 위해 4차원 시공간을 이해해야 하듯이 양자역학을 이해하기 위해서는 우리의 인식론과 존재론을 바꾸고 사유의 틀 그 자체를 크게 심화시켜나가야 합니다. 특히 '실재성'이라는 것에 대해 획기적으로 달리 생각해야 합니다. 그런 점에서 철학적 사유가 매우 중요하지요.

최종덕 철학이 물리학 공부에 중요하다는 말씀이군요. 앞서 말했듯이 저는 철학을 하기 때문에 물리학을 다른 방식으로 가르치고 싶다는 '불가능한 욕심'이 간혹 생길 때가 있어요. 대학에서 선생님의 일반물리 강의는 독특한 것으로 유명한데요, 안다는 것과 가르친다는 것이 어떤 관계인지 이야기를 해주시죠.

장회익 어떻게 가르치느냐 하는 문제와 관련하여, 중요한 것은 내가 과연 알고 가르치느냐 하는 점을 지속적으로 반추해야 한다는 것이지요. 공군사관학교 교수 경험을 말씀드렸지만, 모른다는 것을 자각하고 자기 지식을 새로 짜나가야 해요. 내가 오래 전에 이렇게 배웠다든가 책에 그렇게 적혀 있다든가 해서 그대로 가르쳐서는 안 됩니다. 일단 백지에서 출발하여 학생이 알고 있는 정도를 가늠하고 거기서부터 쉽게 이해할 수 있도록 지식을 어떻게 정리할 것인가를 생각해야지요. 그렇게 하다 보면 나 자신도 모르고 있었거나 미처 생각하지 못했던 것을 새로이 발견하게 됩니다.

최종덕 모르면 모른다는 것을 알 수조차 없지 않을까요? 제 말은 공부의 의미란 결국 모른다는 것을 인정하고 시작한다는 뜻이지요.

> **장** 중요한 것은 내가 과연 알고 가르치느냐 하는 점을
> 지속적으로 반추해야 한다는 것이지요.
> 모른다는 것을 자각하고 자기 지식을 새로 짜나가야 해요.

장회익 진정한 공부는 여기서 시작한다고 해도 지나치지 않아요. 한마디로 쉽게 가르치려고 하면 할수록 이해가 깊어집니다. 내가 일반물리를 즐겨 가르쳐온 것도 그 때문이고, 나중에 인문·사회과학 학생들을 주요 대상으로 하는 '물리학의 개념과 역사' 같은 과목을 가르쳤는데 이 경우에는 내가 더 깊이 생각해야만 합니다. 그러면서 스스로 깜짝깜짝 놀라지요. 내가 왜 지금까지 이 생각, 이런 지름길을 알지 못했나. 그런 체험적 반추 끝에 내가 가르치는 내용이나 방법은 지금까지 배워본 것이 아님은 물론 그 어느 책에서도 찾을 수 없는 것들로 꽉 차버려요. 종종 학생들은 그것을 알려면 어느 책을 보아야 합니까 하고 묻는데, 난감합니다. 혹시나 말고 다른 사람도 어떤 책에서 그런 말을 해놓았을지는 모르지만 내가 그것을 다 뒤져보지는 못하거든요. 여기서 한 가지 보태자면 나는 이해하기 전까지 많은 책들을 열심히 찾아봅니다. 그렇지만 일단 이해해버리면 거기에 대한 책은 더 이상 보지 않습니다. 오히려 이해를 방해하는 경우가 많거든요. 강을 건넜으면 배를 버리라는 이야기와 비슷하지요.

최종덕 창조적인 교수법이라고 할 수 있겠네요. 그것은 과학자들이 실제 발견해온 과정을 통해 가르친다는 것과 어떤 관계가 있

지 않을까요? 즉 과학탐구와 과학교육의 단계에 대한 말인가요?

장회익 그 점에 대해서는 중요하게 생각한 게 하나 있어요. 과학을 가르칠 때 역사적 단계를 밟아서 가르치면 안 된다는 겁니다. 역사적 단계를 밟는다는 것은 그것을 발견한 사람들이 밟은 길을 따라가면서 공부한다는 것입니다. 그러나 그런 방법은 엄청난 우회로입니다. 그 사람들은 모두 그것 하나를 하기 위해 일생을 바쳤을 텐데, 그 과정들을 다 따라가자면 우리는 몇 백 년을 공부해야 하지 않겠어요? 그렇다고 적당히 생략하고 그 과정을 소개한다면 수박 겉핥기밖에 되지 않지요. 발견자들이 한 생애를 바쳐 이해한 내용을 학생들이 한두 시간 안에 이해하리라고 생각하는 것은 말이 안 됩니다. 그저 사람 이름이나 알아두고 용어나 익히는 것밖에 되지 않아요. 대부분의 교육이 그렇게 되고 있어요. 학문을 다시 짜야 해요. 우회로를 버리고 직선으로 뚫어야 해요. 핵심만 명명백백하게 드러내는 방법을 강구해야지요.

이것은 과학 교육자들과 과학자 자신들이 계속해서 해야 할 일입니다. 그럴 때 학문이 깊어집니다. 물론 교육에 있어서 탐구과정의 발견적 맥락을 무시하라는 것은 아닙니다. 그것도 알아야 하지만 이는 어디까지나 보조적인 것입니다. 오히려 시대를 초월한 철학적 세계관이 무척 중요하다는 말입니다. 그 성과들을 누가, 무슨 계기로, 언제 했는가 하는 것들도 중요하고 교육적으로도 큰 도움을 줍니다. 그러나 특히 교양교육이라면서 학문의 핵심을 빼놓고 사건의 계기들만 읊조리고 있는 경향이 있는데, 이것은 빈 껍질 교양인을 양성하는 것밖에 되지 않습니다. 교양교육을 맡은 사람일수록 학문의 핵심에 도달하도록 노력해야 합니다.

최종덕 역사적 사건의 사실(史實)만을 기술하고 가르칠 것이 아니라 그 사건의 진실을 파헤치는 사태의 철학적 논리를 파고 들어가야 한다는 말씀이군요. 현재의 많은 교양과학 매체는 거의 방송 퀴즈 프로그램 수준이거든요.

장회익 과학 일반을 가르치는 교육자가 먼저 내용을 충분히 파악하고 이를 재구성할 능력까지 가져야 합니다. 그러나 이것이 꼭 학문에 정통해야만 하는 건 아니에요. 이렇게 하는 과정에서 오히려 스스로 배우고, 앎이 깊어지는 거예요. 역설적으로 들릴지 모르지만 학문의 내용을 제대로 이해하려면 학습효과가 미흡한 학생들도 이해할 수 있도록 내용을 재구성해보는 것이 좋은 방법이 아닌가 생각합니다. 그렇게 하다보면 과학교육에 대해 지금까지 그 누구도 이해하지 못했던 깊이까지 도달할 수 있다고 봅니다.

난 이런 말을 가끔 합니다. "뉴턴이 이해한 고전역학보다 훨씬 더 깊이 이해해야 고전역학을 제대로 아는 것이다. 뉴턴이 3백 년 전에 이해한 것을 지금에 와서도 뉴턴 정도로밖에 모른다면 어떻게 되겠느냐." 심지어 "뉴턴이 과연 고전역학을 이해했을까, 아인슈타인이 과연 상대성이론을 이해하고 이론을 만들었을까" 하는 몹시 불경한 생각을 종종 해봅니다. 적어도 오늘의 교사는 이러한 물음을 자신 있게 제기해야 합니다. 더 욕심을 낸다면 대가들이 이해한 내용을 뛰어넘어 더 깊이 이해하고 그 내용을 더 쉽게 전해주려는 자세를 가져야 합니다.

최종덕 너무 벅찬 요구가 아닐까요?

장회익 그렇지 않아요. 교사가 모든 것을 다 알고 가르쳐야 한다는 말이 아니라, 새로운 관점과 오늘의 관점에서 고전을 바라보아야 한다는 말입니다. 이제는 어떤 이론의 창시자가 그것에 대해 가장 잘 안다는 신화를 버려야 할 때라고 봐요. 대표적인 예가 통계역학이에요. 클라우지우스(Clausius)가 엔트로피(entropy) 개념을 창시했지만 그의 엔트로피 개념처럼 모호하고 이해하기 힘든 게 없어요. "이동한 미소 열량(δQ)을 절대온도(T)로 나눈 것이 엔트로피(S)의 미분이다"($dS \equiv \delta Q/T$). 이게 어디 이해될 만한 이야기입니까? 이러한 정의를 찾아낸 클라우지우스는 대단한 지적 능력을 지닌 사람이지만 우리가 지금 이해하는 것만큼 알았다고는 장담할 수 없어요. 그런데도 교과서들은 클라우지우스의 정의에서 출발해 가르치고 있지요. 볼츠만(Boltzmann)의 엔트로피 정의, 즉 거시상태(macro-state)에 대응하는 미시상태(micro-state)의 수 또는 확률을 가지고 설명하면 명확한데 말입니다. 지금도 많은 책들이 클라우지우스가 엔트로피 개념의 창시자라는 이유 때문에 앞의 미분식에서 출발하고 있어요.

최종덕 일반인이 잘 모르는 삼각형 미분표시(ΔS)를 하면 학문적 권위가 서는지 지금도 클라우지우스로 시작하는 경우가 훨씬 많죠.

장회익 나는 고전역학을 가르칠 때도 뉴턴의 제1법칙, 제2법칙, 제3법칙, 이런 말 다 빼버려요. 그것은 고전역학을 이해하는 방법이 아닙니다. 그건 순전히 뉴턴이 당시에 유클리드 기하학을 모델로 삼아 가설 1, 2, 3식으로 나열한 것에 불과해요. 우리가 사

엔트로피

냄비 바닥에 흰깨를 깔고 그 위에 검은깨를 조금씩 뿌려 삼각형이나 사각형 같은 문양을 만들자. 그리고 이 냄비를 한참 흔들고 나면 문양은 지워진다. 그 이유는 무엇일까? 검은깨가 놓이는 방식을 크게 두 가지로 나누어볼 수 있다. 하나는 삼각형이나 사각형처럼 어떤 문양을 이루며 분포되는 방식이고, 다른 하나는 아무런 문양도 읽어낼 수 없도록 제멋대로 분포되는 방식이다. 그런데 문양을 이루며 배치되는 경우의 수는 제멋대로 배치되는 경우의 수에 비해 월등히 적다. 따라서 냄비를 무작위로 흔들어 임의의 한 배치가 되게 할 때, 문양을 가질 확률보다는 문양이 없는 배치가 될 확률이 월등히 높다.

여기서 이러한 경우의 수를 W라 하고 엔트로피(entropy)를 W값의 대수(對數) 곧 logW로 정의한다면, 어떤 대상이 무작위의 변화를 겪을 경우 엔트로피는 작은 상태에서 큰 경우로 천이된다고 말할 수 있다. 일반적으로 어떤 질서를 가질 상태의 W는 작고, 무질서한 경우의 W는 크므로 엔트로피는 무질서의 정도를 나타낸다고도 말할 수 있다. 엔트로피 개념은 1850년 클라우지우스(Rudolf Clausius, 1822~88)에 의해 도입되었으나, 1877년 볼츠만(Ludwig Boltzmann, 1844~1906)이 위와 같이 다시 정의한 후 쉽게 이해되고 있다.

물을 파악하는 구조를 먼저 이해하고 이에 맞추어 가르쳐야죠. 고전역학은 사물을 어떻게 보는 관점인가, 그것의 핵심이 무엇인가 하는 등의 접근방식입니다. 상대성이론도 마찬가지예요. 상대성이론은 바로 4차원 시공간에서 출발해야 해요. 그렇게 하면 아인슈타인의 1905년 논문에 나오는 두 가설을 따로 도입할 필요가 없어요.

최종덕 선생님의 강의가 왜 독특하다고 평이 났는지 조금 이해하겠군요. 이야기를 이어서 그렇다면 왜 4차원에서 시작해야 하는지를 좀 설명해 주시겠어요?

장회익 그 첫째 가설이 이른바 '상대성원리'인데 이것은 4차원 공간의 모든 방향이 대등하다는 주장에 해당하는 것이고, 4차원이라는 말속에 이미 포함되는 내용입니다. 정말 문제가 되는 것이 둘째 가설인데, 광속 즉 빛의 속도는 정지한 관측자에게나 빛의 진행 방향으로 광속의 99퍼센트의 속도로 움직이는 어떤 관측자에게나 똑 같은 속도값을 가진다는 것이지요. 그런데 이것을 받아들이기가 어려워요. 생각해보세요. 시속 100킬로미터로 달리는 기차를 같은 방향으로 시속 99킬로미터로 달리는 자동차에서 관측하면 시속 1킬로미터로 가는 것으로 보일게 아니겠어요. 그런데 이게 틀렸고 여전히 시속 100킬로미터로 간다는 명제를 가설로 인정하라면 받아들이겠습니까? 그런데 1905년 논문의 둘째 가설이 바로 그런 것이거든요. 정당한 이유도 제시하지 않고 가설이니 받아들이라고 강요하는 꼴이지요. 그러나 시간과 공간이 특정한 방식의 4차원을 이룬다고 전제하면 이러한 결과를 어렵지 않게 도출해낼 수 있는 거예요.

그래서 4차원에서 출발해야 해요. 일반물리에서도 4차원 개념이 꼭 어려운 것은 아닙니다. 오히려 기존 개념의 틀을 건드리지 않으면서, 기존개념의 틀에 맞지 않는 것을 가설로 받아들이라고 하는 것보다 훨씬 쉬운 겁니다. 상대성이론이 오랫동안 내게 명쾌하지 못했던 이유는 이해될 수 없는 것을 억지로 이해하려 했다는 점에 있었지요. 물론 당시는 몰랐어요. 그런데도 아는 척했던 거고, 많은 사람들이 그랬어요. 양자역학도 마찬가지지요. 학생들을 이해시키기 위해 거듭 생각하다보니까, 결국에는 양자역학에 대한 해석 자체를 내가 다시 만들어버리게 되더라고요.

최종덕 물리를 좀 재미있게 가르칠 수 없을까에 대한 이야기를 나누었는데요. 수학 없이 물리학을 가르치면 일단 수식이 없으니까 쉬워 보이겠죠. 그러나 수학이라는 도구 없이 문제를 해결하긴 어렵겠죠. 수학 없이 물리학을 가르친다는 것이 가능할까요? 물리학은 경험과학이고, 수학은 형식과학이라고 말합니다. 즉 경험과학이란 천체세계에서부터 우리의 감각세계 및 원자세계에 이르기까지 경험의 대상을 탐구합니다. 그래서 경험대상인 자연의 운동에 대한 직간접의 지각경험이 중요하죠. 반면 형식과학은 논리의 일관성과 체계의 정합성만 갖춰지면 성립되는 것이겠죠. 결국 과학교육에서 수학적 기술(description)이 중요하지만 자연의 운동과 구조를 경험적으로 이해하는 것이 관건이라고 생각합니다.

장회익 여기에 과학교육의 문제가 있습니다. 흔히 쉽고 재미있게 가르쳐야 한다고 하지만 중요한 것은 이론의 핵심을, 사물의 본질을 가르쳐야죠. 이것은 기존의 역사적 방법이라든가 교과서 서술 중심으로는 안 된다는 겁니다. 교사 스스로 핵심을 재구성하고 재발견해서 전달해야 합니다. 그것이 안다는 것의 핵심이고, 이것을 파악할 때 비로소 잘 가르칠 수 있다고 봅니다.

그런데 수학 없이 가능하냐 하는 문제가 생기는데, 수학 없이는 더 이상 나아갈 수 없는 한계가 분명히 있습니다. 나는 꼭 필요할 때는 과감하게 수식을 사용합니다. 그러나 수식은 본질이 아니에요. 진정으로 안다면 수학에 얽매일 필요가 없습니다. 수식을 겁내는 것은 수학을 체계적으로 따로 배워 알아야 한다고 생각하기 때문인데, 물리학과 더불어 한두 마디 설명을 보태는 것이 수학 책 한 권을 읽는 것보다 효과를 낼 때가 많아요. 말하자면 수학도 이해시키고 물리학도 이해시키는 거지요. 학생에게 수식을 써놓고 "이것 알지, 이것 배웠지"라는 식으로 일방적으로 진행해서는 안 됩니다. 분명히 배운 거라 하더라도 "이런 걸 보았을 텐데, 아마 다 잊어버렸겠지, 그러나 걱정할 필요가 없어요. 내가 곧 설명해 줄 테니까"라고 말해야 합니다. 그러면 학생들이 안심하고 따라옵니다. 사실 기호가 나오고 중고등학교 때 수학 때문에 고생한 기억이 있어서 거부감이 오는 것이지, 그 의미는 이미 무의식 속에서 활용하고 있는 것들이 대부분이에요. 자기도 모르게 사용하고 있는 부분과 연결만 해주면 됩니다.

미적분이 어려운 것 같지만 물가상승률이나 인구증가률 같은 개념을 모를 사람은 없습니다. 이게 곧 미분이에요. 물가상승률, 인구증가률을 알면 내년에 물가가 얼마가 될지, 10년 후 인구가 얼마나 증가할지 알 수 있어요. 이게 곧 적분이에요. 이런 증가율 곧 변화율 개념을 통해 서술되는 자연의 이치를 보다 쉽게 설명할 수 있습니다. 굳이 미적분 개념의 사용을 회피하면 거꾸로 간단명료한 이치를 모호하게 만들어버릴 수 있습니다. 대단히 어렵고 많은 수학이 필요한 것도 아니죠. 수학 배울 때는 문제만 풀었지 물리세계에 대한 접목이 없었던 거예요. 그러니 이미 다 배운 것이라도 적용능력이 없는 것입니다. 물리학에 도구로 사용되는 수학은 수학 시간에 배우는 것의 십분의 일도 안 되는데, 학생들은 벌벌 떨어요. 이런 태도를 고쳐 주어야지 피해가면 안 돼요.

최종덕 논리 공간에서만 작동하는 것이 수학일 수 있지만, 세계를 설명하고 운동현상을 설명할 경우에 수학은 하나의 도구가 됩니다. 수학의 세계와 물리의 세계가 서로 만나는 교육을 우리는 제대로 받지 못해 따로 놀아요. 수학을 매번 백 점 맞는 학생일지라도, 그 학생에게 변화하는 운동세계를 수학으로 설명하라면 갑자기 장님이 됩니다. 우리가 과학과 인문학의 만남이란 얘기를 하지만, 좁게는 수학과 물리학의 만남도 제대로 이루어지지 않는 것이 현실이에요. 그래서 선생님께서 뉴턴의 제1법칙, 제2법칙, 제3법칙 같은 것에 구애받지 않고 고전역학을 가르친다는 말씀은 흥미롭게 들립니다.

제가 유럽에서 공부할 때 경험을 잠시 말씀드릴게요. 당시 몇몇 대학에서 양자역학을 일반물리보다 먼저 가르치는 커리큘럼을 시행했습니다. 일반물리가 양자역학을 위한 선수과목이라는 기존의 인식을 깨버린 것입니다. 이 사례를 볼 때 일반물리를 통해 양자론

뉴턴 고전역학의 철학적 배경

뉴턴 물리학의 존재론적 배경은 절대공간과 절대시간을 설정했다는 점이다. 수학적으로 볼 때 그 역학 체계의 특성은 초기조건이 정확히 주어질 때 미래 사건의 사태를 인과적으로 완전히 결정할 수 있다는 데 있다. 이러한 고전역학의 결정론적 체계는 다음 몇 가지 가정 위에 성립되었다.

첫째, 관찰대상은 관찰자와는 독립되어 관찰자에 영향을 받지 않는다. 둘째, 이 세계는 주어진 프로그램에 따라 움직이는 하나의 거대한 시계이다. 따라서 이러한 시계는 원칙적으로 분해될 수도 있고 원래대로 다시 조립될 수도 있다. 셋째, 뉴턴역학은 시간방향에서 대칭성을 갖는다. 과거를 알 수 있듯이 미래도 예측할 수 있기 때문에 과거 시간과 미래 시간은 등질적이다. 넷째, 뉴턴역학은 질점(質點) 역학이다. 즉 뉴턴적 대상기술에는 위치와 운동량이라는 두 가지 조건이 필요하다. 대상의 위치는 수학적 점으로 표시되는데, 이는 질량이 없는 점에 모든 질량이 표현되는 것이 이상적이지만 현실 모순적이다.

이러한 사상적 배경에서 뉴턴역학의 세계관은 당시의 신학적 세계관과의 모순점을 최소화하려는 노력이 엿보인다. 예를 들어 신의 존재를 인정은 하지만 의지적 성격보다는 세계를 존재하게 한 프로그래머로서의 성격이 강하다. 이런 점이 뉴턴의 세계관을 기계론이라고 규정하는 이유이다.

을 이해하는 것이 아니라 양자론은 양자역학의 사유구조로 직접 배울 수 있고 접근할 수 있다는 일종의 인문학적 사유와 연관한다고 봅니다.

장회익 그래서 앎의 내용을 기존의 틀에 구애받지 않고 누구나 받아들일 바탕 위에 재구성하는 것이 중요합니다. 여기에는 수학·물리학·철학이 따로 없습니다. 수학이 나올 때는 수학의 바탕을, 물리학이 나올 때는 물리학의 바탕을, 철학이 나올 때는 철학의 바탕을, 누구나 지니고 있는 앎의 바탕과 연결해 이해시키면 됩니다. 그리고 전달하고자 하는 내용을 간결하게 재구성해서 전해주자는 거예요. 나는 이것이 결코 쉽지는 않았지만 가능하리라고 보고 노력을 해왔습니다. 수박 겉핥기는 싫다는 거지요. 그리고 이러한 노력을 하다보면 결국 기존의 학문 영역을 자유롭게 넘나들게 됩니다.

통합적 사유를 찾아서

최종덕 지식과 이해를 묶어내려는 노력이 인문학에 관심을 둔 계기가 되었다고 말해도 될까요?

장회익 맞습니다. 그런데 나의 관심이 인문학으로 넘어간 또다른 계기가 있어요. 고등학교 다닐 때 저는 기독교 신자였지요. 할머니의 영향으로 처음에는 끌려가다시피 교회를 다녔죠. 그런데 과학을 하려고 보니까 걸리는 문제가 한두 가지가 아니에요. 어느 쪽 주장이 옳고 무엇을 믿는 것이 적절하며, 진리란 뭐냐, 하는 의문들이 끝없이 생기더라고요. 모두 철학적 물음들이죠. 다시 말해 계기의 하나는 물리학을 통해서 물리학을 이해하려는 과정에서 나타난 거고, 또 하나는 기독교 신자로서 물리학을 공부하면서 생기는 내면적 충돌을 해결하려는 과정에서 나타난 거지요. 크게 보면 과학의 문제는 삶의 문제, 신앙의 문제, 결국 우리 삶의 모든 문제와 무관할 수 없지 않겠어요?

최종덕 과학과 철학이라는 두 가지 경로라는 말은 저에게도 많은 의미를 전해주는 중요한 말입니다. 과학과 철학, 세계와 삶의 문제는 나 자신에게만 국한되는 것이 아니라 과학하는 집단과 인문학하는 집단 사이의 소통문제로 연결됩니다. 예를 들어 최근 과학적 성과의 윤리적 문제에 대한 논의들이 많습니다. 생명윤리가 대표적인 경우고. 생명윤리뿐만 아니라 여러 의료윤리 분야 혹은 연구윤리와 관련해서 과학자들과 몇 번 만날 기회가 있었습니다. 솔직히 대화가 잘 되지 않는 한계를 느꼈습니다. 일선 자연과학자들에게 사회적 문제에 대한 인문학적 성찰은 별 문제가 되지 않을 뿐만 아니라 관심조차 없어 보였습니다.

반면 인문학자들이나 철학자들은 의료윤리라든가, 임상윤리에 대해 현실적인 임상이론의 문제를 도외시하고, 지나치게 원칙적인 대응만 하는 경우가 많습니다. 현장 과학을 잘 모르거나 알려고 하지 않는 거죠. 인문학자들은 과학에 대해 무관심하고, 또 자연과학자들은 인문학을 무시하는 관계가 계속된다면, 궁극적으로는 자연과학의 구체적인 성과도 미흡할 뿐만 아니라 인문학 자체의 내적 성장도 더딜 거라고 확신합니다. 그래서 이 두 영역에 있는 사람들이 어떻게 만나고 소통할 것인지가 실질적인 문제이며 풀어갈 과제인 것입니다.

장회익 근원적으로 학문의 모든 분야는 서로 관계를 맺고 있어요. 20세기 학문의 특징은 전문화이지요. 예전에 비해 엄청나게 넓어진 학문의 범위를 혼자서 다룰 수 없게 되니까, 할 수 있는 작은 부분만이라도 충실하게 하자는 것이 전문화입니다. 이런 현상이 20세기 이전까지는 그다지 심하지 않았어요. 예전에는 학자라고 하면 중요한 모든 문제에 관심을 가진 사람으로 보았지만 이제는 그런 의미의 학자는 거의 사라지다시피 했어요. 전체를 세세하게 다 알아야 하는 것이 아니라 전체 속에 담긴 뜻을 읽어내야 하는 것인데 그 연결고리를 다 토막내 판독할 수 없는 조각난 지식을 만들어버린 거죠.

최종덕 학문의 분류가 그렇게 조각조각나버렸다면, 이제 학자들 사이에도 대화가 어려워지지 않을까요?

장회익 대화 자체가 안 되는 것도 그 때문입니다. 구체적인 사항들은 몰라도 기본 틀을 공유해야 대화가 됩니다. 바탕의 상호성을 무시한 채 지식의 내용들만 가지고 아무리 서로를 붙여보려 한들 연결이 잘 안 됩니다. 저는 이런 상황을 접는 부채에 비유합니다. 접으면 부챗살들이 하나로 모였다가 펴면 넓게 펼쳐지는 부채 말입니다. 부챗살과 부챗살 사이를 이어주는 면적 하나 정도가 한 개인이 공부하여 학문적으로 밝힐 수 있는 분량이라 치고, 이것들을 연결한 펼친 부채의 총면적을 학문의 전체 영역이라고 상상해봅시다. 어떤 사람은 이쪽에 있는 한 조각을, 또 어떤 사람은 저쪽

최 인문학자들은 과학에 대해 무관심하고, 자연과학자들은 인문학을 무시하는 관계가 계속된다면, 자연과학의 성과도 인문학 자체의 내적 성장도 더딜 것입니다.

에 있는 한 조각을 담당해서 그 내용을 밝힐 겁니다. 그런데 여러 영역에 걸친 이해를 얻으려면 살펴야 할 면적이 넓어지니 그 만큼 어려워질 수밖에 없지요. 그러나 부챗살을 밑에서 지탱해주는 연결고리로 내려가면 이들이 모두 맞닿게 되어 있어요. 연결고리 근처로 내려갈수록 그들 사이의 간격이 좁아져서 한 사람이 담당할 분량보다도 작아지거든요. 여기서는 모든 부챗살이 중첩되어 공동영역을 이룹니다. 나는 우리 학문이 기본적으로 이러한 구조를 이루고 있다고 생각해요. 같은 뿌리가 여러 방향으로 갈라져 많은 내용을 담게 되는 거지요. 학문을 하되 자기 학문의 부챗살 윗부분에만 머물지 말고 약간 공을 더 들여 공동영역까지 내려오라는 겁니다. 그러면 횡적으로 직접 연결이 안 될 때 이 공동영역을 거쳐 소통이 된다는 거지요. 학문의 전문성은 살리되 그 뿌리, 곧 공동영역과 항상 연계를 지으라는 겁니다. 이것 없이는 아무리 전문가들끼리 만나보아야 그들 사이에서 모아진 지식은 모래알처럼 흩어지고 맙니다. 반대로 공동영역을 찾아갈 마음의 준비를 해놓고 있다면 경우에 따라 한 개인으로서도 자기 영역의 지적 자산을 그대로 지니고 한 영역에서 다른 영역으로 넘어가 색다른 학문적 기여를 할 수도 있습니다.

장 연결고리 근처로 내려갈수록 모든 부챗살이 중첩되어 공동영역을 이룹니다. 나는 우리 학문이 기본적으로 이러한 구조를 이루고 있다고 생각해요.

최종덕 학제간 연구의 기본적인 태도와 연관되는군요.

장회익 내 학문적 전략이랄까 취향을 조금 말씀드리면, 구체적이고 전문적인 학문으로서는 물리학을 하고, 그 연결고리를 통해 메타과학이나 철학과 소통하는 일입니다. 필요하면 이 연결고리를 통해 다른 쪽으로 더 뻗어갈 수도 있고. 그렇게 뻗어나간 열매들이 바로 생명문제예요. 생명문제는 훨씬 뒤에 관심을 가지기 시작했지만 물리학에서 얻은 것을 바탕으로 이를 한번 추구해보자는 것이었어요. 내가 물리학 분야에서 아무리 깊은 경지에 이르렀다고 해봤자 생명을 모르고서야, 우주와 나 자신을 제대로 알았다고 할 수 없겠지요. 그러나 생명문제를 그 생명문제 자체로만 아무리 들여다본다고 해서 답이 나오는 게 아니잖아요. 그래서 물리학 자체의 지식뿐만 아니라 이걸 통해 길러온 학문적 자세라든가 사유의 방식을 다 동원하여 나름대로의 해답을 추구해본 거지요. 결국 온생명의 개념에 이르게 되었는데, 이 온생명이라는 것을 바탕에 두고 학문의 부채를 쭉 펴보니까 거의 모든 학문 분야가 이 안에 담기는 거예요.

최종덕 부채 연결고리 모델은 훌륭한 비유인 듯합니다. 그런데 그런 모델이 현장 과학자들에게 영향을 줄 수 없다면요? 과학자와 인문학자들과는 여전히 소원하지 않을까요?

장회익 생각을 바꿀 수 없는 기존학자들로서는 어렵습니다. 우선 언어 자체가 안 통하는 경우도 많고요. 처음에는 왜 그런가 고민하기도 했는데 생각해보면 당연한 이야기죠. 서로 소통하기 위해서는 공유된 바탕지식이 필요한데 이것이 전혀 되어 있지 않아요. 이런 생각을 해봅니다. 내 생각이 학문적으로 소통되기 위해 필요한 최소한의 공통 지식이 무엇일까? 저는 물리학적 개념들이 그 일부가 아닌가 합니다. 철학은 오히려 그 자리에서 토론해가며 접근할 수 있는데 물리학은 잘 안 되지요. 물리학이 꼭 필요하다는 게 아니라 적어도 물리학의 핵심내용에 대한 이해와 경험을 공유해야 하지 않을까 하는 거죠. '철학자를 위한 물리학' 같은 책을 한번 써보고 싶은 이유이기도 합니다.

최종덕 '철학자를 위한 물리학'과 더불어 '물리학자를 위한 철학'도 필요하겠지요. 한때 국가적 영웅으로 떠올랐다가 거대한 미몽으로 끝난 황우석 사태는 바로 인문학 결핍의 결과라고 봅니다. 당시 황우석 전 교수는 십 년이 넘도록 몇 시간씩 잠을 줄여가면서 연구한 끝에 생명공학 분야에서 한국이 어떤 나라 못지않은 선발주자가 되었다고 스스로 강조하더군요. 생명윤리라는 문제까지 고려하기에는 시간이 없다는 거죠. 만약 한두 시간 늦어지면 경쟁에서 뒤처진다는 상업논리입니다. 선생님은 황우석 전 교수와 대담을 하신 적이 있으신데 어떤 점을 느끼셨는지요?

장회익 황 전 교수는 나름대로 이해의 폭이 넓은 분이라는 인상을 받았어요. 그런데 너무 성취욕에 집착하면서 결정적인 실수를 한 거죠. 앞으로만 나가야 되고 다른 길은 없고, 안 나가면 죽는다는 생각에 잡혀 있어요. 그러니까 옆도 보지 못하고 가는데, 이런 상황은 결국 파멸의 길에 닿게 마련입니다. 자연과학을 하는 학자들 가운데도 철학적 반성과 인문학적 사유를 중요하게 생각하는 사람들이 꽤 됩니다. 그러나 그분들도 경쟁사회의 대세에 따라 자의 반 타의 반으로 치열한 경쟁의 늪으로 밀려들고 있어요. 그런 점에서 본다면 저는 그 흐름에서 어느 시점에 옆으로 비켜났다는 점이 오히려 다행이라고 생각해요. 저는 지난 몇 십 년간 전공분야에서 외부 연구비를 거의 받지 않았어요. 현실적으로 연구비를 받게 되면 빠져나갈 도리가 없어요. 굳이 논문을 써서 물리학계에 꼭 기여하겠다는 생각도 버렸고요. 물리학자의 생명은 그렇게 연구비 받고 논문 내는 것으로 보는 시각이 있지만, 그런 건 나 말고도 할 사람이 널려 있어요. 반면에 내가 안 하면 아무도 하지 않을 더 중요한 일이 얼마든지 있거든요.

최종덕 학문의 세계, 대학의 풍토에서도 경쟁논리가 팽배해진 현실에서 선생님의 결단은 무척 소중한 의미를 담고 있다고 생각합니다. 이렇게 대화가 막히게 된 이유에는 교육의 문제도 크지 않을까요? 지금으로선 다소 모호하긴 하지만 통합교육도 필요할 테고. 예전에 시간강사 자리를 하나 얻으려고 해도 "전공이 원래 철학인가요 물리학인가요?"라는 질문에 일일이 해명해야 했어요. 하다못해 작은 연구 프로젝트를 신청할 때도 문제가 생겼지요. 나중에 어느 대학에 전임교원으로 임용서류 낼 때도 걸리고.

장회익 그게 우리 현실이기는 한데 외국에서는 그렇게까지 심하지 않지요? 최 선생은 유럽에서 주로 공부를 하셨는데, 어떤가요?

최종덕 1984년 영국으로 유학을 갔다가 시작도 못하고 돌아온 후 2년 뒤 다시 독일로 유학을 갔습니다. 그곳은 사정이 달랐어요. 그곳 철학계의 분위기에서 제가 학부에서 물리학을 했다는 게 한국과 달리 오히려 장점이 되었어요. 제가 공부했던 대학의 학과는 대부분 과학철학하는 사람들만 모여 있었지만 그들의 학부 전공은 너무나 다양했어요. 그런 분위기에서 철학만 전공한 사람보다 물리학이나 수학을 했던 사람들이 훨씬 유리했죠. 독일에서 제가 덕을 본 건 바로 그곳의 통합교육 때문이었어요. 제가 다니던 독일 대학은 우리나라 식으로 하면 학과가 아니라 통합학부 개념인 센터에 해당하거든요. 처음에는 세미나를 다 같이 하다가 나중에 박사학위 논문 신청할 때 수학·물리학·철학 가운데 하나를 스스로 결정하는 거예요. 그동안 학문 분리주의에 물들었던 저에게 이런 새로운 분위기는 혁명적이고 고무적이었죠. 한국에 돌아와서 다시 원점으로 돌아갔지만 말입니다. 어쨌든 과학과 철학은 서로 만나야만 실질적인 성과를 기대할 수 있어요. 선생님께서도 잘 아시겠지만, 유럽 대학에서는 교과과정에 따라 웬만한 과학사상에 대해 공부하려면, 고전 그리스어를 읽어가며 철학 같은 인문학 공부를 할 수밖에 없어요.

장회익 그런 점에서 우리쪽 교육과 연구풍토에 반성할 점이 많을 것으로 봅니다.

최종덕 우리에게는 각 전공분야나 학과가 처음부터 따로 떨어져 있어서 나중에 다시 만나기가 힘들어요. 인문학자와 과학자 사이의 대화는 고사하고 응용물리 실험을 하는 교수와 그와 유사한 연구를 하는 옆방 실험실 교수 사이에도 소통이 안 돼요. 그들의 연구분야가 비슷해 보이지만, 소통이 어려운 이유는 그 정도로 분야가 세분화되었다는 뜻이겠죠. 이러한 문제를 반드시 해결해야만 과학의 실질적인 성장도 있으리라고 믿어요. 황우석 교수 이야기가 나왔지만 앞으로 생명복제 문제를 윤리적으로 좋다, 나쁘다를 따지기 전에, 먼저 과학과 철학을 포함한 인문학이 대화를 나누는 일이 우선입니다. 그렇지 않으면 해결이 어렵다고 봅니다.

장회익 대화도 대화지만 사고가 함께 돼야 해요. 공통 사유를 가지고 합의하고 검토해야 하는데, 그냥 말만 서로 나눈다고 얻을 수 있는 건 사실상 없어요. 통합적인 사고를 할 수 있는 교육이 필요한 건 분명해요. 그런데 착각하기 쉬운 것이, 학생들에게 커리큘럼 상으로 과학, 윤리 그리고 철학 강의로 듣게 하는 것이 통합교육의 해결책은 아녜요. 이 수업에서 이것만 듣고 저 수업에서 저것만 듣고 하는데, 학생들이 스스로의 능력으로 이것들을 통합해내지 못해요. 결국은 각각의 내용들이 아무런 관련을 맺지 못하고 뿔뿔이 따로 떨어져 잠시 기억되다가 사라져버립니다. 가르치는 교수가 연결지어 설명해주지 못하는데, 듣는 학생이 그렇게 이해하리라는 것은 지나친 낙관이지요.

나의 지도로 논문을 준비하던 학생 사례를 하나 말씀드리지요. 내가 그 학생한테 기초적인 이론을 좀 설명해주고 내 논문을 읽힌 다음, 그 내용을 학생들 앞에 설명하라고 하니까 그 학생은 썩 잘하더라고요. 그래서 저 학생이 이해를 제대로 하고 있구나 생각했어요. 그리고 그 학생의 학위 논문에도 잘 반영하겠거니 생각했는데 그게 아니에요. 그 학생이 분명히 이해했다고 생각한 내용을 자기 논문에 연결시키지 못하는 겁니다. 교수가 하라는 대로는 잘하는 학생이지만 스스로 자기 논문 안에 자신이 이해한 내용을 적용시키지 못하는 거예요.

최종덕 그것은 학생뿐만이 아니라 교수들도 마찬가지 아니겠어요?

장회익 한 가지 일화를 더 얘기하면, 서울대학교에 자연과학대학이 있는데, 교과과정에 '자연과학개론' 과목이 있었어요. 개론이니까 자연대 교수라면 누구나 강의할 수 있어야 할 것 아닙니까. 그런데 자연과학대학 교수 백여 명 가운데 '개론'을 강의하겠다고 나서는 사람이 아무도 없는 겁니다. 물리학, 수학, 화학, 생물학 강의는 하지만 자연과학에 대해서는 가르치지 못하는 거예요. 자연과학하면 생물학부터 물리학, 지구과학까지 다 포함해야 하니까. 그런데 강의하겠다는 사람이 한 명 나타났어요. 가정대학 생화학 교수였다고 기억되는데, 반갑고 고마워 몇 년간 강의를 맡겼지요. 그런데 얼마 후 학생들의 불평이 쏟아지는 겁니다. 개론을 가르친다면서 실제로는 '창조과학'을 가르친다는 거예요. 구약성경에 나오는 얘기들이 과학적으로 옳고 이에 어긋나는 진화론이나 지구과학의 이론들이 모두 틀리다는 주장을 한다는 거예요. 일부 골수 기독교 신자들 가운데는 그런 주장을 하는 사람들이 있는데, 그분이 그런 사람이었던 거지요.

다시 회의를 열어 자연과학대학 교수가 가르쳐야 한다고 결론내

렸어요. 처음에는 여섯 사람이 맡았죠. 물리·화학·생물학·지질학·천문학 등 각 분야별로 한 사람씩 맡아 '팀 티칭'(team teaching)을 했어요. 말은 그럴 듯한데, 학생들에게는 자연과학개론이라기보다 개별과목 맛보기 정도가 되었지요. 나중에는 내가 물리과학을 맡고 다른 한 교수가 생명과학을 맡아 두 사람이 나누어 가르쳤는데, 역시 한 사람이 통합적으로 가르치는 것만 못했어요. 그냥 하는 말이지만, 나보고 전부 가르치라고 한다면 할 용의가 있었어요. 하지만 물리학자가 어떻게 생명과학을 가르치느냐는 회의적 정서가 깔려 있어서 그런 얘긴 꺼낼 수도 없었지요.

최종덕 일종의 배타적 전공 편협주의로 볼 수 있겠네요.

장회익 "전공자가 아닌 당신이 어떻게 가르치느냐" 하는 눈총을 얼마든지 받을 수 있지요. 그래서 자연과학개론은 끝까지 두 사람이 나누어 가르쳤어요.

최종덕 결국 대학이라는 제도권 교육기관에서는 전공의 벽을 허물 수 없나요?

장회익 서울대학교를 조기퇴직하고 '녹색대학'으로 가서는 그런 구애를 받지 않아도 되니 과감하게 학문 간 경계를 허물었어요. 녹색대학에 '물질–생명–인간'이라는 과목을 만들어서 내가 한동안 가르쳤지요. 서울대학교에서는 있을 수 없는 교과목입니다. 서울대학교만이 아니라 어느 대학에도 이런 과목은 없을 거고 또 있다 하더라도 혼자 가르치는 것이 불가능하다고 말할 거예요. 나는 이 분야들을 넘나들며 상대적으로 생각을 많이 해오기는 했지만 이 모든 것을 훤히 알고 가르친다는 말은 하기 어렵겠지요. 설령 그렇다 하더라도 남들이 인정하지 않을 것이고.

나는 이렇게 선언해요. "대학은 교수가 다 알아서 가르치는 곳이 아니라, 학생들과 같이 공부하면서 함께 깨우치는 곳이다. 생명과 인간에 대해서는 내가 잘 모를지 모른다. 하지만 함께 공부하는 마음으로 가르치고 있다." 오늘날의 풍토에서 통합적인 인식과 사유를 제공하는 것이 쉽지는 않지만, 일단 가르치는 사람이 솔선해서 조각난 지식을 연결하려는 노력이 필요해요. 불완전하더라도 연결해놓으면 학생들이 "아, 이렇게 연결될 수가 있구나" 하면서 거기에 자기의 생각을 덧붙여나가게 되지요. 이것이 통합교육의 출발이에요.

최종덕 최근에는 대학의 교양교과 커리큘럼으로서 통합적 지식과 스스로 문제를 해결해가는 방식의 새로운 학제간 교과목이 많이 생겼습니다. 저도 상지대학교에서 '문제중심학습'이라는 교과명으로 창의적 사유와 철학적 반성의 통합주제들을 강의하고 있습니다. 그럼에도 불구하고 너무 세분화·전문화되어 있어서 한 개인한테 그런 통합적 지식을 요구하기가 점점 더 어려워지지 않을까요?

장회익 그렇죠. 분화된 전문지식만으로는 거의 불가능합니다. 기본적으로 자기 전공과 다른 전공을 연결시켜주는 것이 대학 교양교육의 중요한 사명입니다. 이렇게 통합적 과목을 가르칠 수 있는 사람수도 더 늘리고, 불완전하지만 다 알고 가르치는 게 아니라 가르치면서 배워나간다는 자세를 가지면 됩니다. 이렇게 하다보면, 사실 처음에는 가르치는 사람이 얻는 게 더 많죠. 부족한 게 드

> **최/** 논문을 마치고 귀국하려는데, 지도교수가 충고하더군요.
> 여기서는 물리철학을 전공했지만
> 한국에 가서는 앞으로 생물철학을 공부해보라고.

러나니까 더 연구하게 되고.

최종덕 예, 가르치면서 공부도 많이 하죠. 저도 학위논문 주제가 양자역학이었거든요. 아인슈타인과 닐스 보어 사이의 논쟁을 다루었습니다. 독일의 제 지도교수는 물리학을 전공했지만 교수자격시험은 철학으로 했더군요. 또 다른 교수는 전공이 생물철학이었고요. 논문을 마치고 귀국하려는데, 지도교수가 저에게 충고하더군요. 여기서는 물리철학을 전공했지만 한국에 가서는 앞으로 생물철학을 공부해보라고. 생물학과 물리학 나아가 인문학을 연결시켜보라는 진심어린 충고였지요. 앞으로 세계 학문의 전반적인 방향이 그렇게 될 것이라는 이유와 함께 말입니다. 예를 들어 닐스 보어도 물리학자이지만 생물학에 조예가 깊었잖아요. 또 양자역학의 파동방정식을 만든 슈뢰딩거(Schrödinger)도 그렇고, DNA 구조 발견에 기여한 크릭(Crick)이야 말할 필요도 없겠지요.

저의 지도교수는 물리학과 생물학, 그리고 특히 이에 대한 철학적 사유가 중요하지만 복제윤리나 생명윤리 같은 문제가 앞으로 대두될 거라고 보았던 거죠. 옛날에는 물리학과 철학은 우주론과 형이상학의 만남이었는데, 생물학을 하다 보면 이제 인간학과 본성론 그리고 사회문제까지 건드려야 하지요. 이러한 통합적인 학문을 반드시 해야 한다고 무척 강조한 것입니다.

장회익 지도교수의 충고는 그랬는데, 최 선생 자신 또한 일찍부터 생물학 쪽에 관심이 있었던 건 아닌가요?

최종덕 저는 독일에서 진화인식론 전공교수에게 배운 덕분에 생물학에 대한 관심이 남달랐습니다. 최근 들어 동물발생학을 공부하고 난 다음에야 본격적으로 진화론의 철학을 깊이 이해하게 되었습니다. 진화론은 인간의 원류와 인간 사유의 시초를 묻기 때문에 아주 먼 생명의 역사까지 살펴야 하는 점이 물리학과 다른 것 같습니다. 점점 더 세분화되고 전문화되어가는 상황에서 학자들은 공부해야 할 게 더 많아졌습니다. 이 모든 것을 지식으로만 받아들이려면 너무 벅차요. 하지만 이런 다양한 지식들이 철학적 세계관이라는 여과지를 거친다면 새로운 구성적 지식체계로 됩니다. 너무 쉽게, 긍정적으로 보는 건지는 모르겠지만요.

인문학자들은 과학 얘기가 나오면 그 용어만 듣고도 놀라고, 과학자들은 철학에서 '존재'라는 말만 들어도 골치 아파합니다. 이건 상호간 이해 능력의 결핍보다는 상대방에 대한 선입관과 편견이 심해서 그런 것 같아요. 여러 지식을 일일이 제도적인 교육체계에 포함시키는 것도 중요하지만, 상대방을 이해하려고 하고, 새로운 것을 알고 싶어하는 지적 호기심을 부추기는 통합적 안목을 북돋워주어야 합니다. 그래서 열린교육이 역시 중요합니다. 그러나 제도교육은 통합적 안목의 본질을 놓치고 있기 때문에 이런 논의를 아무리 해도 결국 대학 입시제도 때문에 도로아미타불이 되는 게 현실이죠.

열린교육의 가능성

장회익 고등학교 때가 더 중요하다고 생각합니다. 고등학생이야말로 자기만의 지적 호기심에 따라 즐기면서 공부해야 하는데, 현실은 시험이라는 제도 속에 학생들을 모두 가둬버리고 있어요. 오늘날 한국의 교육제도는 지적 호기심을 발휘할 수 없게끔 되어 있지 않습니까? 시험범위를 넘어서는 공부를 하려고 해도 득점상 불리하고, 교사나 부모 역시 투자한 것에 비해 나올 게 적다고 생각합니다. 공부가 호기심이나 열정에서가 아니라 득점 효율에만 따라야 하는 세상이 되었어요. 이거야말로 고역이에요. 자기가 정말 알고 싶고, 하고 싶은 것 때문에 밤도 새우고, 몇 주일 동안 한 가지 문제에 골몰하고, 문학작품도 읽고 싶은 대로 마음껏 읽어야 하는데, 하고 싶은 것은 탁탁 막혀버리고 의무적으로 해야 할 것만 남지요. 공부하는 사람한테 제일 큰 괴로움은 자기 안에 형성된 자연스런 지적 흐름을 막아버리는 일입니다. 요즘 한창 떠오르는 입시 대비용 논술 역시 논리성과 창의적 사유라는 원래 의도와는 멀어지고 있어요.

자랑같아 쑥스럽지만, 전 이상하게 시험 치르는 데는 꽤 재주가 있었어요. 지금까지 한번도 떨어져 본 적이 없었고, 항상 생각한 것보다는 성적이 더 좋게 나왔어요. 하지만 시험이 싫은 건 어쩔 수 없었어요. 그때가 되면 하고 싶은 공부를 할 수 없고, 또 그렇다고 시험공부를 열심히 하는 것도 아니었지요. 말하자면 안 할 수도 없는 상황에서 흥미 없이 하게 되니 정말 고통이지요.

아인슈타인 같은 천재도 시험 때문에 힘들어했어요. 아인슈타인은 대학에서 시험을 딱 두 번 봤어요. 2학년 끝나고 한 번, 졸업시험 한 번. 단 두 번의 시험이 얼마나 싫었는지 그 후유증 때문에 졸업시험 끝나고 일 년 동안 책을 안 봤다고 고백하고 있어요. 그러면서 "그때보다 시험이 더 많은 요즘 같은 교육제도 아래서 학자가 나오는 걸 이해할 수 없다"는 말을 해요.

최종덕 모두 공감하지만 우리의 입시문제는 심각해요. 시험 치르는 실력이라면 저는 선생님과 전혀 딴판이었죠. 저는 진학시험 같은 큰 시험에서 낙방한 것만 여덟 번이에요. 시험을 잘 보는 선생님도 그렇게 싫은데, 시험 못 보는 저 같은 사람들은 얼마나 싫겠어요.(웃음)

저는 고등학교 때 전파과학사에서 나온 문고판 과학총서를 만난 것이 제 삶에서 중요한 변화의 계기였어요. 그 시리즈는 당시에도 100권 가까이 많은 권수로 되어 있었지요. '현대과학신서'라는 이름으로 요즘도 출간되고 있지요. 대부분 일본어 번역이었는데, 저한테는 그 책이 방금 선생님이 말씀하신 것처럼 지식의 흐름, 지식에 대한 욕망 같은 것을 불러일으켰어요. 그 책을 갖고 싶어 부모님께 떼를 썼어요. 기억은 안 나는데, 다른 뭔가를 포기하고 그 시리즈 책 50권을 한 번에 샀어요. 그 안에 별난 주제가 다 있잖아요. 당시에는 그 내용의 10퍼센트도 이해 못했겠지만, 지식에 대한 겉멋에 다 읽었던 것 같아요. 겉멋이든 속멋이든 지금 생각해보면 삶의 중요한 계기였던 것은 분명해요. 우리 사회가 한 개인에게 이런 계기들이 자꾸 생길 수 있는 기회를 주어야 하는데 말입니다. 앞서 선생님께서 말씀하셨듯이 요즘 논술이 새롭게 강화된다고 하지만, 논술 준비조차 정답이 있는 요약본으로 연습할 지경이니 기가 막힌 거죠.

장회익 걱정스러운 일이에요. 논의에서 조금 벗어난 얘기입니다만, 이젠 대학입시 제도가 바뀌어야 할 때라고 봅니다. 보통 고등학교에서 상위 삼분의 일 이상에 드는 학생이라면 입시 걱정을 하지 않고도 대학갈 수 있는 분위기와 여건이 마련돼야 해요. 대학이 충분히 있잖아요. 대학들 사이에 서열구조만 없다면 아무 대학이나 자신의 취향에 맞추어가려고 할 텐데, 별 의미도 없는 서열이 형성되어 있어서 특정 대학을 못 가면 그만큼 뒤처진 사람으로 인식하게 만들어놓으니 조금이라도 서열이 높은 데를 가려고 그렇게 애를 쓰지요. 독일 같은 곳이 대표적이지만, 기본적으로 평준화해놓고 대학마다 학생의 취향에 따라 선택하도록 특색만 유지하면 돼요. 우리는 특정 대학만 나오면 인생의 결승 티켓을 미리 따버리는 꼴이니, 이걸 좀 바꿔야 합니다. 사실 마음만 먹으면 갈 만한 대학은 충분히 있습니다. 사회적 통념이 문제예요. 고등학교 때는 마음껏 자기 하고 싶은 것을 하면서 정말 진정한 의미의 지적·신체적·정서적 성장을 해야 하는 거죠.

최종덕 그 문제는 우리 모두가 아는 이야기인데 고쳐지지 않는 이유가 뭘까요?

장회익 우선 두 가지 정도로 생각해볼 수 있겠군요. 하나는 이른바 경쟁 논리예요. 대학은 우수성을 더 높이려고 계속 경쟁을 해야 하는데, 인위적으로 평준화의 틀 속에 담아버리면 결국 전체의 발전을 저해한다는 신자유주의적 사고가 깔려 있다는 점입니다. 둘째는 일단 가시화된 서열이 생겨나면 이것이 완화되는 쪽으로 변하는 것이 아니라 오히려 강화되는 쪽으로 가게 된다는 것이지요. 학생이고 교수고 서열과 명성이 높은 데로 이끌리니 격차는 점점 더 벌어지는 거예요. 그러니 이 두 가지 문제를 함께 풀 묘안이 없습니다.

비슷한 경우가 다른 데도 있어요. 미국 미식축구 프로팀들이 똑같은 고민을 가져요. 우수한 선수일수록 이름 높은 팀으로 가려고 하니 팀들 사이의 격차는 더욱 벌어지지요. 그런데 엇비슷한 팀들이 없으면 경기 자체가 무의미해져서 결국 리그 전체가 공멸하고 말거든요. 그래서 고안한 방식이 해마다 대학 졸업생들 중 최우수 선수를 무조건 전적이 가장 낮은 팀에 배정하는 규정을 만들었어요. 우리로 치자면 고등학교 졸업생 가운데 최우수 학생을 서열이 낮은 대학으로 보내는 셈이지요. 저는 이것도 나쁘지 않다고 봐요. 지금 제도보다는 훨씬 낫지요. 물론 현실에서는 이뤄지지 않겠지만요. 그러나 이것을 위해서 제도적 장치를 마련하는 것이 반드시 필요합니다. 간섭하지 말고 학교에만 맡겨라 하는 것은 지극히 무책임한 생각이에요. 매우 현명한 장치를 고안할 필요가 있어요.

최종덕 대학의 교육방식, 입시도 근본적으로 다르게 생각해야겠지요. 우선 작게는 문과·이과라는 구분부터 좀 없애야 하지 않을까요? 문과·이과를 선택하는 기준은 단순합니다. 수학 싫은 학생들은 그냥 문과를 선택하는 거죠. 최초의 선택부터가 잘못된 것입니다.

장회익 수학도 문제죠. 옛날 대학 본고사가 있을 때 출제위원으로 간 적이 있어요. 나는 물리 문제를 내기 위해 갔는데, 수학 문제 내는 동료 교수들이 날 실험용 쥐로 취급해서 그들이 낸 문제를 미리 풀어보라는 과제를 받은 적이 있었습니다. 대개 난이도를 조정하느라 그렇게들 해요. 문제를 왜 그리 꼬아놨는지, 문제를 파악하는 데만 한참 걸렸어요. 아니 이렇게 짧은 시간에 이걸 어떻게 풀라는 것이냐고 호통을 쳤지요. 그랬더니 출제자들이 문제를 좀 고칩디다. 시험 다 끝나고 학생들이 와, 하고 쏟아져 나올 때 출제위원들도 같이 풀려나서 학생들 틈에 끼어 걸어 나갔는데, 학생들이 "이번 수학 문제, 왜 이렇게 쉽게 나왔냐?"고 자기들끼리 떠드는 거예요. 나는 속으로 '그 원흉이 여기 있다' 했지요.

그런데 이게 웃을 일이 아닙니다. 학생들은 수학공부를 엄청나게 하고 있어요. 그렇게 공부한 수학이 어딜 갑니까. 물리학에서 수식 하나만 써도 벌벌 떨어요. 그렇게 어렵게 할 필요가 없어요. 핵심적인 몇 가지만 재미있게 잘 가르쳐 주고 더할 사람은 하고 나머지는 놀라고 해야지. 점수 따기 위해 한 공부는 시험만 끝나면 다 사라져버려요.

최종덕 맞습니다. 이런 이야기는 비현실적이고 이상적인 대안이 아니라 요즘 흔히 말하는 대학의 국제경쟁력을 실현시키기 위해서라도 입시교육의 전면 수정이 필요한 것입니다.

지식의 누적과 전환: 고전에서 현대로

2

이해의 폭은 성장한다

최종덕 1905년은 과학사에서 볼 때 중요한 의미를 갖습니다. 아인슈타인의 특수상대성이론이 발표되던 해였지요. 지난 2005년은 또 상대성이론 탄생 100주년이어서 전 세계적으로 다양한 관련 학술행사가 열렸습니다. 이제 선생님이 말씀하신 지식의 스펙트럼 가운데 자연과학에 초점을 두고, 특히 아인슈타인이 해낸 일에 관해 얘기했으면 좋겠어요. 우선 20세기에 들어와서 고전역학이 변화하는 과정을 개괄적으로 말씀해주세요.

장회익 아인슈타인의 상대성이론 100주년 얘기가 나왔으니까, 그것이 지성사적 측면에서 어떤 의미를 갖는지 짚어보겠습니다. 1905년 이전까지의 과학, 특히 물리학의 발전과정을 살펴보면 마치 황무지를 개척해가는 모습이었어요. 약간의 엎치락뒤치락은 있었지만 대체로 기존의 과학적 성과를 계승하면서 그 영역을 넓혀나가는 모습이었지요. 그런데 상대성이론에 와서 결정적인 변화를 가져옵니다. 이전의 관념과 이론이 차곡차곡 쌓여서 놀라운 힘을 가진 고전역학을 형성했던 것인데, 상대성이론은 고전역학의 기본틀을 송두리째 뒤흔든 거죠. 확고했던 성곽이 무너지고 새로운 성곽이 들어선 겁니다. 황무지의 개척이 아니라 과학적 방법에 의해 마련된 확고한 성곽을 상대로 하여 벌이는 전투였다고 해야지요.

과거 지구가 정지했다고 본 관점에서 코페르니쿠스의 태양중심설로 옮겨간 것도 엄청난 변화의 사례이기는 하지만, 사실 지구중심설은 과학에 의해서 다져진 관점이 아니라 과학적 사유 없이 형성된 전과학적(前科學的) 관념이라 할 수 있기 때문에, 코페르니쿠스의 전환은 과학과 과학 이전 관념과의 싸움이라 할 수 있어요. 한편 상대성이론 논쟁은 본격적인 과학과 과학의 싸움이라 할 수 있고 그러한 점에서 이 전환은 더 큰 역사적 의미가 있는 것입니다. 그것도 당시 과학의 최고 전투사령부와 26세의 이름 없는 한 젊은이의 싸움이었지요. 재미있는 것은 아인슈타인의 방식이 정면 돌파는 아니었다는 거예요. 아인슈타인은 기묘한 방법으로 이 싸움을 했지요.

최종덕 정면 돌파가 아니라는 것은 아인슈타인의 물리학 이론이 처음부터 특수상대성이론을 염두에 둔 건 아니라는 말씀인가요?

장회익 어떤 면에서는 그렇죠. 특수상대성이론이라는 말도 나중에 붙여진 것입니다. 그 이론의 전모를 아인슈타인도 잘 모르고 나름대로의 소신에 따라 험로(險路)를 개척해 올라 간 것이 결국은 성을 함락하는 데까지 이른 거지요. 입성해서 후원군을 얻지 못했다면 사장되어버릴 수도 있었을 이론이었어요. 그런데 마침 그의 스승이던 민코프스키(Hermann Minkowski)가 뒤따라 들어오면서 성문을 활짝 열어젖힌 거예요. 이런 점에서 민코프스키가 결정적인 공헌을 했다고 생각해요. 4차원 시공간을 이야기한 사람이 바로 민코프스키거든요. 상대성이론의 핵심은 4차원 시공간 개념인데 아인슈타인은 이것에 대한 준비가 없이 험한 우회로를 따라 거기에 도달한 겁니다.

최종덕 아인슈타인의 험한 우회로라는 것이 무엇인지 설명을 더 해주시죠.

장회익 잘 알려졌다시피 아인슈타인은 광속(光速), 곧 빛의 속도가 일정하다는 신념을 들고 들어간 거예요. 당시까지도 광속이란 것은 신비에 싸여 있었어요. 광속이 물체의 속도라고 하면 상식적으로 관측자의 운동에 무관하게 일정할 수가 없을 것입니다. 그러나 광속이 일정하다고 전제하고 대신 시간과 공간 개념을 여기에 부합하도록 맞춘 것으로 보면 됩니다. 그래서 시간 공간 개념에 대해 매우 이상한 주장들을 하게 되었는데, 이건 4차원 시공개념을 설정하지 않고는 이해할 수 없는 것들이에요. 아인슈타인은 광속이 일정하다는 것을 전제해놓고 모든 걸 거꾸로 얽어 맞춘 거예요. 이것은 아인슈타인 정도의 고집과 직관을 가지지 않은 사람들은 하기 힘든 일입니다. 말하자면 아인슈타인이 처음으로 성벽을 타고 기어 올라간 통로는 그만큼 험하고 고된 길이었지요. 나 자신을 포함해서 보통 사람은 이런 길을 잘 타고 오르지 못할 겁니다.

그런데 일단 4차원 개념을 무기로 성문을 열어젖히니 모든 것이 명확해졌어요. 사실 상대성이론을 이해하고 보면 이것이 빛이라는 특별한 실체와 관계없는 이론임을 알게 됩니다. 단지 "4차원에서 시간 차원과 공간 차원을 연결해주는 상수가 $c[c=2.998\times10^8 m/s]$이다" 하면 끝이에요.

최종덕 c라는 상수가 광속이 아닌 다른 것이라도 상관이 없다는 말씀이군요.

장회익 c의 더 근원적 의미는 시간과 공간을 연결해주는 기본 상수라는 거지요. 시간 공간이 이러한 연결을 가진다는 것을 전제로 할 경우 전자기파, 곧 빛이 이 값에 해당하는 속도로 움직여야 한다고 추론하게 됩니다. 그런데 빛이 이런 속도로 움직이기 때문에 시간과 공간이 어떻게 되어야 한다는 것은 발견의 논리로는 적합성이 있지만 이론적 설명 체계로는 적합한 게 아닙니다. 마치 물체가 땅으로 떨어지기 때문에 만유인력이 있다고 하는 주장과 비슷한 거지요. 뉴턴이 물체가 땅으로 떨어지는 것을 보고 만유인력을 생각했다는 건 말이 됩니다. 만유인력 때문에 물체가 떨어지는 거지, 그 반대는 아니거든요.

최종덕 민코프스키의 4차원 수학이 없었다면 특수상대성이론도 나올 수 없었다는 것인가요?

장회익 적어도 깔끔한 체계적 이론으로서 특수상대성이론이 성립하려면 그렇지요. 1905년 발표 당시 아인슈타인 자신은 4차원을 생각하지 못했어요. 물론 이것은 상대성이론을 이해하는 개념의 틀에 관한 문제이지 내용의 문제는 아니에요.

최종덕 아주 재미있는 관계였군요. 민코프스키도 아인슈타인을 염두에 둔 건 아니잖아요.

장회익 민코프스키가 독자적으로 4차원 이론을 낸 건 아니에요. 아인슈타인의 이론을 훑어보니까 이것이 바로 4차원에 해당하는 것이라는 점을 알게 된 거죠. 그런데 두 사람 관계가 참 묘해요. 나이 차이도 많지 않지만 민코프스키는 대학에서 선생이었고 아인슈타인은 학생이었지요. 아인슈타인이 학생일 때 민코프스키는 아인슈타인을 공부도 별로 안 하는 게으름뱅이로 봤어요. 그런데 민코프스키가 나중에 아인슈타인의 상대성이론 논문을 잘 보니

장 어떤 이론이 만들어질 때, 만든 사람이 항상 그걸 알고 만드는 것은 아닙니다. 1905년 특수상대성이론 발표 당시 아인슈타인은 4차원을 생각하지 못했어요.

까, 그의 시간과 공간 관계가 4차원 구조를 형성하고 있더라는 거지요. 그래서 그는 1907년 아인슈타인의 논문이 나온 지 2년 후에 벨기에서 4차원에 관해 그 유명한 강연을 했어요. 그 강연을 통해 상대성이론의 시간 공간 개념이 4차원이란 것이 세계에 알려지게 된 거지요. 강연을 들은 사람들은 당연히 아인슈타인에게 4차원이 뭐냐고 묻지 않겠어요. 처음에는 아인슈타인이 엉뚱한 대답을 해요. 물론 그는 곧 자신의 이론 안에 숨겨진 4차원의 내용을 알아채고 이후 적절한 방식으로 이를 활용하게 되었지만. 내 말은 어떤 이론이 만들어질 때, 그걸 만든 사람이 항상 알고 만드는 건 아니라는 거지요. 낚시를 하는 사람이 처음부터 얼마나 큰 물고기가 걸렸는지 아나요?

최종덕 선생님의 이야기는 중요한 것 같습니다. 아인슈타인을 새롭게 조명하는 내용인 듯합니다. 민코프스키와의 관계는 더욱 새롭고요. 어쨌든 초기 아인슈타인과 비유클리드 기하학과는 직접 관련이 없었다는 것은 분명하군요.

장회익 실제로 특수상대성이론은 비유클리드 기하학과는 관계가 없어요. 굳이 말하자면, 특수상대성이론의 시간 공간은 유사-유클리드(pseudo-Euclid) 공간이라고 해야지요. 기존 유클리드

기하학과 다른 점은 특수한 조작을 통해 차원을 하나 올렸다는 것 뿐이에요. 아인슈타인이 비유클리드 기하학을 실제로 적용한 것은 그보다 10년 후인 1915년 일반상대성이론으로 넘어갈 때입니다.

최종덕 제 관심은 아인슈타인과 민코프스키의 관계입니다. 힐베르트(David Hilbert)와 아인슈타인의 관계도 그렇고요. 힐베르트와 민코프스키는 수학자, 즉 형식과학자란 말이죠. 반면에 아인슈타인은 자연과학자이며 경험과학자고요. 수학은 머릿속 사유가 중심이고, 물리학은 실질적인 자연현상에서 경험적인 대상을 관찰하는 겁니다. 하나는 개념적인 순수 오성(悟性) 구조를 다루고, 다른 하나는 자연현상, 경험 대상을 다룬다는 거죠. 그런데 이 두 가지 다른 통로, 즉 수학의 결과와 물리학의 결과가 서로 만나 성공적인 이론을 형성한 것입니다. 이것을 우연으로 볼 것인지, 아니면 이성적 사유라는 것이 원래 그렇게 경험적 사유와 만날 수밖에 없는 건지 궁금합니다. 좀 단순하게 말해보겠습니다. 원래 존재했던 경험세계의 운동구조를 인간의 이성세계의 개념구조에 그렇게 정합적으로 맞출 수가 있느냐 하는 궁금증입니다.

장회익 그건 이렇게 생각해볼 수 있어요. 흔히 정량화(定量化)한다는 말을 합니다. 수치로 물리개념을 나타내는 것 말이에요. 당연한 것처럼 생각되지만 그것이 바로 수학적 공간과 물리적 대상을 연결하는 일차적인 작업이죠. 우리가 물리량의 값을 정한다는 것은 물리량의 양적 측면을 수학의 실수(實數) 체계와 연결시키는 거예요. 실수 체계 자체는 추상적 것, 즉 우리 머릿속에서 만들어진 거죠. 수학적 공간의 한 위치와 물리량을 맺어나가는 겁니다.

이것이 정량화의 출발이지요. 다음에는 복소수(複素數) 공간과 물리량을 연결할 수도 있어요. 그러면 복소수 공간도 물리적 의미를 지닐 수 있어요.

우리는 마치 실수 체계는 실제 세계에 해당하고, 복소수 특히 허수(虛數) 체계는 허구 세계에 해당하는 것처럼 생각하지만, 실수 체계도 우리 관념의 소산일 뿐이거든요.

최종덕 이제야 확연하게 이해가 되는군요. 제가 미처 생각 못한 것이었어요.

장회익 그런 실수 체계를 두뇌 속에 그릴 수 있는 것도 인간 지성의 큰 진전이에요. 그 이전까지는 자연수(自然數)만을 자연현상과 연결시키는 것이 고작이었지요. 대부분의 일상적 경험세계는 자연수로 표현되죠. 그런데 밤을 한 톨 두 톨 셀 때까지는 괜찮은데, 굵기에 차이가 나는, 예를 들어 감자 같은 것을 셈할 때는 무게나 부피를 도입해 실수 공간에 연결시키는 것이 더 적절합니다. 그래서 실수 개념을 도입하고 또 이를 넘어서는 복소수 개념을 도입하고 다시 차원(次元) 개념을 도입하고, 이렇게 수학적 사고가 단계적으로 올라가고, 필요에 따라 물리학이 이를 이용하게 됩니다. 그런데 수학적 사고가 앞서는지 물리적 필요가 앞서는지는 획일적으로 말하기 어려울 듯합니다.

최종덕 이 점과 관련하여 저는 아인슈타인과 힐베르트의 관계가 패러데이와 맥스웰의 관계와 유비될 수 있다고 봅니다. 이 두 관계는 수학적 사고와 물리적 사고가 어떤 상관성을 갖고 있다는 좋은 사례가 될 것 같습니다.

최 머릿속으로 구성해낸 수학체계가
어떻게 자연의 경험세계를 훌륭하게 설명해낼 수 있었는지
신비로울 정도입니다.

장회익 상대성이론만 하더라도 4차원으로 가면 실수 개념을 넘어서요. 현대물리학 이론은 복소수와 연결하는 경우가 많은데, 양자역학의 운동방정식인 파동함수가 좋은 사례입니다. 양자역학에 나오는 파동은 복소수 수치를 가지지만 아무런 문제가 없어요. 이들을 물리적 상황들과 연결해 해석하는 방법만 설정하면 아무 문제될 것이 없어요. 물리학자들은 여기에 담길 물리적 내용을 제공하고 수학자들은 이것을 담을 수학적 장치를 제공하는 거지요. 아인슈타인과 민코프스키의 관계가 그렇고, 그 이전 전자기학에서는 패러데이(Michael Faraday)와 맥스웰(James C. Maxwell)의 관계가 그랬지요. 유도기전력 등 패러데이에 의해 발견된 과학적 성과들은 후일 맥스웰에 의해 수학적 형식을 모두 갖추게 되었지요. 그것이 바로 맥스웰 방정식입니다. 패러데이는 초등학교만 졸업한 수준이었기에, 자신의 이론을 수학적으로 나타내기가 어려웠어요. 결국 맥스웰이 패러데이의 법칙을 포함한 전자기 법칙들을 맥스웰 방정식이라는 이름으로 산뜻하게 담아냈는데, 정작 패러데이 자신은 그 방정식을 이해할 수 없었어요. 패러데이가 자기보다 한 세대나 젊은 맥스웰에게 제발 그 방정식을 좀 알기 쉽게 설명해달라고 부탁하는 애틋한 사연의 편지가 남아 있어요. 아인

슈타인과 민코프스키의 관계는 그렇게까지 극적인 건 아니지만 비슷한 면이 있어요.

최종덕 패러데이는 전자기 법칙을 스스로 수학화할 수 없었고, 그래서 맥스웰이 도와줬다는 것은 충분히 이해가 됩니다. 제가 말한 힐베르트의 공간론과 아인슈타인의 관계는 패러데이-맥스웰 관계와 유사하기도 하지만 약간의 차이가 있다고 봅니다. 자연의 경험세계에 대한 아인슈타인의 물리체계보다 이미 15년 정도 앞서 형식체계인 힐베르트의 수학체계가 먼저 성립되어 있었다는 점입니다. 나중에 물리학자이자 경험과학자인 아인슈타인이 자연세계에서 발견한 것에, 기존의 추상적 선험세계의 이론을 갖다 붙였다는 사실이 흥미로운 거죠. 단순하게 말한다면 머릿속으로만 구성해낸 수학체계가 어떻게 자연의 경험세계를 훌륭하게 설명해낼 수 있었는지 신비로울 정도입니다.

장회익 그래요. 참 신기해요. 아직도 설명하기는 힘들어요. 두 세계가 맞는지 안 맞는지는 보장할 수 없거든요. 서로 대응되어 맞으면 다행인데 신통하게 맞는 경우가 꽤 많아요. 놀라운 거죠. 더 깊은 의미에서 왜 우리가 추상적인 세계에서 그런 사고를 하게 됐느냐, 우리의 두뇌가 진화과정에서 자연세계의 그런 명제들을 이해할 수 있도록 만들어져 결국 현실에 맞게 되는 건 아닌가 하는 생각도 해볼 수 있겠고.

최종덕 생각은 하지만 감히 말은 못했죠. 자칫 경험의 물리학을 관념론의 체계로 포장하는 그런 오해가 발생할 수 있으니까요.

장회익 양자이론에서도 그런 경우가 나타나요. 수학에서 독자적으로 만들어진 힐베르트 공간이 얼마 후 양자이론을 정식화하는 과정에서 전혀 뜻하지 않은 방식으로 기막히게 활용되었다는 점입니다. 정말 기적 같은 일이에요. 문제는 그런 일은 적잖게 일어난다는 거예요. 상대성이론과 4차원 개념도 그런 거지요. 아인슈타인을 포함해서 누구도 미리 4차원의 세계가 현실과 들어맞으리라는 생각은 꿈도 꾸지 못했을 텐데, 해보니까 묘하게 그렇게 된 거죠.

상당한 논란을 일으킬 수 있는 얘기지만, 나는 솔직히 아인슈타인이 생애 마지막까지도 자신의 상대성이론을 제대로 이해하지 못한 것이 아닌가 하는 생각을 합니다. 아인슈타인이 만년에 쓴 비망록을 보고 깜짝 놀랐어요. "특수상대성이론이 4차원 개념을 처음 도입한 것으로 생각하지만, 그렇지 않다"고 하면서 "고전역학 역시 4차원에 바탕을 두고 있다"는 거예요.(Paul Arthur Schilpp, ed, *Albert Einstein: Philosopher-Scientist*, Volume I, pp. 57~59, Harper & Low, New York, 1959.) 이건 특수상대성이론이 말하는 4차원 개념을 전혀 이해하지 못하고 하는 말이지요. 그는 4차원 개념을 통해 상대성이론을 해석한 민코프스키의 업적을 높이 평가하면서도 이것은 어디까지나 사물이해를 위한 방편일 뿐, 본질에 관한 것은 아니라고 보고 있어요. 그런데 적어도 상대성이론은 4차원 개념만 빼면 아무것도 아니에요. 기존 이론에 '시간 공간이 4차원이다'라는 것만 집어넣으면 다 나오거든요. 물론 어떤 의미에서 4차원이냐 하는 점에 대해 약간의 설명은 필요합니다. 그런데 아인슈타인은 자기가 처음에 어렵게 뚫고 들어간 '사유의 통로'에서 벗어나지 못하고 있어요. 민코프스키가 더 넓은 길을 열어줬는데, 이건 그에게는 이해를 위한 하나의 방편으로만 보이는 거죠. 물론 어느 것이 본질이고 어느 것이 방편인지를 원론적으로 말하기는 쉽지 않습니다. 결과적으로 볼 때 상대성이론의 핵심이 4차원이라는 것은 너무도 명확한 사실인데 아인슈타인은 끝까지 자신이 어렵게 뚫고 들어간 자신의 통로와 방법이 본질이고 기본이라고 생각했던 거예요. 그런 의미에서 남들이 다 상대성이론을 이해한다 해도 아인슈타인은 이것을 이해하지 못하게 돼 있어요. 아이러니지요.

최종덕 그 아이러니라는 것이 과학자가 내놓은 과학적 발견물이 그 과학자만의 소산물이 아니라고 말하는 것인가요?

장회익 조금 일반화해서 말하면, 무엇을 처음 발견한 사람은 자신의 방법에 일종의 선입관이 작용하기 때문에, 후대 사람조차 쉽게 파악할 수 있는 어떤 본질을 놓칠 수가 있다는 거예요. 자기는 한쪽 통로로만 접근했기 때문에, 그 통로가 아니면 올바른 길이 아니라고 생각하는 거죠. 마찬가지로 나는 뉴턴이 고전역학의 본질을 제대로 이해하지 못했을 수도 있다고 봐요. 이건 그리 놀랄 일이 아니에요. 지금까지 우리는 어떤 이론이 있으면, 그걸 만든 사람이 제일 잘 알고 있기 때문에 그 사람의 원래 논문을 읽어야 한다고 생각해왔어요. 그러나 적어도 과학에서는 그렇지 않아요. 이거야말로 과학의 매력이자 강력한 힘이죠. 다른 사람도 이해할 수 있을 뿐만 아니라 오히려 나중에 본 사람이 더 정확하게 이해할 수 있다는 점에서 과학이론이 가진 특징을 찾을 수 있어요.

최종덕 결국 과학적 발견이라는 것이 꼭 최초 발견자만이 이성

민코프스키와 힐베르트

뛰어난 수학자였던 민코프스키(Hermann Minkowski, 1864~1909)는 아인슈타인이 취리히 연방공과대학 학생이었을 때 수학을 가르치던 교수였다. 후에 아인슈타인이 특수상대성이론을 발표하자 그는 이를 4차원 시공간 개념을 바탕으로 재구성해내고 이 결과를 1907년 가을 괴팅겐 수학학회에서 처음 발표했는데, 이를 계기로 아인슈타인의 특수상대성이론이 널리 알려지고 많은 사람들에게 수용되기에 이르렀다. 이후 그는 통일장 이론과 일반상대성이론에 해당하는 연구에 착수했으나 1909년 갑작스런 죽음으로 뜻을 이루지 못했다.

힐베르트(David Hilbert, 1862~1943)는 당대 유럽에서 최고로 손꼽히는 수학자였으며 물리학에도 조예가 깊었다. 특히 그가 오랫동안 재직한 괴팅겐 대학은 수학의 성지로 인정받기도 하였다. 그는 1900년 국제수학학회에서 현대 수학이 풀어야 할 23가지 문제를 제시했는데, 이것이 이후 수학 발전에 크게 기여했으며 그중 일부는 아직도 풀리지 않은 문제로 남아 있다. 그는 아인슈타인과 어깨를 겨루며 일반상대성이론을 거의 동시에 완성했던 것으로 알려져 있으며, 무한차원의 수학적 공간인 이른바 '힐베르트 공간'은 양자역학의 이론적 기반으로 매우 중요한 기능을 하고 있다.

적이고 논리적인 것만은 아니라고 말할 수도 있겠네요.

장회익 꼭 다 이해해서 한 것이 아니라, 하다보니까 그런 결과를 얻는 경우도 있고, 그러면서 나중에 점차 이해가 깊어지기도 합니다.

최종덕 후대 사람들은 그 발견을 토대로 맥락에 맞는 정당화 작업을 할 수가 있을 것이고요.

장회익 그것보다는 일종의 변증법적 이해가 아닐까요. 다음에 보면 이해가 되고, 또 다시 보면 더 이해가 되고. 아무리 기본적인 것도 자꾸 보면 이해가 깊어질 수 있어요. 맥락을 재조직하는 정당화뿐만이 아니라 사고의 틀이 확장되면서 이론에 대한 본질적인 이해도가 깊어진다고 볼 수 있어요.

최종덕 결국 이해란 자기가 아는 범위 내에서 가능한 것 아닌가요?

장회익 아는 것이 많아지면 사유의 폭도 넓어집니다. 처음에 알았다고 하는 것과 그 다음에 조금 생각해서 알았다는 것이나, 17세기 사람이 아는 것과 18세기, 20세기, 21세기 사람이 아는 것은 다를 수 있다는 말이에요. 그건 단순히 사유의 발전이기보다는 이해의 정도가 깊어지는 것이라고 말하고 싶어요.

최종덕 과학사가인 핸슨(Norwood Russell Hanson)이 '관찰의 이론 의존성'을 이야기했잖아요. "발견은 자기가 기존에 알고 있던 사유 풍토나 이론체계에 의존적일 수밖에 없다"는 뜻이겠죠. 관찰의 이론 의존성과 아인슈타인처럼 자기 자신이 그걸 의도하지 않았음에도 불구하고 발견하게 된 경우를 연관시킬 수 있지 않을까요?

장회익 연관이 있지요. 관찰의 이론 의존성은 관찰자가 관찰할 당시 그 사람이 가지고 있던 관념의 틀에서 벗어날 수 없으며, 이론 구성 또한 그 틀을 벗어나기 어렵다는 얘기거든요. 그런데 그 관념의 틀은 더 넓어질 수도 바뀔 수도 있어요. 그러면 그때 관찰했던 내용의 해석이 달라지죠. 그러니까 역사적으로 볼 때 똑같은 현상이더라도 초기에 발견한 내용은 시간이 지날수록 그것이 놓일 수 있는 맥락이 심화된다고 말할 수 있겠지요.

최종덕 이론 의존성이라는 말은 참 애매하긴 합니다. 좋게 말하면 새로운 탐구정신의 원천이 될 수 있고, 부정적으로 말하면 편견이나 선입관이 될 수도 있으니까요. 그렇지만 이론 의존성을 편견이나 선입관이 아닌 창조의 발견술과 연관시키는 게 중요하다고 생각합니다. 아인슈타인이 위대한 이유가 그런 점에 있다고 생각합니다.

장회익 편견이나 선입관 등의 장르와 정상적인 이론의 발견술 사이에 경계를 둘 필요가 없다고 봐요. 왜냐하면 우리에게 이해의 틀이라는 건 제한되어 있어요. 하지만 그 틀은 자꾸 넓어지고, 넓어진 틀에서 보면 그 이전의 좁은 틀에서 본 것은 일종의 편견이 됩니다. 편견이라고 하는 것은 완전하고 절대적인 이해의 틀이 있다는 전제 아래 말하는 것인데 그런 절대적 틀의 존재를 전제하는 것 자체가 반과학적 사유입니다. 마찬가지로 편견이라는 판단도 상대적인 거예요. 과거 사람이 그 당시 사고의 틀 안에서 본 것이 후대 사람에게는 편견처럼 여겨질 수 있거든요. 편견이라든가 잘못된 관념에서 무엇을 보았다기보다는 상대적으로 좁은 관념에서 보았다고 해야지요.

최종덕 그렇다면 편견과 발견술의 차이를 정도의 차이라는 뜻으로 이해하면 될까요?

장회익 그렇죠. 그런데 여기서 인식의 틀, 사고의 틀과 같은 개념이 중요하다고 봅니다. 우리가 어떤 사물을 볼 때 필연적으로 자신의 관점에서 보게 되는데, 그 관점이란 것이 보통 일상적 경험 속에서 자기도 모르게 결정돼버려요. 그런 태도를 편견 혹은 선입관이라고 말하기도 합니다. 이러한 사고의 틀을 통해 사물을 이해하는 데는 한계가 있어요. 한 단계 높은 과학으로 가기 위해서는 새로운 사고의 틀이 요청되는 데 여기에 어려움이 있어요. 과학을 통해 사고의 틀을 넓혀야 하지만 또 한편으로 새로운 사고의 틀을 가져야 과학을 제대로 하게 됩니다. 사람들이 과학을 어렵게 느끼는 이유가 여기에 있어요. 고전역학만 하더라도 이를 수용하기 위해서는 일상적 사고관행에 비해 월등히 넓은 사고의 틀이 요구되고 있어요.

최종덕 똑같은 세상을 보는데 기존의 세계관보다 더 넓은 틀로 보면 새롭게 보인다는 말씀인가요?

장회익 그렇죠. 아하, 이렇게 보이는구나, 세상이란 이런 것이었구나 하고 느낄 수 있지요.

최종덕 다르게 이야기하면, 기존 사고의 틀을 깨야 창조적으로 태어난다고 볼 수 있겠네요.

장회익 깨면서 더 큰 틀을 만들 수 있어야 합니다. 누구나 기존 사고의 틀을 가지고 있지만 자신의 것을 의식하는 일은 드물고 더

구나 대안 없이 이것을 깨기는 더 힘들어요. 깬다 하더라도 그런 것은 공허하기만 합니다. 내 생각에는 잠정적으로나마 대안이 먼저 마련되고 이를 통해 새로운 시각이 열리면서 기존 사고의 틀이 청산되는 것 아닌가 해요. 그러나 사람에 따라 다를 수 있겠지요. 특히 아인슈타인같이 선구적인 사람은.

최종덕 아인슈타인은 사고의 틀이 너무 많이 깨져서 자신도 그 결과를 이해 못한 건 아닌가요?(웃음)

장회익 아인슈타인은 남들이 받아들이기 어려운 자기만의 대안을 통해 기존의 것을 깰 수 있었는데, 그래서 좀더 자연스러운 대안을 놓쳤다고 할까요?

체계의 전환과 누적: 돈오와 점오

최종덕 제가 오래 전부터 사용해온 개념이지만, 결국 사고의 틀이란 곧 관심이 지향하는 기울기라고 했으면 합니다.

장회익 관심 또한 그중 하나가 되겠지요. 관점, 틀, 패러다임을 포함한 뜻이지요.

최종덕 더 어려워지고 철학적인 색채가 농후한데요. 오히려 '관심'이란 표현이 물리학의 패러다임 변화를 잘 설명해준다고 봅니다. 특히 물리학에서 그런 사례, 즉 관습을 붕괴하고 새로운 것을 정초하는, 이론의 변화는 곧 '관심'의 변화를 드러낸 것으로 생각합니다. 물리이론 안에서 붕괴와 대안이라는 패러다임의 변화가 많은 것 같은데, 선생님은 물리학을 해오면서 그런 경험을 겪지 않았나요?

장회익 말은 쉽지만 그런 관심을 바꾸거나 사고의 틀을 깨는 건 굉장히 어려운 일입니다. 의식적으로 깰 수 있는지는 잘 모르겠어요. 고전역학을 처음 이해했을 때, 상대성이론이나 엔트로피 혹은 양자역학을 이해했을 때, 그때마다 새로운 시각이 열렸다고 생각했지만, 모두 내가 이런 것을 처음 배우거나 접했을 때 이루어진 것이 아니에요. 적어도 몇 년, 양자역학의 경우는 처음 접하고부터 몇 십 년 후라고 해야겠지요. 그리고 이런 것도 내 사고의 틀이 바뀌어서 그렇다고 생각한 것은 오히려 최근의 일입니다. 우리가 어떻게 해서 사물을 이해하고 이해하지 못하는지 그 내적 과정을 당사자 스스로도 잘 알기가 어려워요. 이해하지 못한 것을 이해했다고 착각하기도 하고.

최종덕 관심이라는 말이 나와서 그런데, 예를 들어 이 물진을 컵으로 보는 사람도 있고 화병으로 보는 사람도 있어요. 그러면 이게 과연 사고의 틀을 확장시킨 걸까요? 결국 사람마다 다른 관심의 차이일 뿐입니다. 그 차이는 차이일 뿐 우열을 비교하는 기준이 아닐 것입니다. 그래서 자연과학의 발견이 비교 가능한 관심이나 사고의 틀로 발전하는 것이냐, 비교 불가능한 상이한 사고의 틀로 변화해가는 것이냐 하는 점에 대해서도 생각해볼 수 있을 것 같아요.

장회익 토마스 쿤의 '패러다임 전이'(paradigm shift) 논쟁의 핵심이 그거죠. 쿤의 논쟁을 난 이렇게 이해합니다. 새로운 발견 당시에는 비교가 불가능해요. 왜냐하면 이런 관점을 가진 사람은 저런 관점을 가진 사람을 이해하지 못하고, 마찬가지로 저쪽도 이쪽을 이해 못합니다. 상대방의 사고를 자신이 가진 사고의 틀로 보는 거니까. 시간이 지나 관점이 바뀌거나 사고의 틀이 넓어진 후에는 두 사람이 무엇에 매여서 꼼짝 못했는가를 알 수 있어요. 더 넓은 사고의 틀 안에서는 양쪽의 차이가 무엇이었는지를 가늠하게 되지요. 그러고 나면 그 논의는 이제 패러다임의 대립이 아니라 해소라고 해야지요. 예를 들어 같은 그릇을 컵으로 보느냐 화병으로 보느냐의 문제에서도 그것이 컵이거나 화병이거나 그 무엇이어야 한다는 생각에서 벗어나 사람이 쓰기 나름이라는 생각에 도달한다면 이런 논의가 해소되는 거지요.

최종덕 대립이 아닌 해소의 시각에서 변화를 보는 것은 매우 흥미로운 것 같습니다. 이와 관련하여 패러다임의 변화가 확장된 관점인지 아니면 대화 불가능한 혁명인가를 따지는 일이 중요한 듯합니다.

장회익 예를 들어 비상대론적 사고 틀에서 보면 아인슈타인의 상대성이론을 전혀 이해할 수가 없습니다. 상대성이론을 제대로 파악하고 나면 왜 그 사람들이 이해를 못했나 하는 문제까지 설명할 수 있어요. 과거의 '3차원 더하기 1차원'이라고 하는 틀과 '4차원'이라는 또 하나의 틀이 각각 어떻게 다른가를 말할 수 있지요. 이 경우 '맞다', '틀리다' 하는 것을 선험적으로 말할 수는 없어요. "시간과 공간이 어떻다"고 하는 그 무슨 증명이 있는 것은 아니지요. 어떤 입장에 서면 어떻게 보인다고 하는 것인데, 사고의 틀을 넓히고 나면 이것이 훨씬 선명해지죠. 그러고 나면 사람들이 왜 양

> **최** '패러다임 전이'라는 것은 소통불가능의 혁명이 아니라 인식의 폭이 넓어지면서 생긴 관심의 확장일 뿐입니다. 저는 쿤의 소통불가능성 이론을 긍정할 수 없어요.

쪽의 입장을 함께 바라보지 못했나 하는 것이 이해가 되요. 이것 또한 한 사고의 틀이고 그렇기에 여전히 한 패러다임이기는 하지만, 그래서 패러다임이라는 것을 완전히 벗어날 수 없지만, 그런 의미에서 패러다임이라는 것이 고정된 것이 아니라 사고의 틀이 넓어지면 같이 넓어진다고 해야겠지요.

최종덕 저 역시 쿤의 '패러다임 전이'라는 과학혁명 가설은 문제가 있다고 봅니다. 과학사의 면모, 과학의 현장을 잘 살펴보면 그 전이(shift)라는 것은 소통불가능의 혁명이 아니라 후대에 들어서 인식의 폭이 넓어지면서 생긴 관심의 확장일 뿐이라는 것이지요. 그래서 저는 쿤의 소통불가능성 이론을 긍정할 수가 없어요.

장회익 한때 대립했던 패러다임은 다음 세대에 가면 자연스럽게 해소됩니다. 지동설과 천동설을 생각해봅시다. 앞서 말했듯이 지금 보면 좌표계의 문제예요. 좌표계의 원점을 지구 위에 놓으면 천동설이고, 태양 위에 놓고 보면 지동설이에요. 그때는 이것 아니면 저것이라는 패러다임의 충돌이 있었지만, 이제는 양쪽 모두를 포괄할 수 있는 사고의 틀이 나온 겁니다. 그러면 과거의 논의는 둘 다 미성숙한 이론으로 보일 수 있지요.

최종덕 무척 흥미로운 얘기군요. 과학이 A라는 시스템에서 B

라는 시스템으로 발전한다고 했을 때, 기존에는 발전의 우위 비교가 있고, 우위를 비교할 수 있다는 건 공통의 기준이 있다는 거라고 봤어요. 공통의 기준이 있는 것들은 서로 소통 가능하다는 게 전통적인 과학 발전의 기준표였지요. 그런데 쿤이 그것을 뒤집은 거 아니겠어요? 발전이라는 것은 서로 비교할 수 없으며, 두 시스템 사이의 소통은 불가능하다는 주장을 내세워 기존의 과학철학을 뒤흔들었습니다. 그런데 선생님 말씀은 그 두 가지가 소통이 되든 안 되든, 연속이든 불연속이든 다음 세대에 가면 어우러진다는 거잖아요.

장회익 더 깊이 보면, 둘 다 담을 수 있는 틀로 갈 수 있다는 말입니다.

최종덕 '더 깊이'라는 말은 미래를 의미할 수도 있나요?

장회익 시간적으로는 미래가 되겠지요. 당대에 이해한 사람이 없다면 이해하는 사람이 나중에라도 등장하게 될 것입니다. 하지만 시간이 흘러서 저절로 나온다는 건 아니에요. 인간이 사고력을 증진시키기 위한 노력을 해야 가능합니다. 과학사의 발전은 그런 시각에서 볼 수 있어요. 다만 한 시간적 단면에서만 보면 그건 소통 불능의 혁명일 수 있어요. 쿤이 잘 지적했지요. 과학사를 이런 관점에서 이해해야 한다는 것이 쿤의 탁견이에요. 그러나 한 시대에 어떻게들 생각했는지를 잘 보여주긴 하지만, 왜 그렇게밖에 생각할 수 없었는지를 잘 설명하진 못해요. 그래서 나는 최대한 넓은 시각에서 각 시대의 문제를 통합적으로 놓고 새롭게 조명해볼 필요가 있다고 생각해요.

최종덕 사실 쿤의 과학혁명을 잘 읽어보면 관심의 변화가 어떤가를 설명하는데 있으며, 결국 시간이 지나면 다 아우러진다는 것을 어느 정도 인정하는 것 같습니다. 어쨌든 선생님께서 과학 발전을 말하실 때, '더 깊은' 관점이라는 표현을 저는 미래라고 생각했어요. 그게 추상적이건 구체적이건 따지고 보면 우위 비교의 관점이라는 것이죠.

장회익 그렇지요. 지난 시대와 비교했을 때 나중 시대가 우위라고 볼 수 있겠지요. 그만큼 발전했다고 보는 것입니다. 그런데 발전은 사물 하나 하나를 보고 상호비교하여 우위라고 말하는 게 아니라 전체를 보는 시각이 깊고 넓어졌기 때문에 우위라고 하는 거예요. 분명히 다른 개념입니다. 나는 이것을 나의 지적 편력에서 거듭 체험했어요. 초기에 좁은 사고의 틀로 이해하지 못했던 것이 나중에 가면 이해가 돼요. 그러면 왜 이전에는 이해하지 못했나를 늦게서야 깨닫게 되죠. 역사의 진행도 마찬가지라고 생각합니다. 다시 말하지만, 어떤 이론을 창시한 사람이 제일 잘 아는 게 아니라, 다음 사람이 조금 더 알 수 있고 또 그 다음 사람이 더 잘 알 수 있어요. 그러니 고전역학에도 더 알아야 할 게 있고, 양자역학을 이해하고 나서야 고전역학의 어떤 측면이 이해되는 것도 있습니다. 어떻게 보면 우리는 지금 양자역학을 잘 이해하지 못하는 것만큼이나 고전역학도 잘 이해하지 못한다고 말할 수도 있어요.

최종덕 많은 학자들의 인식의 폭이 그런 식으로 넓어지는 거겠지요. 하지만 쿤이 말했듯이 인식의 획기적인 전환을 비유하는 혁명적 '개종' 방식으로 세계의 변화를 인식하는 사람들도 있습니다. 예를 들어 시인은 누적적인 지식의 축적이 아니라, 통찰적인 방식으로 사물을 인식한다고 하지요. 과연 시인이나 예술가에게 자연과학자와 같은 누적적 인식의 틀을 요구할 수 있을까요? 물론 이런 시인의 인식과 과학자의 인식을 같은 차원에서 말한다는 것은 어불성설이지만요. 제 이야기는 넓은 의미에서 인식의 폭을 말한 것입니다.

장회익 재미있는 질문입니다. 이야기를 더 확장하여 불교적 인식을 말해볼 수도 있겠군요. 불교에서 말하는 깨우침에 관한 핵심 논쟁이 돈오(頓悟)냐 점오(漸悟)냐 하는 것입니다. 어느 순간 탁 깨우치는 게 돈오라면, 점진적으로 수행해가면서 깨우치는 게 점오입니다. 사실 둘은 하나예요. 세상을 보는 이해의 틀이 보이지 않게 성장해나가다가 어느 한순간 세상의 새로운 모습이 한눈에 들어오는 것이지요. 탁 깨우치는 찰라만 보면 돈오입니다. 그러나 거기까지 이르게 된 내공은 보이지 않게 쌓여간 것이니까 점오라고도 할 수 있습니다. 불교의 돈오 점오 이야기를 이렇게 함부로 해서는 안 되겠지만, 돈오라는 것도 일생에 한 번만 있고 한 번으로 끝나는 것은 아니지 않겠나 싶어요. 그런 과정을 자꾸 거치면서 더 깊은 단계의 돈오로 접어들 수 있지 않겠어요?

최종덕 비유적으로 말하면 그렇죠.

장회익 과학에서의 깨우침도 돈오라고 봅니다. 연속적으로 조금씩 이해되어 나가는 것이 아니라 어느 순간 '탁' 하고 전모가 보이는 경우가 많으니까. 100쪽 분량의 책 가운데 한 쪽을 읽었다고 백 분의 일이 이해되고, 두 쪽을 읽었다고 백 분의 이가 이해되는 건 아닙니다. 책 한 권을 다 봐도 전혀 이해 못할 수도 있지만, 어떤 경우에는 중요한 한 쪽을 접하고 나서 전체를 이해할 수도 있지요.

최종덕 돈오냐 점오냐가 아니라 작은 돈오들의 누적이 큰 돈오가 된다고 해도 될까요? 사실 이 말은 작은 점오의 누적이 돈오가 된다는 말과 상통합니다.

장회익 그런 점이 있다고 봅니다.

상대성과 절대성, 그리고 상대성이론

최종덕 아인슈타인의 상대성이론에서 논의가 여기까지 흘러왔군요. 어쨌든 창시자조차 그런 인식의 도약을 통해 발견했기 때문에, 자기 자신도 다 이해하지 못하는 경우가 생기는 거겠죠.

장회익 거기에 한 가지 덧붙여야 할 것이 현재 과학자들이 가지는 용기입니다. 아인슈타인이 이해의 틀을 미처 갖지 못한 상태에서 이런 획기적 이론을 구현하려고 했을 때는 굉장한 용기가 필요했을 겁니다. 아인슈타인이 초기에 광속이 일정하다는 가설을 세웠다거나, 같은 해 나온 논문에 실린 '광전효과'에 관한 것도 그 자체로는 용기 있는 가정이에요. 여담으로 한 마디 하면, 힐베르트가 괴팅겐 대학교수로 있을 때 제자들에게 이런 이야기를 가끔 했다고 합니다. 지금도 그렇지만 당시 괴팅겐 대학은 수학 분야가 우수했죠. 괴팅겐 거리를 지나가는 젊은이 아무나 잡고 수학에 대해서 물어봐도 아인슈타인이 수학을 아는 것보다는 더 많이 안다는 거예요. 그런데도 왜 상대성이론이 괴팅겐 대학에서 나오지 않고 아인슈타인이 창안하게 되었느냐 하면, 아인슈타인이 수학과 물리에 대해 너무 몰랐기 때문이라는 겁니다. 아인슈타인이 뭘 잘 몰랐기 때문에 그런 무모한 가설을 세울 수 있었다는 거지요. 물론 농담 반 진담 반입니다. 그러나 분명한 것은 그가 그만큼 용감했다는 거예요. 기존의 틀을 가지고 안 되면 자신만의 틀이라도 만들어 시도해보는 것. 천재의 용기예요. 보통 사람은 나름의 일상적 관습 때문에 그렇게 안 돼요.

최종덕 얘기 방향을 조금 바꿔보겠습니다. 상대성이론을 얘기할 때 많이 나오는 것이 바로 타임머신이죠. 수많은 공상과학 영화에서 상대성이론으로 시간이동의 근거를 제시합니다. 틀렸다고는 할 수 없지만 허황된 게 많아요. 상대성이론에서 상대라는 말이 뉴턴의 절대공간, 절대시간에 대한 개념적 반작용에 의해 만들어진 말이지만 몇 가지 문제가 있습니다. 가령 빛의 속도 상수를 어떻게 받아들일 것인가 하는 것. 사람들은 상대라는 개념을 남용하는 경향이 있어요. 그런 오해가 없게 상대라는 말과 절대라는 말을 정리할 필요가 있습니다.

장회익 뉴턴의 고전역학에도 절대라는 말을 붙일 이유가 없어요. 뉴턴 고전역학이 뭡니까? 하나의 대상에 대해 이것이 현재 놓인 상태 곧 현재의 위치와 속도만 알면 뉴턴의 운동방정식을 이용해 미래 또는 과거의 위치와 속도가 얼마인지를 찾아내겠다는 것 아니에요? 이때 고전역학은 이들을 서술할 공간·시간 변수로서 3차원 공간개념 및 이에 독립된 1차원 시간개념을 채용하는 것이고, 상대성이론에서는 4차원 시간·공간 개념을 채용하는 것뿐이지요. 그런데 왜 하나는 '절대'고 다른 하나는 '상대'가 되어야 합니까? 3차원과 1차원은 '절대'고, 4차원은 '상대'다 하는 것은 말이 안 됩니다.

최종덕 사람들이 그렇게 쓰는 데에는 무슨 이유가 있지 않겠어요?

장회익 굳이 한 가지 이유를 찾는다면, 고전역학에서는 시간 변수를 공간과 무관하게 독립된 것으로 보는 데 반해 상대성이론에서는 시간을 시공간 4차원의 네 번째 좌표값에 해당하는 것으로 보는 데서 온다고 할 수 있어요. 알다시피 한 지점의 좌표값이라는 것은 좌표축을 어떤 방향으로 잡느냐에 따라 달라지는 것이니까 굳이 그것을 상대적이라고 해석하면 상대성이라는 말이 나올 수도 있지요.

4차원 공간에서 한 좌표축에 대해 방향을 달리하는 다른 좌표축을 생각한다는 것은 실제 시간 공간에서 한 관측자에 대해 일정한 속도를 가지고 움직이는 다른 관측자를 생각한다는 이야기가 되거든요. 따라서 어떤 시점에서의 위치와 시간의 값은 서로 움직이고 있는 이 두 관측자에게 그 값이 각각 서로 달리 나타나는 거예요. 3차원 공간에서 한 지점의 위치를 (x, y, z)로 나타낼 때 그 x값, y값, z값은 기준 좌표축의 방향을 어떻게 잡느냐에 따라 달라지는 것과 똑같아요. 이런 점에서 4차원 공간에서 위치와 시간의 값이 상대적이라고 한다면 3차원 공간에서 위치의 값들 또한 상대적이지요. 하지만 고전역학에 대해 위치의 값들을 상대적으로 나타낸다고 해서 상대성이론이라 부르지는 않아요. 마찬가지로 시간의

장　상대성이론이라고 하지 않았다면 그렇게 많은 관심을 끌 수 있었을까요. '절대'라는 관념에 질려버린 사람들에게 엄청난 해방을 주는 것이니까.

값까지 합쳐 네 개의 값을 모두 상대적으로 나타낸다고 하여 이것을 특별히 '상대적'이라 해야 할 이유는 없어요. 약간 더 상대적이기는 하지요. 그러나 하나는 '절대'고 다른 하나는 '상대'라고 말하는 것은 어울리지 않아요.

최종덕　그런데 뉴턴이 자기 시간 공간 개념에 절대성을 부여했고, 아인슈타인은 부정하지 않았나요?

장회익　뉴턴과 아인슈타인이 자기 이론을 어떻게 파악했느냐 하는 것과는 다른 이야기예요. 어쩌면 뉴턴이 자기 이론을 절대적인 것으로 파악했고, 아인슈타인이 상대적인 것으로 파악했을지도 모르지요. 그러나 그들이 그렇게 파악했던 것뿐이지, 이론의 성격을 좀더 잘 알게 된 우리들까지 그렇게 생각해야 할 이유는 없어요.

아인슈타인이 명시적으로 사용하고 있는 '상대성'이라는 개념은 시간 공간에 대해서보다는 이른바 '상대성원리'라는 표현 속에 잘 나타나고 있어요. 그가 1905년에 발표한 논문의 첫 가설이 "서로간에 등속도로 움직이는 두 좌표계에서 자연의 법칙은 동일한 형태로 표현된다"고 하는 것인데, 이것을 그는 '상대성원리'라고 부르고 있어요. 쉽게 말해, 땅에서 공을 주고받을 때 활용되는 자연법칙이나 등속도로 움직이는 기차 안에서 공을 주고받을 때에 활용되는 자연법칙이 동일하다는 거지요. 그렇지 않다면 기차 안에서 조금 떨어져 있는 사람에게 사과 하나를 던져주기가 어렵겠지요. 그런데 이것에 대해 왜 굳이 '상대성'원리라고 해야 하는지 이해가 잘 가지 않는 측면이 있어요. 법칙의 형태가 좌표계에 무관하게 동일하다는데, 왜 '상대성'인지, 오히려 '절대성'이나 최소한 '불변성'이라 해야 하는 것 아닌가 하는 생각이지요.

이런저런 이유 때문에 아인슈타인이 왜 자기 이론에 상대성이라는 말을 붙였느냐는 것 자체가 논란거리가 되고 있어요. 르위스 포이어(Lewis Feuer) 같은 사회학자는 아인슈타인이 사회 사상적으로 문화상대주의자였기 때문이라고 말하지요.(Lewis Feuer, *Einstein and the Generations of Science*, Basic Books, New York, 1974.) 어떤 사람은 아인슈타인이 작명의 천재다, 상대성이론이라고 하지 않았더라면 어떻게 그렇게 많은 관심을 끌 수가 있었겠는가 하는 사람도 있어요. '절대'라는 관념에 질려버린 많은 사람들에게 엄청난 해방감을 주는 것이니까.

최종덕 3차원이든 4차원이든 자연의 법칙이 동일하다는 뜻은 결국 상대성이냐 절대성이냐는 관점에서 이해하면 안 되겠군요.

장회익 조금 전에 특수상대성이론의 첫 가설인 '상대성원리' 이야기를 했는데, 이것은 사실 별도의 가설로 지정할 문제가 아니에요. 4차원 시간 공간을 인정한다면 이것은 이미 그 안에 함축되어 있는 거예요. 3차원이든 4차원이든 다차원계라는 것은 모든 방향으로 자연법칙이 대등하다는 것을 전제로 하는 것이니까. 이미 말했지만 4차원 공간에서 서로 다른 두 방향의 좌표축을 기준으로 한다는 것은 곧 서로간에 등속도로 움직이는 좌표계를 기준으로 한다는 얘기니까, 이런 두 좌표계에서 자연법칙이 동일하다는 것은 당연한 것이지요.

최종덕 시공간의 차원을 상대성원리와 연결하는 방식이 흥미롭네요. 차원 문제에 대해 좀더 이야기를 해주세요.

장회익 일반적으로 공간을 3차원이라고 이해하고 있는데, 3차원을 이해한다는 건 생각보다 쉽지 않습니다. 3차원이라 할 때에는 3개의 기준 축이 서로 대등하다, 즉 이 세 개의 축을 어떻게 잡더라도 이들을 기준으로 하는 자연법칙의 형태는 동일하다는 의미가 깔려 있어요. 3개의 축방향에 본질적이고 법칙적인 차이가 있으면 3차원이 아니라는 거지요.

예를 들어, 17세기 초 우리나라 성리학자 장현광(張顯光)이 쓴 『우주설』(宇宙說)에 보면 다음과 같은 질문이 나옵니다. 당시 지구가 둥글다는 것은 몰랐지만 대지(大地)가 허공에 떠 있다는 것은 기정사실로 생각했어요. 그런데 이렇게 무거운 대지가 허공에서 왜 떨어지지 않느냐는 거예요. 이것은 오랫동안 동양 성리학자들이 자연에 대해 품었던 핵심적인 의문의 하나였지요. 이 의문에서는 무거운 것은 모두 아래로 떨어진다는 사실을 대전제로 삼습니다. 우리의 경험세계에서 무거운 것은 다 아래로 떨어지는데, 왜 이 크고 무거운 지구 땅덩어리는 떨어지지 않느냐 하는 겁니다. 그런데 이 대전제라는 게 뭡니까? 아래 방향은 다른 두 방향인 수평방향에 비해 특별한 성질을 가지고 있다는 것 아닙니까? 즉 공간은 3차원이 아니라 2차원 더하기 1차원이라는 거죠. 아래 방향이 '물건을 떨어뜨리는' 특별한 성질을 가지고 있다면, 옆으로의 두 방향은 그렇지 않다는, 즉 대등하지 않다는 거죠. 대등하지 않다면 3차원이 아닙니다. 그러니까 공간을 3차원이 아닌, 2차원 더하기 1차원으로 보고, 수직방향은 수평방향과는 다른 독립된 특별한 방향으로 봤다는 겁니다.

최종덕 쉽게 말해서 위에서 아래로 떨어진다는 사유의 틀은 수직방향의 차원이 수평 2차원보다 특별한 지위를 갖고 있다는 잘못된 믿음과 연관되겠네요?

장회익 네, 그래요. 그런 믿음은 진정한 3차원이 아닙니다. 3차원의 관점에서 보면, 한 방향으로 떨어진다는 것은 공간 자체의 성격에 의해서가 아니라 공간 외적인 이유가 있을 거라는 거죠. 그 방향으로 안 떨어지는 이유를 찾을 것이 아니라 오히려 그 방향으로 떨어지는 이유를 찾아야 한다는 것입니다. 옆으로는 안 떨어지는데 왜 아래로는 떨어지는가, 그 방향에 뭔가가 있어서 그런 게 아닌가 하는 것이 뉴턴의 생각이었어요. 뉴턴은 결국 공간의 성질 때문이 아니라 지구가 중력을 행사하기 때문이라고 생각함으로써 3차원 공간개념을 명료하게 만들었어요. 여기서 우리는 $2+1 \neq 3$이라는 차원 개념을 명백히 이해해야 합니다. 4차원이라고 했을 때는 네 번째 차원이 나머지 다른 세 방향과도 대등하다는 겁니다. X, Y, Z 방향이 대등할 뿐 아니라 시간에 해당하는 방향까지도 차이가 없어야 한다는 게 핵심입니다(여기서 시간변수 자체를 공간변수들과 대등하게 놓는 것이 아니라 시간변수에 특정한 상수를 곱한 값을 공간

변수들과 대등하게 놓는다는 점에서 '시간에 해당하는 방향'이라 했음). 이 경우 좌표축의 방향을 어느 쪽으로 설정하든지 같은 형태의 자연법칙이 성립해야 하는 게 다차원 개념의 특징입니다.

최종덕 네 번째 차원이라고 해서 특별한 것도 없고 신기하게 생각할 필요도 없네요. 그러면 아인슈타인의 두 번째 가설도 차원 개념과 관계되나요?

장회익 그렇습니다. 아인슈타인 논문의 두 번째 기본 가설이 "광속이 관측자의 속도에 무관하게 일정하다"는 것인데, 이것 또한 시간변수에 일정한 상수(광속도 c에 허수 단위 i를 곱한 것)를 곱한 것이 나머지 공간변수들과 대등하다는 기본 가설 안에 다 들어있는 거예요. 그러니까 결국 시간변수에 ic라는 상수를 곱한 새 변수가 추가되어 시간 공간 변수들이 4차원을 이룬다는 가설 하나 속에 상대성이론의 기본 가설들이 다 포함되는 셈입니다. 아인슈타인의 두 가지 가정이 필요 없어지는 거죠.

최종덕 그러면 시간 공간은 왜 이런 의미의 4차원 구조를 가지느냐 하는 질문이 있겠네요.

장회익 당연히 있지요. 그런데 이것은 적어도 현재로서는 좀더 기본적인 이유를 통해 설명할 수 없어요. 이거 하나를 기본 가설로 삼아야 하는 것이지요. 그런데 사실 우리가 지금까지 왜 공간이 3차원 구조를 가지느냐 하고 묻지 않았던 것과 같아요. 이유를 대기보다는 사고의 바탕에 깔리는 내용이라 할까요?

더 중요한 것은 일단 시간 공간이 이런 구조를 가진다고 가정하면 이것을 바탕으로 어떤 결과들이 얻어지는가 하는 점들입니다.

> **장** 이해가 깊어지면 깊어질수록 자연의 법칙은 더 간결해지고 심지어 아름다워지기까지 합니다.

우선 자연법칙을 다시 서술해야 합니다. 즉 자연법칙이 4개의 좌표축 방향 모두에 대해 대등한 형태를 가져야 하니까 그런 방식으로 재구성되어야 하는 것이지요.

고전역학에서는 공간을 3차원으로만 생각했기 때문에 X, Y, Z 세 방향에 대해서만 대등한 형태를 지닌 방정식이 성립했는데, 이제는 X, Y, Z, T 네 방향에 대해 대등한 형태의 방정식이 되어야 하는 겁니다. 이렇게 4차원 형태로 방정식을 적어보면 X, Y, Z 세 방향에 대해서는 질량의 표현만 조금 달라질 뿐 기존의 방정식과 거의 비슷한 결과를 얻게 되고, 또 하나의 방향에 대해서는 과거에는 생각지도 못했던 새로운 관계식 하나를 추가로 얻게 됩니다. 이것이 유명한 $E=mc^2$이라는 식인데, 4차원 덕택에 보너스로 얻게 된 결과입니다.

최종덕 관심의 변화, 사고틀의 확장으로 인해 자연스럽게 생긴 부산물인가요. 자연을 보는 시각을 넓히면 결국 자연을 기술하는 방정식이 단순하고 간결해지는 효과를 얻어냈다고 보면 되나요.

장회익 그게 매우 흥미로운 점입니다. 이해가 깊어지면 질수록 자연의 법칙은 더 간결해지고 심지어 아름다워지기까지 합니다. 그 예로 전자기학을 보기로 하지요. 전자기학에서도 그 법칙들을 시간 공간 4차원 변수들을 도입하여 새로 쓰게 되는데, 대표적인 것이 맥스웰 방정식입니다. 과거에는 여기에 약간의 문제가 있었어요. 정지된 관측계를 기준으로 했을 때와 등속도로 움직이는 관측계를 기준으로 했을 때, 같은 맥스웰 방정식을 쓰면 서로 어긋나는 결과가 도출되는 거예요. 이것이 바로 아인슈타인이 상대성이론을 구상하게 된 동기입니다. 그런데 4차원 변수들을 도입하여 맥스웰 방정식을 다시 쓰면 이러한 문제가 없어질 뿐 아니라 그 법칙의 형태 또한 놀라울 정도로 간결해집니다. 어떤 사람들은 단순성이나 대칭성 등과 같이 심미적 관점에서 과학이론을 추구하기도 하는데, 4차원을 통한 상대론적 이론들이야말로 그 심미적 기준을 만족시켜준다고 할 수 있어요. 그리고 이 맥스웰 방정식의 해(解)를 구해보면, 전자기파 곧 빛은 시간변수의 정의 속에 포함된 바로 이 상수 c에 해당하는 속도로 움직이게 된다는 결과가 나와요.

최종덕 양자역학에 대해 사람들이 많이 물어보는 게 상대성이론과 양자역학의 관계입니다. 이 두 가지가 다 고전역학에 반하는 이론이잖아요. 지금 말씀하신 내용은 절대라는 수식어와 상대라는 수식어가 관점에 따라 쉽게 무너질 수 있다는 건데요. 많은 사람들은 상대성이론이 뉴턴의 고전역학을 혁명적으로 붕괴시키고 나온 이론이라고 생각합니다. 하지만 상대성이론은 뉴턴 고전역학의 세계관을 계승하여 연속적으로 이어진다고 볼 수 있겠네요? 저 역시 상대성이론을 아예 고전역학의 전형적인 한 범주로 간주합니다. 또 과학자들도 그렇게 생각합니다.

아인슈타인과 $E=mc^2$

에너지 E와 질량 m 사이의 등가관계를 나타내는 유명한 등식이다. 여기서 c는 빛의 속도에 해당하는 보편 상수이다. 이것이 의미하는 바는 에너지를 함유한 모든 대상은 이 등식으로 표시된 만큼의 질량을 가진다는 이야기이다. 예를 들어 물이 담긴 주전자를 가열하여 100J에 해당하는 열에너지를 가하면 그 주전자의 질량은 $100J/c^2$에 해당하는 만큼 증가한다. 그러나 이 경우 상수 c의 값이 너무도 커서 이러한 질량의 증가는 실제로 거의 감지되지 않는다. 하지만 무거운 원자핵이 붕괴되면서 그 안에 갇혀 있던 막대한 핵에너지가 방출될 경우, 붕괴된 핵부스러기들의 질량을 다 합한 값이 처음 원자핵의 질량보다 작음을 확인할 수 있다. 이때 이 차이가 바로 방출된 에너지의 질량에 해당한다. 이러한 점으로 인해 이 등식은 원자탄의 원리라고 잘못 알려지기도 했다.

그렇다면 이 놀라운 관계식은 어떻게 얻어진 것인가? 입증할 방법은 여러 가지가 있지만 그 중 대표적인 것이 4차원 형태로 표현한 뉴턴의 운동방정식이다. 공간을 3차원으로 취할 경우, 뉴턴의 운동방정식은 각 방향에 하나씩 3개의 성분 방정식으로 나뉘지만, 시간 공간을 합해 4차원으로 볼 경우에는 4개의 성분 방정식이 나타난다. 이 가운데 3개는 종전의 것과 흡사하지만 나머지 하나는 전혀 새로운 것이 된다. 이 네 번째 방정식을 정리하면 이것이 곧 $E=mc^2$이다.

장회익 그렇죠. 그런데 이들 사이의 관계는 다소 복잡한 측면이 있습니다. 고전역학은 본래 양자역학과 대비되는 개념인데, 특수상대성이론은 이 모두에 적용될 수 있어요. 시간 공간 변수들을 4차원 형태로 도입하느냐 아니면 여전히 3차원 더하기 1차원 형태로 도입하느냐 따라 '상대론적' 혹은 '비상대론적'이라는 수식어가 붙습니다. 그러니까 상대론적 고전역학이 있을 수 있고 또 상대론적 양자역학이 있는 반면 비상대론적 양자역학도 있습니다. 그리고 양자장 이론은 처음부터 본격적으로 4차원 시간 공간 개념을 도입하여 크게 성공했지만, 비상대론적으로 도입된 양자역학에서 슈뢰딩거방정식을 상대론적으로 일반화해보려는 이른바 상대론적 양자역학은 큰 성공을 거두지 못했어요. 반면 일반상대성이론은 시간 공간 개념 안에 중력장 개념을 흡수함으로써 독자적인 동역학 이론을 형성하고 있는데, 이것과 양자역학, 특히 양자장 이론과 어떻게 조화시킬 것인가 하는 것이 풀리지 않은 과제로 남아 있어요.

실재란 무엇인가

최종덕 1905년에 나온 특수상대성이론이 100주년을 넘었습니다. 그런데 아인슈타인은 상대성이론이 아니라 광전효과 논문으로 노벨상을 받았습니다. 광전효과의 해석은 아인슈타인이 죽는 날까지도 반대했던 양자역학에 바탕을 둔 것이기도 합니다. 정말 아이러니한 상황이지요. 스스로 양자역학의 기초를 마련하는 데

이바지하면서도 끝까지 양자역학에 대해 반감을 가지고 있었던 아인슈타인의 입장과 그리고 고전역학과는 전혀 다른 세계관을 가진 양자역학 사이의 관계를 얘기해보면 좋겠습니다.

양자역학에 관해 많이 알려져 있고, 많이 회자되는 게 불확정성원리입니다. 불확정성원리는 양자역학의 핵심적인 인식론과 연관이 되죠. 불확정성원리라는 말 자체가 일반 사람들한테 큰 호감을 준 것 같습니다. 과학에 대한 기존의 인식은 결정론적이고, 확정적이고, 기계론적이고, 예측 가능한 세계였는데, 불확정성이라는 말이 과학자들 입에서 나온 만큼 딱딱한 세계에 식상했던 일반인들의 입장에서 놀랍고 반가웠던 거죠. 마침 포스트모더니즘의 유행과 함께 합리적 이성에 대한 반성과 비판 혹은 반감과 비난 등이 쏟아져 나왔습니다. 일종의 문명비판으로도 볼 수 있는 측면이 있었습니다. 그래서 반이성 혹은 탈이성의 기대감이 커졌습니다. 그러나 그 근거가 매우 미흡했던 차에 자연과학 개념으로서 불확정성 개념이 등장하게 된 것입니다. 그래서 반이성·탈이성에 대한 기대감을 불확정성이라는 과학용어에 의탁하게 된 겁니다. 이로부터 양자역학에 대한 일반인의 오해가 시작된 것이고요. 불확정성이론이 마치 반이성의 과학적 근거가 된다는 오해이지요. 나아가 양자역학은 불확정이고, 고전역학은 확정이라는 이분법, 또한 상대성이론은 상대적이고, 고전역학은 절대적이라는 이분법으로 고착되어가는 오류가 생긴 것입니다. 그래서 우선 양자역학이 정말 그런 오해를 받을 만한 내용인지 다시 검토해야 한다고 봅니다.

장회익 1901년에 플랑크 상수가 도입된 양자역학 관련 논문이 최초로 나왔으니 양자역학이 20세기 학문이라는 말이 틀린 것은 아닙니다. 그 후 20여 년간의 암중모색 기간을 지나 1920년대 후반 어느 정도 양자역학의 골격을 다듬은 이론들이 나왔고, 1930년부터는 양자장이론이 모색되어 현재 거의 완성단계에 이르고 있습니다. 그런데 지금 말씀하신 것처럼 사람들이 여기에 특별한 관심을 가지는 것은 불확정성원리 때문이지요. 자연을 서술하는 가장 기본적인 이론 속에 불확정성이라는 것이 본질적으로 자리 잡고 있다는 것은 그 자체로서 엄청난 관심거리예요.

최종덕 불확정성원리는 독자적으로 성립하는 것이 아니라 양자역학이라고 하는 큰 틀 안에서 도출되고 또 그 안에서 일정한 역할을 하는 것이니까, 먼저 양자역학이라는 것이 어떤 학문인가를 알 필요가 있지 않을까요?

장회익 양자역학을 이해하기 위해 고전역학과 양자역학의 차이에서 출발하는 게 좋다고 봅니다. 고전역학이든 양자역학이든 모든 동역학은 미래 어느 시점에서의 상태, 곧 어떤 물리적 대상에 어떤 관측이 수행될 경우 어떤 결과가 얻어질 것인가를 예측해내는 것을 목표로 삼고 있어요. 이것을 하기 위해 몇 가지 과정을 밟아야 하는데, 우선 대상의 현재상태를 알아야 하고, 상태변화의 법칙을 알고 있어야 합니다. 이 두 가지를 알면 상태변화의 법칙에 현재의 상태를 넣어 미래 임의 시점에서의 미래상태를 계산해낼 수가 있지요.

이러한 구조 자체는 고전역학과 양자역학이 모두 같아요. 단 한 가지 차이는 '상태'의 정의가 다른 거예요. 고전역학에서는 대상의 '위치와 운동량의 값'을 '상태'라고 놓기 때문에 현재의 위치와 운동량의 값을 관측해낸 후 상태변화의 법칙(운동방정식)에 넣으면 미래 모든 시점에 이것이 가질 상태, 곧 미래의 위치와 운동량의 값들이 완벽하게 예측되어 나옵니다. 그런데 양자역학에서는 '상태' 자체를 달리 정의해요. 대상에 대한 현재의 위치 또는 운동량의 값을 일단 관측하면 이것의 이른바 '고유함수'라는 수학적 함수를 결정하게 되는데, 곧 현재의 '상태'가 되는 거예요. 일단 이것을 얻으면 이를 슈뢰딩거방정식이라 불리는 상태변화의 법칙에 넣어 미래 모든 시점에 가질 '상태'를 계산해내지요. 그런데 양자역학에서의 '상태'는 위치와 운동량의 값들이 아니라 이것들과 일정한 관계를 맺고 있는 어떤 수학적 함수일 뿐입니다. 즉 우리가 예측할 수 있는 건 위치와 운동량의 값 사체가 아니라 이들과 관계를 맺고 있는 '상태함수'일 뿐이에요.

최종덕 고전역학은 결과값을 고정되게 얻어낼 수 있지만 양자역학에서 말하는 상태란 고정값이 아니라 일정한 정도 안에서 확률의 값을 갖는다고 하면 되나요?

장회익 흔히 양자역학에서는 "상태를 확률적으로 밖에 얻지 못한다"고 말하는데, 이것은 잘못 알고 있는 거예요. 상태, 곧 상태함수는 결정론적으로 얻어지지요. 문제는 그 다음 단계예요. 일단 상태함수의 형태로 미래의 상태가 얻어지면, 이 '상태함수'를 해석하여 "우리가 만일 위치 혹은 운동량을 관측하면 어떤 결과를 얻을 것인가" 하는 데에 대한 최선의 정보를 얻는 거예요. 그런데 이렇게 얻어지는 정보는 대체로 "어떠어떠한 값들이 각각 어떠어떠한 확률로 얻어지겠다" 하는 형식으로 얻어집니다. "위치는 어떠한 값이 나오고 운동량은 어떠한 값이 나온다"라고 딱 부러진 예측을 주는 것이 아니라, 마치 일기예보 하듯이 확률적인 예측만을 하게 됩니다. 이게 바로 양자역학의 중요한 특징이에요. 다소 실망스럽기는 하지만 그렇다고 일기예보가 필요 없다고 무시할 수는 없잖아요.

문제는 확률적 예측이라는 데에 있는 것이 아니라 그 불확정성의 정도가 얼마냐 하는 것입니다. 여기서 우리는 그 값들의 기대치와 그리고 이 기대치에서 벗어나는 정도 곧 불확정의 범위에 관심을 기울이게 되지요. 만일 그 불확정의 범위가 모두 영에 수렴할 수 있으면 확정적 예측을 한 것이나 다름없어요.

최종덕 여기서 불확정성원리가 문제가 되는군요.

장회익 그래요. 만일 우리가 측정을 좀더 정확히 한다든가 계산을 좀더 철저히 하여 불확정의 범위를 얼마든지 줄일 수 있다면 실제로 기술상의 문제가 될 뿐 원론적인 문제는 아니지요. 그런데 하이젠베르크의 불확정성원리는 우리가 어떤 노력을 하더라도 불확정성을 줄이는 데에는 한계가 있다는 거예요. 이 한계를 하나의 부등식을 통해 정확히 보여주고 있어요.

최종덕 관찰이나 측정의 기술적 한계가 아니라 자연 그 자체가 불확정성을 갖는다는 존재론적 한계이군요. 그 구체적인 내용을 쉽게 정리할 수 있을까요.

장회익 그러기 위해서는 먼저 '불확정의 범위'라는 말의 뜻을

> **장** 양자역학에서는 대상이 지닌 위치와 운동량이 얼마인가를 알아보려는 것이 아니라, 대상의 양자역학적 '상태'를 알아보려는 것이고 그것만이 의미를 지닙니다.

좀더 구체적으로 표현해야 해요. 양자역학에 의하면 기대치는 항상 계산할 수 있어요. 실제로 고전역학의 결과는 양자역학에서의 기대치에 해당하는 것이지요. 그런데 실제 관측을 하면 크든 작든 이 기대치에서 벗어나는 결과가 생기지 않겠어요. 기대치와 실제 관측치 사이의 차이를 생각하여 이 값의 평균값을 얻으면, 이것이 대략 기대치에서 벗어나는 정도를 나타낼 것이고, 이를 일러 불확정의 범위라 할 수 있을 겁니다.

이 불확정의 범위가 바로 양자역학적 예측에서 우리가 무슨 수를 써도 넘을 수 없는 한계라는 거예요. 우리는 위치의 값을 정확히 예측해 위치의 불확정치가 영에 접근하도록 할 수가 있어요. 그럴 경우 운동량의 불확정치가 무한대로 커지게 돼요. 즉 위치에 대한 예측의 정도를 높일수록 운동량에 대한 예측의 정도는 그만큼 떨어진다는 이야기지요. 마찬가지로 운동량의 값을 정확히 예측할 경우에는 위치에 대해서는 아무런 예측도 할 수 없다는 이야기가 되고요.

하지만 실제로 대상의 크기는 소립자의 미시세계처럼 극히 작아서 일상적인 거시세계에서는 이러한 불확정성이 그다지 문제가 되지 않아요. 우리가 일상의 경험을 통해 불확정의 현상을 전혀 모르고 지내온 것이 바로 그런 이유 때문이지요. 오직 극미세계인 원자 규모의 대상들에 대해서만 이것이 일정한 역할을 하게 되는 거지요.

최종덕 선생님의 말씀을 다시 정리해보겠습니다. 하이젠베르크의 불확정성원리를 말할 때, 흔히 위치를 정확하게 알려고 하면 운동량을 정확하게 측정할 수 없고, 거꾸로 운동량을 정확하게 측정하려고 하면 위치가 또 불확실해진다고 하지요.

장회익 위치를 잴 때 위치를 재는 장치가 대상에 영향을 줘서 운동량을 정확히 잴 수 없고, 운동량을 정확하게 재려고 하면, 그것이 또 대상에 영향을 줘서 위치를 정확하게 정할 수 없다. 이렇게들 말하는데 엄밀히 따져본다면 정확한 표현이 아니에요. 하이젠베르크가 한 말이기는 한데, 스스로 실언을 했다고 생각했는지 다시는 이 말을 하지 않았어요.

그런데 사람들은 다른 말들을 다 제쳐놓고, 하이젠베르크의 입에서 잘못 튀어나온 이 한 마디만 잘 받아들이고 있어요. 양자역학을 모르고도 이해할 수 있는 거의 유일한 말이거든요. 그런데 양자역학을 모르고도 이해가 되었다는 것은 곧 양자역학을 알고보면 잘못 이해된 것이라는 뜻이에요.

최종덕 점점 알쏭달쏭해지네요.

장회익 여러번 이야기했지만 우리가 사물을 이해한다고 할 때에는 그 어떤 이해의 틀을 전제하고 여기에 부합되느냐 아니냐를 놓고 말하는 것입니다. 그러니까 불확정성원리 또한 양자역학의 틀을 놓고 이해해야 하는 것인데, 대부분의 사람들은 이것을 고전역학의 틀로 보려하니까 이해하기가 어렵지요. 하이젠베르크의 이 설명은 양자역학적 바탕이 없이도 알아들을 수 있는 이야기이거든요. 대상 입자는 위치와 운동량을 가지고 있다, 그 값들이 얼마인지를 알려면 우리가 이들을 측정해야 한다, 그런데 측정장치가 지니는 어떤 불가피한 이유 때문에 그 하나를 재려고 하면 다른 한쪽의 값을 정확히 재기가 어렵다. 이런 정도입니다. '그 어떤 불가피한 이유'라는 점만 받아들인다면 상황을 머릿속에 그려보기가 쉽지요.

최종덕 쉽게 말해서 양자적 대상을 인식할 경우 양자역학적 관점으로 접근하고, 거시적 대상을 인식하려면 고전적 관점으로 접근하면 문제가 풀린다는 말로 들립니다. 양자적 대상을 고전적 관점에서 이해하려고 하면 불가피한 이유가 발생하거나 잘못된 전제를 마치 당연시 여기는 것과 같다는 말이군요.

장회익 물론 이해가 된다는 것이 나쁠 것이 없지요. 문제는 잘못된 전제 위에 이해한다는 점입니다. 즉 대상이 위치와 운동량을 가졌다고 보는데 이게 잘못된 전제예요. 양자역학적인 대상은 위치와 운동량을 가지고 있는 게 아닙니다. 우리가 위치를 측정하는 관측장치를 써서 위치에 해당하는 값을 얻을 수는 있어요. 또 운동량 관측장치를 써서 운동량에 해당하는 값을 얻을 수도 있습니다. 하지만 그것들 자체가 대상이 지닌 위치나 운동량 값을 뜻하지는 않아요. 양자역학에서는 대상이 지닌 위치와 운동량이 얼마인가를 알아보려는 것이 아니라, 다만 이 대상의 양자역학적 '상태'를 알아보려는 것이고 그것만이 의미를 지닙니다. 이를 활용해 미래의 '상태'를 예측하고, 예측된 '상태'를 통해 측정이 다시 수행될 경우 어떤 결과가 나올 것인가를 예상하려는 것인데, 이 과정에 불확정성원리가 적용되는 것이지요.

최종덕 중요한 것을 배웠는데요. 하이젠베르크의 불확정성에 관한 이해가 잘못됐다고 할 수도 있겠지만, 기존의 언어로 양자역학을 설명하려다 보니까 그런 일이 발생하지 않았나 생각합니다. '상태'라는 말 자체에 대한 이해 범주가 넓은 폭을 가지고 있는 듯합니다. 양자역학 창시자의 한 명인 닐스 보어도 "양자역학을 양자역학적인 언어로는 설명이 안 되고, 기존의 일상어 즉 거시적인 고전역학의 언어로 설명해야 하는 것이 나의 패러독스"라고 했잖아요. 말씀하신 것처럼 고전역학적인 일상 언어로 설명하면 오류가 생기고, 양자역학으로 설명하려면 설명이 잘 안 되고, 결국 이는 닐스 보어만의 문제가 아니라 양자역학이 안고 있는 근본 모순 아닐까요?

장회익 그래서 양자역학은 기존의 고전역학적인 이해의 틀로는 받아들일 수 없다는 겁니다. 닐스 보어가 말하고 있는 '상보성원리'도 그런 측면에서 이해해야 합니다. 고전역학의 틀로서 담을 수 없는 것을 담아내려다 보니까 '상보성'이라는 이상스런 개념을 도입하게 된 거예요. 처음부터 대상이 위치와 운동량을 가지고 있다는 개념 자체를 버리면 이런 모든 어려움에서 벗어날 수 있어요. 동역학적 서술을 위해서는 대상이 놓이게 되는 '상태' 개념만으로 충분해요.

최종덕 그런 기존의 대상 개념을 수정만 한다면 고전역학과 양

하이젠베르크와 슈뢰딩거

하이젠베르크(Werner Heisenberg, 1901~76)는 이론물리학자로 양자역학의 이론적 기반을 마련하는 데에 크게 기여하였다. 1925년 25세의 젊은 나이에 고전역학을 대체할 양자역학의 기본 방정식을 마련하는 데에 성공했다. 매트릭스 형태를 지닌 이 방정식은 조금 후 슈뢰딩거에 의해 마련된 이른바 슈뢰딩거방정식과 대등한 것임이 곧 확인되었다. 1927년에는 그의 유명한 불확정성원리를 제시했는데, 이는 위치 예측의 불확정성과 운동량 예측의 불확정의 곱이 일정한 상수보다 작을 수 없다는 내용을 지닌다. 그는 또한 닐스 보어와 함께 양자역학에 대한 '코펜하겐 해석'을 수노한 짓으로트 될 알려져 있다.

슈뢰딩거(Erwin Schrödinger, 1887~1961)는 하이젠베르크 등과 함께 양자역학의 이론적 기반을 마련하는 데에 크게 기여한 물리학자이다. 흔히 파동방정식이라고 부르는 슈뢰딩거방정식은 고전역학에서 뉴턴의 운동방정식에 해당하는 양자역학의 기본 방정식이다. 그는 양자역학의 해석 문제에 있어서 코펜하겐 해석과 일정한 거리를 유지했으며, 양자역학 해석의 난점을 묘사한 이른바 '슈뢰딩거의 고양이'가 유명하다. 생명 문제를 포함해 마음의 문제 등 광범위한 영역에 관심을 보였고, 특히 그의 저서 『생명이란 무엇인가?』(*What is life?*)는 당시 젊은 학자들에 영감을 주며 현대 분자생물학 형성에 기여한 것으로 알려지고 있다.

자역학이 서로 모순될 필요가 없는 것이지요. 그렇지만 일반인들이 지닌 자연세계의 사물에 대한 개념이 고전적이라는 것을 인정해야 하지 않을까요?

장회익 그렇지요. 초기 '상태'를 알고, 미래 '상태'를 예측하고, 그 '상태'를 해석하여 관측 가능한 현상과 연결하는 것이 동역학의 전부거든요. 그런데도 우리는 대상이 어떤 물리량을 가졌다고 보고, 이 물리량 자체가 어떻게 변하는가를 보려는 형태의 사고에서 쉽게 벗어나지를 못해요. 이런 물리량의 실재성에 무게를 둔다는 의미에서 이러한 관점을 (좁은 의미의) '실재론'이라 할 때, 양자역학을 이해하기 위해서는 이런 실재론에서 벗어나야 해요.

최종덕 여기서 실재라는 말은 사과나 돌이 실재하듯이 미시적 대상의 위치와 운동량으로 정해질 수 있는 미시사물이 실재한다는 뜻이고, 이런 사유 유형을 과학적 실재론이라고 말하려 하지요.

장회익 여기서는 그걸 말하는 게 아닙니다. '좁은 의미'의 실재론이라고 했듯이, 예컨대 대상 입자 자체의 존재성을 부정하려는 것이 아니고 그것이 위치와 운동량을 '가진다'고 하는 개념을 버려야 한다는 것입니다. 사실 고전역학에서도 이 개념이 꼭 필요한 것은 아니에요. 고전역학에서도 이런 물리량의 측정치들을 '상태'로 놓고 '상태' 개념만을 바탕으로 논의하는 것으로 충분해요. 이렇게만 하면 고전역학에서조차 이들이 '실재한다'고 하는 가정이 별도로 더 필요한 것이 아니에요. 그렇긴 해도 고전역학에서는 이들이 '실재한다'고 해도 안 될 것은 없어요. 오히려 그렇게 보는 것이 생각하기에 편리하지요. 그런데 이러한 사유의 편리성에 익숙한 나머지 우리는 그래야 하는 것처럼 생각하게 되고 양자역학을 이해하는 데까지 이 생각을 가지고 가려니까 무리가 생기는 거예요.

그래서 보어를 중심으로 하는 '코펜하겐'에서는 상보성이론을 내세워 핵심을 비켜가려 했고, 고전적인 실재 개념에 충실했던 아인슈타인은 양자역학을 아예 거부할 수밖에 없었던 거예요.

최종덕 상태 개념이 중심 역할을 해야 한다는 말씀에 전적으로 동의합니다. 저는 상태를 어떻게 해석하느냐가 이 세계의 궁극적인 실재를 어떻게 보느냐의 문제라고 봅니다. 플라톤에서 뉴턴으로 이어지는 실재론을 계승한 아인슈타인으로서는 상태를 해석하는 문제에 봉착한 거죠. 비단 아인슈타인뿐만 아니라 누구든 부닥칠 수 있는 문제입니다. 그 해석이 틀렸다기보다 일상 언어로는 더 이상 설명할 방법이 없다는 거죠.

장회익 우선 제가 말하는 '상태' 개념은 형이상학적 해석이 필요 없는 개념입니다. '상태'의 의미는 물리학적 서술체계 안에서 필요에 의해 조작적으로 결정되어 있는 것이어서, 그 물리학적 정의에 충실할 필요가 있어요. 상태에 대한 그런 조작적 정의만으로 물리학 이론을 실제 적용하는 데에 아무 문제가 나타나지 않아요. 여기에 '실재성'이라는 의미를 하나 더 얹어도 되느냐 하는 것인데, 고전역학에서는 문제가 없지만, 양자역학에서는 문제가 발생한다는 것입니다. 이 실재성의 개념은 우리의 경험을 통해 너무도 일상화되어버렸고, 더구나 플라톤 이래 이상화되었다고 할 수 있지요. 이러한 의미에서 당연히 일상 언어의 한 부분이 되어버렸지요.

그렇다고 이것을 언어의 문제로만 본다면 너무 단순화시키는 거예요. 측정 가능한 모든 것은 실재해야 한다고 보는 우리의 통념이 문제예요. 양자역학을 담아내기 위해서는 이러한 통념을 깨고 더 넓은 개념의 틀을 구축해야 한다는 것입니다. 마치 시공간에 대한 3+1차원의 통념을 깨고 4차원 개념을 구축하듯이. 양자역학의 입장에서는 위치와 운동량은 측정가능하지만 실재하지는 않는 것이에요. 관측장치에 그러한 값들이 나타나지만 이는 오직 현상일 뿐 실재하기 때문에 생기는 일은 아니라는 거지요.

최종덕 아인슈타인도 양자역학 자체를 거부한 게 아니라, 그 상태를 설명하는 기술방정식, 그러니까 파동방정식 자체를 문제 삼은 거잖아요.

장회익 아인슈타인도 양자역학의 실용성은 인정했어요. 물론 실용 이론으로서 이것이 가지는 현실적 중요성을 잘 인식했지요. 그런데 이것이 자기가 기왕에 지니고 있던 과학이론으로서의 기준에 못 미친다고 보았어요. 그 기준의 뼈대가 위에 말한 실재성과 인과성이에요.

최종덕 아인슈타인의 전기 자료를 보면, 물리적 실재가 무엇이냐에 대해 하이젠베르크의 고민을 끊임없이 반복하고 있습니다. 하이젠베르크는 전자(electron)가 무엇이냐? 그것은 '추론적 실재'(inferred entity)라고 했는데, 아인슈타인은 나무, 사과, 개천에 있는 돌과 같은 '리얼리티'(reality)라고 했지요. 저는 그런 생각이 단순하지만 흥미롭고 중요하다고 보거든요. 아인슈타인은 결국 양자적인 리얼리티를 거시적 세계에서의 리얼리티와 같이

> 장 측정 가능한 모든 것은 실재해야 한다고 보는
> 우리의 통념이 문제예요. 양자역학을 담아내기 위해서는
> 더 넓은 개념의 틀을 구축해야 합니다.

생각했기 때문에 닐스 보어가 말하는 양자역학을 도저히 받아들일 수 없었던 거겠죠. 저는 아인슈타인과 닐스 보어 논쟁에서 닐스 보어 편이었지만, 아인슈타인의 생각이 '틀렸다'는 게 아니라 '다르다'는 거죠.

장회익 그래요. 우리가 이야기할 때 모든 입장이 다르다고 보는 게 좋아요. 틀렸다, 맞았다 하는 건 지식의 절대성이 전제되어 있는 것입니다. 아인슈타인은 실재성에 대한 집념이 강했어요. 그걸 인정하고 나면 양자역학적인 서술에서는 모순을 피해갈 수가 없어요. 아인슈타인의 성격상 닐스 보어나 하이젠베르크 식의 편법보다는 정면 돌파를 하지 않을 수 없었지요.

최종덕 그렇죠. 아인슈타인에게 그건 편법이죠.

장회익 예. 너무 절충적인 거지요. 그 점에서 아인슈타인이 좀 더 정직한 입장이었어요. 여기서 아인슈타인과 닐스 보어가 자명하게 생각했던 그 실재라는 경험은 어디서 나왔는지를 좀 생각할 필요가 있어요. 나는 경험세계에서 우리 자신도 모르게 만들어진 거라고 생각해요. 경험세계는 고전역학이 말해주는 질서, 즉 고전역학적 질서의 범위를 넘지 않는 세계입니다. 그것으로부터 우리가 받아들인 거예요. 정확히 말하면 받아들일 수밖에 없는 것이죠.

고전역학 자체에서가 아니라 고전역학의 바탕이 되는 거시세계에 대한 경험에서 받아들인 거예요. 그러니까 고전역학을 만들 때는 문제가 없었어요. 그런데 양자역학의 미시적 차원으로 내려가서 대상을 철저히 이해하려고 하니까, 이 관념이 어긋나기 시작한 거예요.

대상이 본질적으로 어떤 값을 '가진다'고 전제한 것이 잘못이라는 걸 마침내 알게 된 거지요. 그렇다면 우리가 알 수 있는 것은 무엇이냐? 이건 우리가 의미 있게 규정할 수 있는 것, 만일 양자역학을 최선의 지식이라 인정한다면, 양자역학의 틀 안에서 의미 있게 말할 수 있는 것이 전부예요. 그런데 양자역학적 지식은 우리의 일상적 경험세계를 넘어서는 것이기 때문에 일상의 경험에서 얻은 관념이 문제를 일으킬 수 있는 건 당연합니다.

최종덕 방금 '경험에서 만들어진 것'이라고 표현하셨는데, 이 표현은 철학적으로 짚고 넘어가야 할 필요가 있을 것 같아요. 실재라는 것이 경험에서 만들어진 것이냐, 원래 있었던 것을 찾아내는 것이냐 하는 것은 엄청난 차이입니다. 서양에서 말하는 실재론이라는 것은 원래 있었던 것을 찾아내는 거죠. 설령 못 찾아도 있음 자체, 즉 절대적이고 선험적인 객관세계 자체를 인정하는 겁니다. 그 절대적 객관세계를 주관적 감각세계가 '바라보고' 겨우 '해석'하는 거겠지요.

장회익 여기서 말하는 것은 '실재'라는 관념이 어떻게 만들어져서 어떻게 쓰이고 있느냐 하는 점입니다. 지금 범인이 하나 있다고 하고 그의 위치를 추적하는 과정을 예로 들어봅시다. 지금 이 범인이 어디론가 숨어서 보이지 않습니다. 그렇다고 이 범인이 아무데도 없는 것이 아니라 어딘가 있다고 가정하고 가능한 모든 곳을 하나씩 찾아나가지요. 그리고 이 가정이 옳다는 것을 거듭 확인합니다. 이것은 물론 범인뿐 아니라 잃어버린 어떤 물건에 대해서도 마찬가지예요. 우리는 이러한 경험을 수없이 하게 되고 결국 이러한 경험이 쌓여 '그 무엇이 어디에 존재한다'는 보편관념이 형성되는 것입니다.

그런데 이 관념의 내용이 무엇인지를 면밀히 검토할 필요가 있어요. 편의상 이것을 전자(電子)라고 합시다. 이 전자는 내가 원하면 언제든 어디 있는지 확인할 수 있어요. 즉 1초 전에 이 전자의 위치를 확인할 수 있었고, 0.5초 전에도 확인할 수도 있었고 또 지금도 확인할 수 있어요. 이제 1초 전에 이 전자의 위치를 확인했고 1초가 지난 지금 또 확인했다고 합시다. 그러면 "위치를 확인할 수는 있었지만 실제 확인하지 않은 0.5초 전에도 이 전자는 어떤 위치에 있었다고 할 수 있는가?" 하고 물을 수 있어요. 통념적 사고에 의하면 그 어떤 위치에 있었다고 해야합니다. 이런 사고의 틀이 우리의 경험 속에서 형성된 실재 관념입니다. 말하자면 "한 범인이 1시간 전에 사건현장에서 목격되었고, 한 시간 후 얼마쯤 떨어진 다른 위치에서 잡혔다. 그런데 사건현장에서 체포된 위치로 통하는 길은 오직 A와 B 둘밖에 없다. 그러면 이 범인은 기필코 A나 B 두 길 가운데 하나를 지나왔을 것이다" 하는 것입니다.

실제 범인의 경우는 이 추리가 맞습니다. 그러나 미시세계의 소립자와 같은 전자의 경우는 맞지 않아요. 우리는 전자의 경우도 그래야 할 것으로 생각합니다. 미시적 전자의 경우 직접 경험을 통해 그렇게 추론하는 것은 아니지요. 거시적 범인의 경우, 또 다른 물체의 경우에 얻은 경험을 토대로 이런 사고를 유추했고, 자기도 모르게 이런 직접 추론의 사유를 모든 경우에 적용되는 것으로 보편화시켜버린 것이에요. 이것이 바로 우리가 지닌 '실재성' 관념입니다. 그렇게 되고 나면 우리는 이 관념을 바탕으로 사물을 보게 되지요.

최종덕 그렇지만 예를 들어 범인이 거기 있으니까 잡힌 것이지, 잡혔기 때문에 거기 있는 건 아닙니다. 관측기능이 중요하다는 점은 인정하지만, 그것도 대상이 먼저 존재하니까 관측이 의미를 가진다는 말입니다. 관념론이냐 실재론이냐 하는 철학적 질문을 다른 방식으로 관측 우선이냐 외부세계의 대상이 우선이냐라는 질문으로 바꾼 것입니다.

장회익 좋은 말씀입니다. 철학에서 실재론이냐 반실재론이냐 하는 것을 그러한 관점에서 보고 있는데, 여기서 말하는 것은 좀 차이가 있습니다. 범인이 거기 있으니까 잡힌 것이라는 논리도 안 받아들이지만, 잡혔기 때문에 거기 있다는 논리도 안 받아들입니다. 이것은 다 '거기 있다'는 말이 의미를 지닌다고 보고 하는 얘기들인데, 도대체 '거기 있다'는 말이 의미도 없고 필요도 없다는 입장입니다. '상태' 개념을 통한 동역학적 서술의 특징은 어디에 있느냐 아니냐에 무관하게 어디서 잡히느냐 아니냐를 직접 말해주는 것이라고 보면 되지요. 결국 현실적으로 의미 있는 것은 어디서 '잡히느냐, 안 잡히느냐'이지, 어디에 '있느냐, 있지 않느냐'가 아니라는 뜻입니다. 고전역학이 바로 어디서 '잡히느냐, 안 잡히느냐'를 단정적으로 말해준다면, 양자역학은 어디서 "잡힐 확률이 얼마냐"를 말해주는 것이라고 생각하면 돼요.

내가 강조하는 점은 고전역학에서조차도 대상이 '거기 있으니까 잡힌다'고 할 때 '거기 있으니까'라는 말이 군더더기라는 겁니다. 이미 '거기서 잡힌다, 안 잡힌다'는 것이 '상태' 개념을 통해 직접 결정되는 이상, '거기 있으니까, 거기 없으니까' 하는 개념이 하는 역할이 아무것도 없다는 거예요. 그런데 고전역학에서는 설혹 이 군더더기를 그냥 두어도 특별한 지장을 초래하지는 않기 때문에 따라붙고 있는 겁니다. 하지만 양자역학에서는 이 군더더기가 큰 말썽을 부립니다.

최종덕 범인 이야기에 빗대어 설명해주세요.

장회익 이런 경우를 생각해보지요. 범인이 '거기 있었는데, 안 잡혔다'라는 주장이 있다고 합시다. 현실 세계에서는 범인이 안 잡혔더라도 거기 있었던 것을 객관적으로 확인할 방법이 있지요. 가령 누가 목격했다든가 하는 방법으로 말입니다. 그러나 여기서는 '있느냐, 아니냐'를 확인할 수 있는 방법이 오직 '잡히느냐, 아니냐'만을 통해 가능하다고 해봅시다. 그러한 경우, 범인이 '거기 있었는데, 안 잡혔다'고 하는 주장은 추정의 과정으로만 의미를 가질 뿐, 실제 확인될 수 있는 것이 아닙니다. 문제는 이러한 추정이 정당하냐는 것입니다. 결론적으로 말하면 다음과 같습니다. 고전역학에서는 이러한 추정이 문제를 일으키질 않아요. 그래서 이것 비슷한 추정을 하게 되고, 그럴 때에 거기 '있었느냐, 아니냐' 하는 것이 독자적인 의미를 가집니다. 그런데 양자역학에서는 만일 이러한 추정을 시도하면 그것이 양자역학적 예측과 모순을 일으키는 거예요.

지금까지 이야기를 정리해봅시다. 대상이 어디에 '있느냐, 아니냐' 하는 것은 오직 이러한 추정 과정에서만 의미를 지니고 있는데, 이러한 추정은 고전역학에서는 허용되지만 양자역학에서는 허용되지 않아요. 실제로 이러한 '추정' 자체가 동역학적 서술에서 어떤 역할을 하는 게 아니에요. 하나의 편법으로 동역학적 추리를 잠깐 대신하는, 즉 엄격히 말해 군더더기입니다. 언제 어디서 어떤 일이 일어날 것이라고 말해주는 '동역학적 서술'은 이것 없이 완벽하게 이루어지는데, 고전역학에서는 군더더기인 이 추정 논리를 써도 되지만 양자역학에서는 모순을 일으킵니다.

최종덕 외부세계의 대상만을 중시하던 고전역학과 달리 양자역학은 내가 대상을 관찰하고 실험하고 측정하는 행위 자체가 대상의 상태를 기술하는 요인이 되는 것이겠죠. 이는 곧 실재가 과연 나와 독립적으로 존재하는가에 대한 질문입니다. 혹은 과연 실재가 존재하느냐는 근원적인 반론일 수도 있고요.

장회익 그것이 흔히 고전역학과 양자역학을 구분하는 일반적 관점인데, 여기서 강조하는 것은 그러한 관점이 많은 오해를 일으킨다는 거예요. 우선 대상 자체가 존재한다고 하는 것은 고전역학에서나 양자역학에서나 다 함께 인정하니까 논외로 하고, 이 대상이 '어디에 있다, 없다'하는 개념을 놓고 논의를 하는 거예요. 내 결론은 이 '어디에 있다, 없다' 하는 개념이 고전역학에서도 군더더기이지만, 양자역학에서는 동역학적 서술과 모순되기에 아예 써서는 안 될 개념이라는 겁니다.

최종덕 대상 자체가 실재하느냐, 아니냐의 문제가 아니라 대상을 전제하고 그것을 인식하는 방법이 여러 가지가 있을 수 있다는 말씀이신가요?

장회익 대상에 대해 어떻게 인식하느냐의 문제가 아니라 대상의 속성으로 무엇을 부여하느냐의 문제입니다. 대상 자체의 실재성에 대해서는 별도의 논의에 맡기고, 여기서는 그러한 대상이 있다고 할 때, 이것이 공간상 일정한 위치들을 지속적으로 점유하느냐에 대해서만 생각하는 거예요. 우리의 관측에 무관하게 일정한 위치를 점유한다는 생각이 정말 진실인지를 되묻는 것과 같습니다.

최종덕 그것이 형이상학적이든, 선험적 관념론이든, 신경과학과 같은 자연과학이든 관념이 대상을 만드는 건 아니라는 거죠. 관념이 만들었다면 기존의 관념론이 되어버리니까요. 지금 선생님 말씀은 물론 그런 건 아닌 듯한데요.

장회익 그런 의미의 관념론은 물론 아닙니다. 그러나 관념을 중시해야 하는 것은 사실이에요. 대상을 경험하고 이론화하는 모든 작업은 결국 우리 관념의 틀에서 이뤄지니까요. 살아가면서 축적되는 경험에 의해 관념의 틀이 저절로 만들어지는 경우가 많습니다. 결국 제가 말하는 관념이란 대상과 분리되고 대상을 만들어내는 초경험적인 관념을 뜻하는 것이 아니라 사물을 이해하기 위해 스스로 지니고 있는 지적 기능과 이것이 만들어낸 사고의 틀입니다. 누적된 경험세계를 바탕으로 사물을 파악하는 기능을 관념이라고 말했을 뿐이지요.

최종덕 양성자나 전자는 애초에 존재하지 않는데 관념으로 만들어냈다는 오해처럼 사람들이 관념이란 말을 오해할까봐 말씀드린 겁니다. 과학자라면 그런 초월적 의미의 관념론을 추종하지는 않겠지만요. 그렇다면 관념은 어떤 방식으로 나타나는가 궁금해지네요.

장회익 예를 하나 들게요. 4~5년 전 「사랑이 머무는 자리」라는 영화를 본 적이 있어요. 원제목은 아마 "At First Sight"일 거예요. 실화를 바탕으로 만든 이 영화의 줄거리는 어릴 때 각막에 이상이 생겨 시력을 상실한 한 청년이 훗날 수술을 통해 시력을 회복하는 이야기입니다. 극적인 것은 시력을 회복하는 장면이에요. 아주 어렸을 때 잠깐 본 것 외에 세상을 처음 보게 되는 거예요. 얼마나 황홀해할 것인가 주먹에 땀을 쥐고 보는데, 뜻밖에도 이 청년이 괴롭다는 듯이 비명을 질러요. 시각으로 들어온 정보를 아무것도 인식할 수 없기 때문이죠. 그 청년에게는 '랜덤 패턴'(random pattern)이라고 할까, 빛 알갱이들만 무작위적으로 망막에 와서 닿는 거예요. 보통 사람은 눈으로 보기만 하면 사물이 보이죠. 말하자면 '보면 안다'는 것인데, 그게 사실은 오랜 학습의 결과거든요. 우리는 이것이 학습의 결과라는 것조차 모르고 살아왔지요. 이런 경험이 없던 청년에게는 아무것도 인식이 되지 않아요. 결국 청년은 사물을 '보기' 위해, 이것을 손으로 일일이 직접 만져가며 눈에 들어오는 패턴과 비교해나가는 고된 학습과정을 겪게 되죠. 이걸 의식적으로 해나가려면 엄청나게 어려운 일입니다. 우리의 관념의

> **초** 양자상태라는 상태함수로써
> 물리적 실재를 표현하는 것 자체를
> 아인슈타인은 마음에 들어하지 않았지요.

틀, 이해의 틀도 이렇게 어렵고 기나긴 지적 과정을 통해 만들어진 거예요.

최종덕 확실히 인간의 관념은 다 만들어져 나온 것이 아니라 엄청난 경험적 학습의 결과라고 볼 수 있습니다. 이제 이런 논지와 관련하여 아인슈타인과 보어 사이의 유명한 논쟁점을 말해보도록 하겠습니다. 실재의 문제와 관련해 아인슈타인의 EPR 논문에 대한 이야기입니다. 아인슈타인, 포돌스키, 로젠 세 사람이 공동으로 실은 논문이었지요. 세 사람의 이름 첫 자를 따서 보통 '이피알 논문' 또는 '이피알 실험'이라고 말합니다. 이 논문의 제목은 "물리적 실재를 양자역학으로 기술한다는 것이 과연 완전하게 할 수 있는가?"라는 것입니다. 1935년 『피지컬리뷰』(*Physical Review*)에 실린 그 논문은 분량은 적었지만 반향은 컸습니다. 지난 60년 동안 그 논문에 대한 해설 논문과 리뷰가 이공학과 인문학 분야에서 10만 편 가까이 나왔다고 하니, 분량으로 따지면 칸트와 헤겔에 대한 연구논문 다음인 셈이죠.

논문의 핵심은 닐스 보어의 양자역학에 대한 아인슈타인의 신랄한 반론입니다. 양자역학자들이 양자상태라는 상태함수로써 물리적 실재를 표현하는 것 자체를 아인슈타인은 마음에 들어하지 않았지요. 죽는 날까지 양자역학의 파동방정식을 부정했을 정도입니다. 그 논문을 이 자리에서 다 설명할 수는 없지만, 요점은 물리적 실재는 닐스 보어처럼 확률의 상태로서 존재하는 것이 아니라 고전역학의 사유체계처럼 여전히 본질적 대상이 엄연히 실재한다는 것입니다. 이는 아인슈타인의 기본 믿음이었지요. 그리고 그런 믿음이 EPR 논문에서 나타났고, 자연히 그 논문은 닐스 보어를 비판하는 것이었어요. 그런 비판에 대해 닐스 보어가 가만히 있을 리 없었겠지요. EPR 논문에 대해서 닐스 보어가 4개월 후 같은 학술지에 반박성 답변 논문을 게재했고, 그때부터 두 사람 혹은 양 진영의 논쟁이 시작되어, 후학들도 논쟁에 참여하면서 확대된 거죠.

누가 옳은 것일까요? 아인슈타인처럼 실재의 본질이 있기는 한데 아직 우리들이 찾지 못한 걸까요, 아니면 닐스 보어처럼 실재란 존재하는 것이 아니라 측정의 현상으로만 존재한다는 것이 옳은 것일까요? 1970년대부터는 이를 실험으로 증명하려고 1983년까지 열네 차례 실험했어요. EPR 논문이 지적한 것은 궁극적으로 리얼리티의 문제, 즉 실재의 문제잖아요.

고전적 차원의 실재 개념에는 전통적인 서양철학 사유의 기본 틀거리를 유지하고 있습니다. 그런데 닐스 보어는 기존의 사유틀을 거부했으니 당시로는 파격이었으며 아인슈타인 역시 닐스 보어의 주장을 수용할 수 없었겠지요. 그 뒤 1995년 이탈리아 우르비노에서 EPR 논문 60주년 기념 국제심포지엄을 했어요. EPR 관련 과학자들이 다 모였죠. 그때 흥미로운 설문조사가 있었어요. 14개 설문항목 가운데 하나가 '실재를 고전역학의 결정론적 입장에서 바라보느냐?'였어요. 쉽게 말해 물리적 실재론을 믿느냐는 얘기였죠. 전통적 실재론을 믿느냐, 아니면 닐스 보어의 반실재론을 옹호하느냐라는 것입니다. 그 설문에 참여한 관련 학자들의 86퍼센트가 고전적 실재론에 손을 들어주었어요. 또 하나의 질문은 아인슈타인이 옳으냐, 닐스 보어가 옳으냐는 문제입니다. 이것은 이미 열세 번의 실험결과를 통하여 보어의 방식이 옳은 것으로 드러났어요. 매우 기이한 현상이죠. 그동안 많은 실증적 실험결과 보어의 주장이 옳다고 판정났으나 심리적으로는 여전히 전통적 실재론을 믿고 있으니까요.

장회익 물리학자들은 기본적으로 실재론자들입니다. 양자역학의 해석이 그렇게 어려움을 겪고 있는 이유도 이 점 때문입니다. 사실 일부 철학자들을 제외하고는 선뜻 여기서 벗어나기는 어려워요.

최종덕 70, 80년대 행해진 열세 번 여의 EPR 논증에 대한 실험을 통하여 누가 더 옳은지에 대한 답은 그 유사한 실험을 더 이상 할 필요가 없을 정도로 닐스 보어의 양자역학적 해석이 옳은 것으로 나왔어요. 그러나 과학자 개인의 신념체계는 여전히 전통 실재론에 의존되어 있었으며 따라서 80퍼센트 이상의 과학자들은 세계관의 관점, 구체적으로는 실재론의 문제에서 여전히 아인슈타인을 믿는다는 거예요. 상당히 모순적인 결과입니다. 경험적 차원에서는 양자론을 따르지만 철학적 세계관에서는 서양철학을 2,500년 동안 지배해온 실재론을 여전히 인정한다는 것을 말해주는 게 아닐까요?

장회익 아인슈타인과 닐스 보어 둘 다 바탕은 여전히 실재론자

닐스 보어와 EPR 실험

기존 뉴턴역학의 핵심은 현재의 변수들을 통해 미래의 값을 정확히 예측할 수 있다는 점이다. 반면 보어(Neiels Bohr, 1885~1962)를 따르는 양자역학의 표준해석에 의하면, 미래의 완전한 예측을 위하여 현재를 아는 것은 원칙적으로 불가능하다. 야머(Max Jammer)에 의하면 보어의 입장은 관계성(Relationalität)과 전체성(Ganzheit)의 두 가지로 요약된다고 한다.

보어는 양자현상이 독립적 실재로부터 나온 것이 아님을 확신하였다. 양자역학적 결과는 측정장치와 대상의 관계에서 나온다는 뜻이다. 측정하는 순간 대상에 대한 방정식 값이 일순간에 붕괴된다는 이상한 논리가 바로 양자역학의 패러독스이다. 아인슈타인은 이런 양자역학의 관계적 상황들이 인정된다면 물리학에서가 아니라 신비적 주술에서나 가능하다고 하여 양자역학을 폄하하였다. 이런 아인슈타인의 주장을 뒷받침하는 논문이 곧 1935년 EPR 논문이다.

보어는 곧 아인슈타인에게 답변을 했는데, 그 요지는 소립자 운동과 그것을 측정하려는 측정장치는 상호 분리가 불가능하다는 주장이었다. 그러나 아인슈타인은 주객의 상관성이란 임시방편해석이며 '숨겨진 변수'로 상정된 존재를 통하여 대상의 객관성이 여전히 보장된다고 주장했다.

라고 생각합니다. 아인슈타인은 양자역학을 통해 드러나는 현상과 실재 사이의 개념적 모순을 있는 그대로 지적한 것이고, 보어는 이들 사이에 나타나는 모순을 나름대로의 여러 방편을 써서 구제하려 했던 거지요. 실재성을 깨끗하게 접어버리면 문제도 안 나타나는 것이거든요. 이런 점에서 보어의 양자론 해석이 반실재론이라는 관점에는 동의하기 힘들어요.

최종덕 선생님은 매우 철학적인 측면으로 사물을 바라보시는군요. 물리적 실재에 대한 기존의 정의를 따르면 닐스 보어를 실재론이라고 할 수 없겠지만, 실재의 의미를 다른 각도에서 바라볼 수 있다면 양자역학 파동방정식의 상태를 역시 실재라고 말할 수 있을 것입니다. 저 역시 닐스 보어도 실재론이지만 단지 전통적인 아인슈타인의 방식과는 다른 실재론이라는 입장입니다. 저는 과거 독일 유학시절 이런 닐스 보어의 전일론적인 해석(holistic view)을 실재론으로 간주하는 넓은 의미의 실재론을 양자역학 세미나에서 발표한 적이 있습니다. 그런데 발표자인 제가 실재론을 너무 확장해서 해석한다는 남들의 반박과 반론이 강해서 답변을 다 못하고 말았습니다. 그 정도로 전통 실재론의 철학은 서구인들의 마음에 깊이 도사리고 있습니다.

닐스 보어를 포용하는 저의 지도교수조차도 반실재론을 새로운 각도에서 조명한 넓은 실재론이라고 제가 주장했더니, 과학이론을 넘어선 지나친 확대해석이라는 말하더군요. 예를 들어 현대의학에서는 해부학적 위치와 생리학적 기능으로 간(lever)을 정의하는 방식이 있겠지요. 그런데 전혀 다른 문화권인 동양의학에서는 간 자체보다 주변 장기와의 상관성에서 오행 중의 하나로서 간을 정의합니다. 그럴 경우 위치와 기능이 달라지는 관점의 차이가 발생할 것입니다. 서양의학에서는 실재론의 입장에서 간을 정의하겠지만, 동양의학의 경우 현상적 증상을 중시하는 입장에서 정의한다는 말입니다. 이른바 '변증 논치'라는 동양의학의 방법론이라고들 하는데, 서구과학의 해석과 다릅니다. 동양의학에서 본 간의 정의를 현대과학자에게 수용하라면 당연히 거부할 것입니다. 반면 동양의학자들은 간의 정의를 서구과학에 좁히지 말고 더 확대하면 된다고 말할 수 있습니다. 그렇듯이 결국 동양인의 입장에서는 플라톤적 실재론 이외의 것들도 넓은 의미의 실재론이라고 할 수 있다는 선에서 타협을 봤지요. 그렇지만 저의 입장을 제대로 설득한 것은 아니었어요.

어떤 이들은 실재론이지만 불가지론을 담고 있는 실재론을 말하기도 합니다. 실재이지만 딱 드러난 실재가 아니라 인간의 현재 이성으로는 알기 어려운 실재성을 의미한 것입니다. 아마도 영원히 밝혀지지 않을 수도 있겠지만. 그런 실재를 알고자 하는 인간의 노력이 과학이라고 말할 수도 있습니다. 이런 점에서 실재론은 숨겨진 변수이론을 전제로 합니다. 아인슈타인이 양자현상을 실재론의 입장에서 설명할 때, '숨겨진 변수'(hidden variable)를 제시함으로써 양자현상을 고전역학적인 방식 안으로 끌어가려고 노력하잖아요. 아인슈타인 이후 1950년대 들어서 인도인의 전통 사유구조와 물리학을 연결하여 나중에 더욱 유명해진 데이비드 보옴(David Bohm)의 숨겨진 변수이론을 재정립한 것입니다. 숨겨진 변수는 현재는 모르지만 미래에는 분명히 알 수 있을 그런 존재가 숨겨져 있다는 신념을 포함합니다. 결국 숨겨진 변수만 알 수 있다면 궁극적으로 물리현상의 모든 것이 확정적으로 밝혀지는 실재론으로 해석할 수 있다는 거예요. 어쨌든 양자역학의 실재론을 소재로 하여 박사학위 논문을 쓸 때, 닐스 보어의 입장을 실재론의 범주로 해석하려는 저의 시도는 당연히 어려움을 겪게 되었지요. 논문 통과를 위해서라도 어쩔 수 없이 실재론에 '새로운'이라는 수식어를 붙여 논쟁을 회피할 수밖에 없었어요. 그게 아직도 마음에 걸려요.

장회익 데스파냐(d'Espagnat)가 실재론을 서구의 전통이 아닌 포괄적인 의미를 통해 그렇게 해석을 했어요. 그는 '베일에 쌓인 실재'(veiled reality)라는 말을 써요.(B. d'Espagnat, *Reality and the Physicist*, Cambridge University Press, 1989.) 아마 최 교수님과 비슷한 맥락이 아닌가 생각합니다. 그러나 이건 보옴의 '숨겨진 변수'이론과는 분명한 차이가 있어요. 숨겨진 변수이론은 실재성을 명시적으로 도입할 때 어떤 일이 일어나는가를 구체적으로 보여주는 이론이라 할 수 있습니다. 반면 데스파냐의 '베일에 쌓인 실재'는 합법칙성의 주요 부분을 희생해야 한다는 결론을 얻고 있지요.

나도 자연을 논할 때 바깥세상, 즉 외부세계가 존재한다는 대전제 아래 생각을 펴나가요. 그러다가 양자역학에서 본격적으로 어려움에 부딪쳤지요. 신통하게도 양자역학은 이러한 해석상의 문제에도 불구하고 활용하는 데 문제가 없어요. 그래서 이 이론 안에서 꼭 필요한 본질적인 것만 남기고 없어도 되는 것은 싹 제거해버렸지요. 그랬더니 '실재성'이라는 개념이 필요가 없더라고요. 더 재미있는 건 양자역학에서뿐 아니라 고전역학에서도 '대상이 어떤 물리량을 가진다'고 하는 개념은 전혀 불필요하다는 거예요. 오직 '상태'라는 개념만이 필요한 것이지요. 그럼 '실재성'이란 있어도 되고 없어도 되는 개념이냐? 그래서 다시 '실재성'이란 개념이 실질적으로 어떤 역할을 하는지 살펴보았어요. 그랬더니 위에 설명한 '추정가능성'이란 것이 남게 되었어요. 이미 얘기한 것처럼 '추정가능성'은 고전역학에서는 허용되지만 양자역학에서는 허용이 안 되거든요.

그래서 얻은 결론은, "고전역학에서는, 그리고 고전역학적 서술이 무리 없이 적용되는 세계에서는 실재성을 인정할 수 있고 유용할 수도 있다. 그러나 양자역학, 그리고 양자역학만으로 서술되는 세계에서는 이것이 필요 없을 뿐 아니라 행여 인정하고 활용하려면 모순이 발생한다. 결국 실재성이라는 것은 모든 경우에 적용되는 보편개념이 아니라 제한된 영역에서만 적용되는 한정개념이다. 특히 과학이론의 옳고 그름을 판정하는 기준으로 이것이 적용되어서는 안 된다"는 겁니다. 여기서 마지막 구절은 아인슈타인을 겨냥한 거지요.

최종덕 그렇군요. 실재 개념에 '새로운' 이라는 수식어를 복잡하게 둘 필요 없이 처음부터 대상의 '상태'라는 표현으로 접근하면 간단해지는군요. 그렇지만 서구과학자들은 여전히 '상태' 개념을 '대상' 개념의 확장일 뿐이라고 보는 것이 현실입니다. 하지만 저에게는 여전히 모순으로 비춰집니다.

장회익 거듭 말하지만, 고전역학에서도 필요 없는 것을 굳이 양자역학에까지 가져와 활용하려다 보니까 모순이 생깁니다. 그 모순을 막는 방법이 보어의 경우 '상보성원리'였고, 아인슈타인에게는 애초부터 길을 막아버린 겁니다. 내가 보기에는 전혀 필요 없는 갈등이었어요. 이것이 어려웠던 것은 이 개념이 모르는 사이에 이미 우리 안에 깊숙이 자리 잡고 있었다는 거지요. 플라톤 철학이 이것을 한층 심화시켰는지도 모르겠고. 서구사상의 뿌리를 플라톤으로 본다면 양자이론에 와서 강력한 도전을 받게 되는 거지요. 그런 점에서 만일 (여기서는 이 '만일'을 강조해야 합니다) 양자이론이 동양적 사고와 통한다면 동양사상이 승리했다고 할 수 있어요. 위험한 얘기이긴 하지만.(웃음)

이성에 대한 왜곡

최종덕 그런데 양자역학이 가진 그런 특성이 서구 전통의 합리성이나 기계론적 결정론을 비판하는 과학적 도구이론으로 아전인수 격으로 사용되는 것이 문제입니다. '양자역학' 하면 무조건 불확정성이니, 플라톤적인 실재가 무너지는 대표적인 사례로 간주하는 오해가 많습니다. 저 개인적으로 볼 때 요즘에는 오히려 합리주의적인 전통 실재론에 더 관심이 가기까지 한다니까요. 일종의 반작용이죠.

장회익 나도 걱정스러워요. 양자역학의 외피만 보고 서구의 합리성이 무너지고 동양사상이 옳다고 단정해버리는 경향이 있어요. 합리성이 무너진 것은 아니에요. 양자역학도 매우 합리적인 이론이에요. 단지 불확정성원리가 규정하는 범위 안에서 결정론적 성격이 완화된 것뿐이죠. 흥미로운 사실은 그런 원리조차도 엄격한 과정을 거쳐 합리적으로 도출된다는 겁니다. 물론 몇 가지 공리라고 할까, 기본 가정은 받아들여야지요. 그러나 일단 이러한 이론의 틀이 잡히면 그 안에서 모든 것이 합리적으로 설명되요. 이런 불확정성원리조차도 많은 입자들이 모여 물질을 이루는 거시적 대상 안에서는 '불확정'의 성격을 잃고 말아요. 실제로는 양자역학의 계산이 어려워서 그렇지 만일 이를 엄격히 적용시킬 수만 있다면 거의 완벽한 예측이나 설명이 가능하다고 말할 수 있어요. 양자역학은 물질의 거의 모든 성질을 원자 차원으로 환원하여 설명해주는 엄청나게 정교하고 합리적인 이론입니다. 그런데도 불확정성원리라는 말만 듣고 모든 것이 불확실해져버린 것으로 착각하는 경우를 주변에서 종종 보게 되요.

그런 오해에 기름을 부은 것이 70년대에 세계적 베스트셀러가 된 카프라(Fritjof Capra)의 『현대물리학과 동양사상』(*The Tao of Physics*)이 아닌가 생각합니다. 가만히 뜯어보면 이 책 자체는 별로 잘못 서술된 게 아니에요. 그런데 읽은 사람들은 엉뚱하게 이해해버리는 경향이 있어요. 특히 이 책은 동양사상의 자존심을 세워줬다는 점에서 한국 독자에게도 많은 인기를 누렸지요.

최종덕 저도 그 책의 문제점을 비판하지만 저 역시 젊은 시절 영향을 받았다는 것을 인정합니다. 내용은 선생님께서 잘 아시겠지만 현대물리학의 세계관과 나아가 구체적인 이론 구조까지를 몇

몇 동양의 사유구조, 즉 화엄경이나 힌두사상, 하다못해 도가사상과 신유가사상과 비교 접근하는 방법론에 몰두한 책이지요. 그 이전에는 그런 비교방식이 없었기에 카프라의 책은 동서비교를 획기적으로 시도한 책이었고, 그런 신선한 시도가 전 세계 독자를 흔들어놓은 것입니다. 내용적으로 서구과학과 동양의 철학 그 자체를 설명하는 방식에는 큰 문제가 없는 듯하지만 그 둘을 너무 쉽게 비교하고 절묘하게 얽어놓았다는 데 문제가 있습니다.

장회익 오해하기 쉽게 되어 있지요. 더욱 걱정스러운 건 이렇게 잘못 이해한 사람들이 또 자기들 이해를 바탕으로 글을 재생산하여 쓴단 말입니다. 그러면 이것을 읽은 사람들은 더 크게 왜곡하고 ……, 자꾸 증폭되어 나가는 거예요.

이건 우리나라만의 문제는 아니에요. 세계적인 경향이지요. 물리철학자로 많은 저서를 남긴 마리오 붕게(Mario Bunge)는 이런 말을 했어요.

"물리학자들, 특히 특정 이론을 창시한 물리학자들의 입에서 굴러 떨어지는 '말'에 너무 귀를 기울이지 마라. 그들이 하고 있는 물리학 자체에 주목하라. 그들이 하는 '말'은 대부분 자기 이론의 왜곡이다."

정곡을 찌른 말이에요. 물리학의 많은 내용은 물리학 자체 언어로밖에 표현할 수 없어요. 일상언어로 표현하려다보니 왜곡될 수밖에 없지요. 이걸 알고 말하는 사람도 왜곡시킬 수밖에 없는데, 하물며 모르고 듣는 사람에게는 더더욱 왜곡되어 들릴 수밖에 없어요. 특히 이론을 창시한 사람들은 자기 이론을 과장하는 경향까

> 나는 어렵사리 양자역학을 이해하면서 이것이야말로
> 인간 지성의 승리라고 생각했어요. 이것은 분명 합리적
> 이성의 승리이지 합리적 이성의 붕괴가 아닙니다.

지 있지요. 이런 점을 조심해야 돼요.

나는 사실 어렵사리 양자역학을 이해하면서 이것이야말로 인간 지성의 승리라고 생각했어요. 이것은 분명 합리적 이성의 승리이지, 합리적 이성의 붕괴가 아닙니다. 그 과정에서 부적절한 지적 구조물이 깨지기는 하지요. 그러나 이것은 훨씬 더 정교한 새 구조물로 대치되는 거예요. 이성이 무너지는 게 아니라 더 고양된 단계로 상승하는 거예요. 그래서 과학자를 포함해 뜻있는 지식인이라면 양자역학에 대해서만큼은 그 물리학적 내용까지 파악해가며 이해해볼 가치가 있다고 생각해요.

최종덕 양자역학이 인류 지성사의 중요한 성취라는 말씀에 동감합니다. 그래서 기존의 역학구조를 이성에 비유하고, 양자역학을 반이성으로 대치시킨 오류를 강하게 경계할 필요가 있어요. 최근 들어 산업화와 자본주의, 기계화, 물질화를 거치면서 무소불위의 힘을 가진 이성이 비판받게 된 일은 너무 당연한 시대적 흐름입니다. 사람들은 호시탐탐 이성으로부터 탈출할 기회를 노리다가 양자역학이 등장하니까 마치 구세주라도 만난 듯 탈이성의 대표적 사례로서 양자역학을 반긴 것입니다. 하지만 고전역학과 양자역학, 서양의 전통적 이성주의와 탈이성주의가 분리·대립하는 것

이 아니라 넓은 틀 안으로 함께 포용되는 것입니다. 그런 의미에서 인류 지성사의 대단한 발전이고요. 그런데 그 내용을 일반인들이 쉽게 이해할 수 있나요?

장회익 양자역학을 이해하는 것은 쉬운 일이 아닙니다. 20세기의 대표적 물리학자들인 파인만과 겔만은 "양자역학을 이해한 사람은 아무도 없다"는 파격적인 발언을 했어요. 이게 말이 되나요? 양자역학은 많은 사람들에게 이미 잘 알려져 있고 사용되고 있어요. 양자론은 정교하고 논리적으로도 흠 잡을 데가 별로 없어요. 다만 그걸 담아낼 우리 사고의 틀이 문제예요. 기존 사고의 틀이 협소해서 제대로 담아 낼 수 없는 겁니다. 담아낼 만큼 크고 견고한 사고의 틀이 마련되어 있지 않은 것이 문제입니다. 양자역학이 이해가 안 된다고 고심할 필요가 없어요. 파인만과 겔만도 이해를 못했으니까.(웃음) 거의 한 세기에 걸친 아인슈타인과 보어의 논쟁도 그런 맥락에서 봐야 해요.

거꾸로 말하면 양자역학을 담아낼 사고의 틀을 마련할 수 있다면 엄청난 지적 성취이지요. 양자역학을 담을 수 있는 그릇이 없으니 이성이 끝장나고 해체됐다고 말하고 싶은 사람도 있겠지만, 사실은 더 큰 사고의 틀을 만드는 계기라고 봐야 합니다. 포괄적 이성을 통해 사고의 바탕이 더 넓고 단단해질 수 있습니다. 이 작업이 바로 철학의 과제예요. 양자역학은 철학에 대해 그리고 현대 지성에 대해 정면으로 도전한 셈입니다. 21세기는 양자역학의 도전을 받아 인간 지성의 수준을 한 단계 높일 과제를 안고 있어요.

최종덕 지금 '도전'이라고 표현하셨지만 그걸 거부하는 사람들이 있어요. 저는 양자역학을 담아낼 틀을 만드는 데 두 가지 장벽이 있다고 봅니다. 하나는 이미 고전역학적인 경험세계에 익숙해진 관습적 사유태도입니다.

두 번째는 양자역학의 성과와 효율성을 인정하면서도 기존의 과학적 실재론을 버리지 않으려는 서양 지식인들입니다.

장회익 잘 지적하셨어요. 어려운 문제입니다. 그런데 재미있게도 상대성이론이 징검다리 역할을 할 수 있지 않을까요. 상대성이론은 이해하기가 훨씬 쉽거든요. 상대성이론도 제대로 이해하려면 우리의 기존 개념틀을 뛰어넘어야 합니다. 3차원 공간개념과 이것과 독립해 존재하는 시간개념을 이해하는 일은 기존의 개념틀과 충돌된다고 볼 수 없습니다. 경험과 개념이 충돌되지 않고 자연스럽게 조화된 사고의 틀이 대략 여기에 근접합니다. 물론 3차원 공간을 제대로 이해하려면 약간의 정교화 과정이 필요하지만 보통은 어렵지 않게 이해될 수 있습니다. 그런데 4차원으로 넘어가는 과정은 전혀 성격이 다릅니다. 상식에 어긋나는 듯한 지적인 조작이 필요해요. 그러나 적절한 안내와 함께 다소간의 의식적 노력을 기울이면 그런 조작이 큰 장벽이 될 수 없습니다. 일단 이것을 극복하면 전혀 기대하지 못했던 새로운 세계가 눈앞에 전개되지요. 이 새로운 지적 경험이 대단히 중요합니다. 일단 이러한 경험을 얻게 되면 다시 한 번 지적 도약을 향하여 양자역학을 이해하는 데까지 나아갈 수 있다고 판단합니다. 마치 우리 관념 속에 4차원 세계를 구성하듯이 양자역학을 해석할 수 있는 틀도 만들어낼 수 있지 않을까 하는 거예요.

최종덕 약간 다른 측면이지만 혹시 이런 지적 도약이 동양적 사고를 지닌 사람에게 더 쉽지 않을까요? 동양적 사고가 서구의 이분법적 논리에서 벗어날 확률이 더 높기 때문에 질문을 드리는 것입니다.

장회익 양자역학적 포용력이 동양적 사고를 지닌 사람에게 더 용이하다는 생각도 해볼 수 있는데, 유연성이란 측면에서는 그런 가능성도 있다고 봐요. 서구 논리에서는 이것 아니면 저것이라는 생각이 짙게 깔려 있지만, 동양적 사유에서는 이것도 아니고 저것도 아니거나, 혹은 이것도 될 수 있고 저것도 될 수 있는 중첩적 논리가 강하기 때문입니다. 그러면 이런 사고를 통해 구체적으로 얻어내는 것이 뭐냐고 할 때 마땅한 대답이 없는 게 문제지요. 정답에는 이르지 못하더라도 최선의 답은 찾아보자는 자세가 필요한데, 동양에서는 이런 자세가 부족하지 않나 생각합니다.

앞에서 '절대'와 '상대'에 관한 이야기를 했지만, 지식의 경우 '절대'를 말할 수 없다는 것이 현대과학의 입장입니다. 이런 점에서 '진리의 상대성'을 말할 수 있겠는데, 그렇다고 해서 모든 지식이 동등하다는 의미는 아니에요. 상대적으로 더 적절한 지식이 있고 그렇지 않은 지식이 있다는 거지요. 옳다 그르다가 아니라, 지식의 적절성 정도의 차이지요. 모든 지식은 더 적절한 지식으로 바뀔 수 있고 그렇게 바뀔 때 그 차이는 현격할 수 있습니다.

최종덕 카를 포퍼(Karl Popper)가 과학과 비과학 사이의 차이를 이야기했죠. 이것을 '구획 기준'(demarcation criterion)이라고 말하기도 하죠. 교조나 경전, 독단이나 이념 등은 그 스스로 수정될 수 없는 강진한 사유체계일 수 있습니다. 바로 그런 점에서 그것들은 비과학입니다. 과학은 오히려 자신의 이론이 틀릴 수도 있고 언젠가 수정될 수 있음을 인정할 때 비로소 과학일 수 있다는 것입니다. 실제로 이런 과학의 기준은 이미 아인슈타인이 말한 과학의 설명방식입니다. 자기 스스로 자신의 체계가 언젠가는 틀릴 수도 있다는 것을 분명히 인정하는 거죠. 아인슈타인은 자기 이론이 틀렸다는 게 아니라 더 많은 세계의 현상들을 포괄하는 데 있어서 현재의 것이 미흡할 수 있다고 말한 것이죠. 아인슈타인이 나이 들어 깊은 관심을 갖게 된 통일장 이론에 대한 애정을 보면 알 수 있어요. 아인슈타인이 전형적인 물리적 실재론자라는 것은 그 점에서도 드러나요. 자신이 현재의 시점에서 모든 것을 안다고 할 수 없지만, 미래에는 무엇인가 분명히 '있다'는 믿음이 있기 때문에 미래의 통일장 이론을 추구한 거죠. 쉽게 말해서 먼저 통일장의 실재성을 믿고 있어야만 통일장이 무엇인지를 탐구하는 연구행위가 가능하다는 말입니다. 허깨비를 연구할 수 없으니까요.

장회익 자연계의 질서를 조화로운 것으로 설명할 수 있으리라는 것은 과학자들이 가진 믿음이고, 이 믿음을 가지고 과학적 탐구행위를 진행해나가죠. 더구나 아인슈타인은 특수상대성이론과 일반상대성이론이라는 두 번에 걸친 극적인 도약에 성공했어요. 그러니까 그런 믿음은 더욱 강해지는 거지요.

그러나 이것이 절대 진리라든가, 완벽한 이론이라는 생각은 하고 있지 않아요. 최 선생도 말했듯이 흥미로운 점은 과학이냐 아니냐를 판정하는 기준으로 내세우고 있는 포퍼의 이른바 반증가능성

최 과학은 자신의 이론이 틀릴 수도 있고 언젠가 수정될 수 있음을 인정할 때 비로소 과학일 수 있습니다.

(falsifiability) 명제를 아인슈타인이 먼저 언급하고 있다는 점이죠. 일반상대성이론이 실험적으로 검증이 되고 뉴턴의 만유인력법칙을 대체하는 획기적 새 이론이라는 국제 학계의 공인이 내려진 이후에, 정작 아인슈타인 자신은 일기장에 이런 말을 써놓고 있어요. "과학이론은 아무리 많은 실험적 검증을 받더라도 이것이 결코 옳다는 증명은 아니다. 아직 반증이 되지 않았을 뿐이다." 그리고 자기 신념에 따라 더 완전한 이론을 찾아나서는 거지요. 신념이라는 것은 오직 안내자일 뿐 진리의 기준이 되는 것은 아닙니다. 아인슈타인의 경우를 보면, 그의 신념이 이 두 번의 성공까지는 잘 이끌어주었으나 그 이후에는 그렇지 못했어요.

그런데 이러한 신념이라는 것도 알고 보면 자신의 바탕에 깔린 사고의 구조와 깊은 연관을 가져요. 가능하다면 이러한 연관을 살피는 것도 흥미로운 일입니다.

최종덕 아까 그런 말이 잠깐 나온 것 같은데, 이런 것을 혹시 인간의 신경망(neural network)과 연결시켜 생각해보시지는 않나요? 저는 진화론적 연계성을 도입하고 싶어요. 소박하고 원색적인 상상력이지만, 인간의 사유 과정을 과연 뉴로사이언스(neuroscience)로 전부 환원시킬 수 있느냐는 거죠.

장회익 당연히 인간의 신경망과 연관이 있겠지요. 환원시킨다는 말에는 여러 가지 위험성이 따르지만 분리할 수 없는 연관을 가지는 것은 사실입니다.

최종덕 의미가 잘못 전달되면 물질환원주의라는 비난을 받을 수 있지 않을까요?

장회익 별로 걱정할 일이 아니에요. 인간의 모든 사고가 중추신경계를 통해 나온다는 것은 이제 상식입니다. 인간의 중추신경계는 상상할 수 없을 만큼 정교하여 우리가 모르는 사이에 개념의 틀을 만들기도 하고 새로운 것으로 바꾸어나가기도 해요. 여기에 다시 의식적인 노력을 곁들이고 사회에서 이뤄진 학문적·문화적 내용들이 입력되면서 놀라운 기능을 나타냅니다. 곧 사고 활동입니다. 이것을 부정할 사람은 아무도 없어요.

단지 우려하는 것은, "그러니까 정신이란 없다, 오직 물질로 구성된 중추신경계의 활동일 뿐이다"라고 하지 않겠나 하는 것인데, 어리석은 걱정이에요. 뭐라고 말하든 우리가 가진 정신은 있는 것이고, 우리가 느끼는 느낌은 있는 것이지요. 이것이 없어지는 것이 아니라, 물질과 기묘한 관련을 통해 나타나는 것이라고 하는 새로운 이해에 도달하는 것뿐이에요. 이러한 이해는 우리의 정신활동이나 사고활동이 어떻게 일어나는 것인지를 제대로 알기 위해서도 필수적입니다.

최종덕 신경망의 활동은 척추와 뇌만의 작용이 아니라 온몸에서 나타나잖아요.

장회익 참 좋은 말씀을 하셨는데, 온몸뿐 아니라 나의 신경망,

타인들의 신경망, 그리고 이들을 이어주는 매체 등이 모두 연결돼서 나오는 것으로 봐야지요. 굳이 표현한다면 '온신경망'(global neuro-network)이라고 해도 될까요. 우리의 문화라는 것은 한 개인 안에서 나타나는 것이 아니라 이들이 모두 연계되어 나타나는 겁니다. 개인 사이에 의사가 소통되고 감정이 교감되는 것이 이들 사이의 신경망이 물리적으로 연계되어 나타나는 것임을 알아야 돼요. 우리의 생각 하나 느낌 하나가 나오기 위해 이 모든 것이 연계된다는 것은 놀라운 일입니다.

최종덕 온생명의 사상과 비슷하군요.

장회익 물론 관련이 있지요. 예를 들어 현재 내가 생각하고 발언하는 이 내용의 99퍼센트는 나 자신이 만들어낸 것이 아니라 주변의 영향에 의해서 나도 모르게 만든 것이라고 보면 됩니다. 나 자신은 우연히 이 자리에서 내게 주어진 이런 것을 대행하고 있는 셈이지요. 지금 우리가 대화하는 것도 그렇고, 인류 문화 전체가 서로 나누어질 수 없는 하나의 커다란 뉴럴 네트워크(neural network)입니다.

최종덕 다시 이성주의의 논의로 돌아와서 우리 이야기를 마무리하기로 하지요. 근래에는 아인슈타인 진영과 양자역학 진영이 싸우지는 않지요. 어떤 식으로든 서로 손을 잡아야만 문제가 해결되니까. 그러면서 양자장(quantum field) 이야기가 나오고 양자전기역학(quantum electrodynamics), 양자색역학(quantum chromodynamics), 더 나아가 우주물리학과 연관되면서 초끈(superstring)이론까지 국제적으로 인정된 학술지에 논문으로 나오거든요. 초끈이론은 불과 1970~80년대까지만 해도 객관적인 학술이론으로 인정받지 못했지만 최근 학술논문으로 인정받으면서 새로운 각도에서 조명받기도 합니다. 이런 경향을 보면, 여전히 기존의 이성주의를 고수하긴 하지만, 물리학을 포함한 자연과학에서도 기존의 이성 범주를 떠난 지 오래되었다는 느낌입니다. 양자역학을 통해 뉴턴적인 사유의 틀, 플라톤적인 강한 의미의 이성들이 다각도에서 새로운 반성을 하게 되었습니다. 그럼에도 불구하고 기성 학계에서는 이것에 별로 개의치 않고 물리학 이론 자체에만 안주한다는 느낌을 받는데요?

장회익 물리학에서는 이 방향으로 상상의 봇물이 터진 셈입니다. 그러나 모두 수학적 도구를 통해 이루어지는 일들이에요. 우리의 보편적 사고의 틀과 연결시키는 일은 아직 초보 단계에 놓여 있다고 봐야지요. 학자들에게 남은 과제예요.

최종덕 그런데 그것을 철학자가 할 수 없잖아요.

장회익 철학자와 물리학자를 구분할 필요는 없을 것 같습니다. 철학과 물리학을 함께 할 수 있는 지적 기반이 필요해요. 사실 물리학만을 하기 위해서도 한평생으로 부족하지요. 철학도 마찬가지겠고. 그러면서도 두 분야의 소통이 필요하니까 이를 할 수 있는 사람이 나와야 합니다. 여기서 선택이 필요하지요. 가령 철학에 목표를 둔 사람이 이러한 작업을 위해 꼭 알아야 할 물리학이 무엇인지를 생각해야 해요. 그런 면에서 '철학자를 위한 물리학'이 필요합니다. 물론 '물리학자를 위한 철학'도 필요할 것이고 그러기 위해선 교육도 바뀌어야겠지요. 이런 것을 공부하는 사람이 필요하고 또 가르치는 사람이 필요하니까요. 문제는 이런 학문적 협동작업이 제대로 인정을 못 받는다는 거예요. 두 가지 전공을 하는 게 필요한 것은 다 알지만 막상 그런 사람을 어디서도 환영하질 않아요. 모순된 현실이 바뀌어야 해요.

최종덕 저도 얼마 전 학제간 연구주제를 발표하라고 해서 생물학과 철학을 연계시킨 적이 있어요. 그러나 그 결과는 웃지 못할 일로 끝났지요. 아직은 두 학문을 연계시킬 때가 아니라는 것입니다. 앞뒤가 안 맞는 말이죠. 사회적 인식구조가 바뀌는 속도가 너무 느린 것 같아 답답합니다. 요즘 서구이성과 기술사회를 반성하는 포스트모더니즘 논의가 많아지면서 이성에 대한 비판과 해체에 관한 논쟁이 대두되고 있는데, 이런 주제를 자연과학자들과 토론해보면 정말 좋겠어요. 왜냐하면 기술사회에 대한 자연과학자들의 생각은 인문학자와 너무 다르거든요.

장회익 기존의 이성에 대한 비판이 필요하고, 잘못된 것이 있으면 해결해야지요. 이런 점에서 포스트모더니즘은 과학계나 철학계나 중요한 토론 주제입니다. 이러한 필요를 인정하면서 더욱 중요한 것은 새롭게 만들어낼 것이 무엇이냐 하는 거예요. 이성을 해체만 할 것이 아니라 더 큰 것으로 연결해야 하니까요. 전통적으로 프랑스 학계는 과학과 인문학의 연계가 깊은데, 그래서 그런 이야기들이 더 많이 나오는가봅니다.

최종덕 과학과 인문학의 만남은 절실하지만 오히려 전보다 더 깊은 간격만 생기는 것 같아 안타깝습니다. 서로를 모른다고 상대방을 타박만 하지 말고 서로를 포용하려는 대화를 나누어야 할 것 같아요. 철학을 하는 저 역시 물리학을 공부했던 과거의 학문적 배경이 더 넓은 세계와의 만남을 제공한 것 같습니다. 철학이나 물리학이나 결국 세상 돌아가는 이치를 좀 구체적으로 알아보겠다는 학문적 의지를 공유하는 것이지요. 우리들 모두 과학기술의 시대를 살아가면서 나 자신을 돌아보는 계기로서 과학에 대한 관심을 늘려가야 한다고 봅니다. 앞으로 닥쳐 올 과학기술 윤리의 혼돈에 대처하는 지혜이기도 하지요.

장회익 저 역시 과학을 제대로 공부한 사람들이 여러 분야로 진출하는 것을 적극 권장합니다. 전에 대학에 있을 때 학생들이 가끔 찾아와서는 물리학이 적성에 안 맞아 다른 데 가고 싶다고 할 때 "그래, 옮기는 건 좋은데, 물리학은 손에 꼭 쥐고 가라"고 충고했지요. 그렇게 도망치듯 나가서는 어느 곳에 가도 별 볼일이 없거든요. 가더라도 이거 하나 움켜쥐고 나가야 승산이 있다는 거지요. 그런데 움켜쥘 만한 정도가 되면 욕심이 나서 안 나갑니다.(웃음)

3

생명에 대하여

생명사상의 출발

최종덕 앞의 제1장에서 말했듯이 저는 요즘 물리학보다는 생물학의 철학을 주로 공부하고 있습니다. 물리학의 철학과 생물학의 철학은 탐구대상의 차이뿐만 아니라 느낌과 정서에서 많이 다른 것 같습니다. 물리학의 철학은 우주를 통찰하는 거창한 형이상학을 필요로 하는 반면, 생물학의 철학은 소소한 작은 생명의 역사들을 다루고 있습니다.

장회익 무슨 차이인지 짐작은 가지만 더 자세히 들을 필요가 있을 것 같군요. 실제로 많은 물리학자들은 생물학에 관심을 두었습니다. 앞서 이야기했지만 슈뢰딩거나 닐스 보어를 포함해 물리학자들의 생물학적 관심은 내적으로 연결되어 있지요.

최종덕 예, 그래요. 그런데 물리학자들의 생물학에 대한 관심은 대략 세 가지로 나눠볼 수 있습니다. 첫째, 생물학적 현상을 물리적 인과작용으로 모두 설명할 수 있다는 환원주의적 관심일 것입니다. 둘째, 물리학의 기존 사유구조로는 도저히 접근할 수 없는 전일론적 방법론(holistic view)이 적용될 수 있는 물리현상들이 있다는 믿음과 연관한 것입니다. 셋째, 시간에 대한 이해방식의 차이에서 온 관심입니다. 물리학은 인과작용의 관계성을 가장 중요하게 다룹니다. 그것도 현재 시점에서 말입니다. 더 정확히 말하면 과거나 미래가 현재와 같은 운동법칙을 현상적으로 반복한다는 점에서 시작합니다. 그러나 생물학은 현존의 생물학적 존재는 40억 년 전 생명의 시작점과 모두 연결되어 있다는 점에서 시작합니다.

장회익 그런 구분이 매우 흥미롭군요. 그중에서 최 선생은 어떤 방식의 관심인가요?

최종덕 저는 시간에 대한 관심에서 생물학의 철학을 하게 되었습니다. 구체적으로 말하면 발생학, 진화론, 나아가 면역학의 철학 등입니다. 모두 시간이 개입된 영역들입니다. 물리학의 철학이 시간을 초월한 형이상학에 비유할 수 있다면 생물학의 철학은 진화의 역사를 추적하면서 시간에 지배되는 경험과학이라고 한다면 너무 자조적인 표현일까요. 하여간 생물학의 철학은 서구 르네상스의 인문정신과 유사한 측면을 담고 있다고 봅니다.

장회익 갑자기 르네상스라니요?

최종덕 물리학의 철학은 인간이 개입할 수 없는 차가움과 건조함, 그리고 색깔 없는 세계를 다루고 있습니다. 세계를 이해하는 데 인간의 존재는 큰 변수가 아니지요. 그래서 사회·역사·문화 등 인간적인 시간이 개입될 여지가 없습니다. 반면 생물학의 철학은 사회와 문화를 다루는 영역이 커지게 됩니다. 이렇게 인간으로 회귀한다는 점에서 생물학의 철학을 르네상스에 비유한 것입니다.

장회익 듣고보니 그럴 듯하군요. 실은 나의 온생명 철학이 우리 사회의 역사와 현실에 대한 고민에서 시작한 것은 아니었지만, 결과론적으로는 내적 관계가 분명히 있다고 봅니다. 이런 점에서 온생명 철학 역시 생물학적 르네상스일 수 있겠군요.

최종덕 네, 재미나는 연결구조라고 생각합니다. 요즘 문명위기, 생태위기와 더불어 생명사상 논의가 부쩍 늘었는데, 이 모두 생물학에 원천을 두고 있다고 말해도 과언이 아닐 것입니다. 확실히 생물학의 철학은 사회에 대한 관심과 밀접히 연관되어 있습니다.

장회익 그러면 이제 딱딱한 물리학이 아니라 생물학과 관련한 이야기를 해볼까요. 우선 말이 나온 김에 사회적 관심으로 본 생명사상이 어떻게 시작되는지 최 선생 개인의 경험을 들어봅시다.

최종덕 지난 80년대 군부독재에 맞선 민주화운동과 노동운동이 한창이었을 때 언뜻 그것과는 어울리지 않는 생명운동이 시작되었습니다. 반생명의 독재정권에 대한 반작용이라고 볼 수 있습니다. 그러나 이제는 매우 성숙된 관점에서 생명사상에 대한 관심이 높아지는 것 같습니다. 제가 살고 있는 원주만 하더라도 생명사상의 뿌리이며 김지하 시인의 스승인 무위당(无爲堂) 장일순 선생님이 계셨지요. 고인이 되셨지만 저는 무위당 선생이 남긴 수묵 난초화 등의 문인화 작품을 해설하는 기회를 가지면서, 자연스럽게 생명사상을 접하게 되었습니다. 그렇지만 아직도 생명이 무엇인지 단적으로 정의를 내리라고 하면 쉽지 않을 듯해요. 생명에 대한 이해는 나중에 말하더라도 우선 생명사상이 우리 80년대 상황에 어떻게 정착이 가능했는지를 알아보는 것이 중요하다고 생각합니다. 그리고 나서 자연스럽게 장 선생님의 온생명 사상으로 이어지도록 이야기를 전개하는 것이 좋을 듯합니다.

장회익 예, 그러기로 하지요.

최종덕 김지하 시인은 여러 논란에도 불구하고 우리나라 지성사에서 중요한 위치를 차지하며 아마 그 이름을 모르는 이는 별로 없을 거구요. 그러나 무위당 장일순 선생님에 대해서는 설명이 필요할 겁니다.

생명운동과 노동운동은 80년대 상황에서 매우 모순적인 사회상황을 안고 충돌하게 된 것 같아요. 기본적으로 노동운동의 기초는 사회운동이었고 생명운동의 기초는 자기성찰운동이라는 식으로 서로 구분하여 이해된 것이 오해의 시초라고 봐요. 그러다 보니 노동운동은 민주화운동의 기치였고 생명운동은 개인의 자족적 평화를 위한 발판이라고 보는 이분법적 논리로서 노동운동과 생명운동을 구분한 것입니다. 바로 이 점이 우리 역사의 작은 아픔이기도 해요. 이러한 아픔은 무위당 선생 개인의 삶에서도 표현되기도 하지요. 무위당 선생은 해방 이후 미군정 중심의 국립대설립안 반대운동, 1950~60년대 교육운동, 중립화 평화통일 운동 등 사회운동을 하다가 옥고를 치르기도 하셨죠. 여러 수많은 어려움을 겪으면서 70년대 중반 이후 사회운동에서 생명운동으로 방향 전환을 했고요. 아마도 민주화운동에 온몸을 다 바치셨던 당시의 김지하 시인은 무위당 선생의 그런 변화의 모습을 보기 좋게 생각한 것은 아니었던 것 같아요. 그런데 80년대 후반 들어 김지하 시인 역시 사회운동에서 생명운동으로 변모했고, 이러한 사유와 실천의 변화가 스승이셨던 무위당의 사상적 추이와 비슷했다는 점은 매우 독특하지요. 김 시인은 자신의 변화를 되새기면서, 무위당 선생의 사상적 추이를 새롭게 생각하게 되었다고 하더군요.

장회익 그런 사회적 변화와 개인적 추이가 앞으로 이야기할 주제와 어떤 상관성이 있지요?

최종덕 장일순과 김지하의 그런 변화는 개인의 변화에 그치는 것이 아니라 우리 현대사의 역정을 대변한 것이라고 말하고 싶습니다. 우선 군부정권의 서슬 퍼런 독재는 사회 지향 운동과 개인 지향의 운동 사이에서 이념적 갈등을 낳게 한 배경이기도 합니다. 노동운동과 생명운동이 사회 지향과 개인 지향으로 갈려지는 것으로 오해되었다는 점이 그 갈등의 근원이었습니다. 그러나 실제로는 둘 다 공동체 사회를 지향하는 통로였으며, 단지 방법의 차이가 있었을 뿐입니다. 우리는 그 점을 깊이 인식해야 한다고 봅니다. 문제는 그런 오해를 풀어줄 만한 이론적 배경이 없었다는 점입니다. 그런데 그 둘을 이어주는 주요한 틀거리가 등장하는데, 그것이 장 선생님의 온생명 사상이라고 봅니다.

장회익 글쎄, 그 점은 좀더 깊이 생각해봐야겠군요. 어쨌든 온생명 이론의 생명개념이 개체생명과 이들로 형성된 상위 개체들을 포괄한다는 점에서 그런 생각을 할 수도 있겠어요. 그런데 기본적으로 저는 사회적인 관심에서 생명을 이야기한 것이 아니라 자연과학의 관점에서 생명을 이야기한 것인데, 앞서 말한 생명사상의 계보와 줄거리가 어떻게 맞닿을 수 있을지? 우선 최 선생이 생각하는 생명개념을 좀더 들어봐야겠군요.

최종덕 저는 무위당의 생명사상만을 이야기할 수 있을 것 같아요. 그의 생명사상의 연원을 따져보면, 가깝게는 동학사상에서 멀게는 선진 도가사상까지 가야 되는 것 같습니다. 특히 도가에서도 노자 쪽에 가깝고. 장일순의 호가 '무위'(無爲)당이듯이 그의 생명사상의 핵심은 첫째 억지로 무엇을 이루려 해서는 안 되고, 둘째 삶의 의미가 결코 대단한 명성 속에 있지 않다는 점입니다. 또한 인간사의 사회적 시비는 결국 자기 생명을 깎아 먹는 일에 지나지 않는다는 점을 일깨워준 것입니다. 그래서 결국 그의 생명사상을 쉽게 표현한다면, '밑으로 기어라, 하늘을 모시듯 타인을 비롯한 자연의 모든 것을 모셔야 한다'는 것입니다.

인간사의 사회적 시비를 피해간다는 점에서 무위당의 생명사상이 현실 도피라는 비난을 받을 때도 있었습니다. 그러나 그러한 비난은 결코 타당하지 않습니다. 왜냐하면 그의 생명사상은 개인의 생명을 보존하기 위한 개체적 안녕만을 위한 것이 결코 아니기 때문입니다. 이 점에서 그의 생명사상에 대한 오해가 없어졌으면 합니다. 물론 생명사상을 겉에 내세워 개인의 안위를 도모하는 사람들이 많은 것이 사실이지만요.

장회익 생명 자체가 어려운 개념입니다. 특히 다른 사람의 생명사상을 바로 파악하기는 무척 어렵지요. 제가 말하는 온생명에 대해서도 다른 사람들의 적지 않은 의심과 오해가 있습니다.

최종덕 우선 생명에 대한 신비주의적 해석을 불식하기 위하여 기초 개념부터 살펴볼 필요가 있습니다. 한국에서 생명사상은 독특한 구조를 지닌다고 생각합니다. 아마도 일본과 한국에만 존재하는 개념이라고 생각해요. 물론 중국이나 서양에 없는 개념이라는 뜻은 아닙니다. 예를 들어 생명이라는 말을 영어로 번역할 말을 생각해봤는데, 마땅한 말이 떠오르지 않더군요. 나름대로 과학을 인용해 설명하려고 하다가 오해도 불러일으켰고요. 그러다가 선생님의 온생명 개념을 다시 생각하게 되었어요. 딱 들어맞는 구도

장일순의 생명사상

장일순(張壹淳, 1928~94)은 1970년대 한살림운동을 창시했던 생명운동가이며 문인화가였다. 그는 남북 중립화평화통일론 주장했고 원주에 대성학원을 설립하는 등 50~60년대는 정치와 교육운동, 70년대는 자치와 협동운동 그리고 80년대는 평화와 생명운동으로 이어지는 고난에 찬 한국 현대사의 큰 스승이었다. 반유신 운동과 민청학련 구명운동 등 박정희 군부독재의 부정부패에 맞서 민주화 투쟁의 도화선을 마련하였고, 1972년에 엄습한 대홍수로 완전히 망가진 농촌과 광산촌을 살리기 위하여 지학순 주교와 재해대책사업위원회를 세우기도 했다.

그의 아호가 '조한알'이듯이 아주 작은 좁쌀처럼 남이 알아주지 않더라도 항상 자신을 낮추고 남을 섬기고 모시는 것, 그리고 풀 하나, 벌레 하나, 돌 하나를 나의 생명처럼 모시라는 무위당(無爲堂)의 뜻이 바로 생명사상의 요체다. 그의 생명사상은 사람에서 티끌까지, 만물에 접하여 서로에게 감동하여 하나가 됨에 있다. 신라시대 최치원이 쓴 '접화군생'(接化群生)이라는 한 마디 말로 그의 생명사상을 재현하기도 한다. 이렇게 그의 생명사상은 신비한 고담준론이 아니라 일상의 협동과 자치운동임을 강조하였다. 생명사상이라고 해서 지식인의 소유물처럼 비추어지는 것을 멀리하여 생명이 곧 생활이라는 삶의 실천을 보여준 것이다랄까. 그런데 그런 비슷한 사유구조가 독특하게 일본과 한국에 있다는 생각이 들었어요. 서양은 물론 중국에도 생명개념은 있지만 우리가 사용하는 개념과 의미와는 다른 것 같습니다.

장회익 중국에는 외자로 생(生)이라든가 명(命)이라는 말은 있지만 우리가 말하려는 철학적의 의미의 생명(生命)이란 단어에 꼭 들어맞는 말은 없다는 거죠?

최종덕 기(氣)라든가 다른 식으로 표현한 건 있어요. 영어의 '라이프'(life)도 아니고 '바이탈 에너지'(vital energy)도 아니고. 우리는 생명이라는 말을 들으면 바로 공감하는 게 있어요. 좀 애매하긴 한데, 이러한 애매한 일상용어를 다시 표현한 게 온생명이라고 볼 수 있지요. 아마도 신비주의 생명사상으로 선생님의 온생명을 이해하려는 사람들에게 되새김질을 줄 수도 있다고 봅니다.

장회익 나라별로 어떻게 불리던 간에 우리가 암묵적으로 이해하는 '생명'에 해당하는 개념이 있기는 하겠지요. 그런데 좀 깊이 살펴보면 무척 애매한 개념이긴 합니다. 각 언어권마다 어감과 말의 무늬가 조금씩 다른 것 같습니다. 나 자신도 도대체 생명이란 게 뭔가 하고 고민하다가 결국 온생명 개념에 도달한 것이 사실입니다.

과학으로서의 온생명

최종덕 여전히 우리의 관념구조 속에는 물리학과 생명이 거리가 먼 것으로 느껴지는데, 그래서 떠오르는 첫 의문이 물리학을 하신 선생님은 언제부터 생명에 관심을 가지셨는가 하는 점입니다.

장회익 학생 때에는 생명에 대해 그다지 관심이 없었어요. 특히 중·고등학교 시절에는 생물 과목을 무척 싫어했고요. 내 취향과는 거리가 먼 학문이라고 생각했습니다. 어쩌면 생물학과 생명을 연계시켜 생각하지 못한 탓도 있었겠지요. 생물학이라면 몸의 구조나 살피는 정도의 공부라고 생각했어요. 대학에서는 관심을 가질 법도 했는데, 철학으로 옮겨갔지요. 결국 박사학위 논문을 쓸 때까지도 생명에 대해서는 고민을 해보지 않았습니다.

그러다가 1968년 물리학 박사학위 논문을 마칠 때쯤 관심이 생기기 시작했어요. DNA 구조를 통해 생명이 이해된다고 하는데, DNA 구조가 생명의 신비와 어떻게 연관되는지 궁금해졌습니다. 같은 학교에 미생물학을 공부하던 한국인 대학원생이 있어서 물어보기도 했지요. 하지만 속 시원하게 풀리지 않아, 관련된 책을 구해 읽어가며 생각해보니 개략의 구도가 이해되더군요. 이미 가졌던 물리학과 화학에 대한 바탕 지식이 일정한 역할을 했다고 생각해요. 나는 물리학이나 화학을 통해 원론적인 설명이 되지 않는 것은 '이해'라고 보지 않았어요.

말하자면 "무엇이 무엇을 만나서 무엇을 복사하고, 전달하고, 어떤 활동을 한다"는 식의 의인적(擬人的) 설명은 별 도움이 되지 않아요. 그 안에 이런 일을 할 '미니 인간'이 들어있는 게 아니잖아요. 단지 원자·분자 단위의 물질들 안에서 나타나는 현상인데, 이를 물리적으로 이해하지 않고 마치 사람들이 들어앉아 활동하고 있는 것처럼 생각하고야 어떻게 이해했다고 할 수 있겠어요. 그런데 그때까지 내가 가졌던 양자역학과 통계역학 등의 물리학 지식이 가까스로 이 역할을 해주는 거예요. 물리학의 바탕 없이 과연 이것을 이해했다고 할 수 있는가 하는 것은 지금도 의문이에요.

최종덕 '이해'에 대한 선생님의 생각은 생물학적 이해가 아니라 물리적 이해에 국한된 것으로 보이네요.

장회익 어쨌든 내 경우, 순서로 봐서 그때가 바로 생명현상을 공부할 가장 적합한 시기였어요. 말하자면 '이해를 하면서 공부'하는 것인데, 그렇게 공부하다가 보니까 너무도 재미있고 놀라워서, 아예 본격적으로 공부를 해야겠구나 하고 생각했어요. 당시에 적지 않은 사람들이 물리학을 하다가 생물학 쪽으로 방향을 바꾸었는데, 나도 그 사람들을 이해하겠더라고요.

학위논문을 마칠 무렵, 지도교수에게 생명에 관해 연구해볼 생각이 없느냐고 물어봤어요. 그랬더니 자기는 오히려 천체물리학 쪽에 더 관심이 많다면서, 나보고는 생물학 쪽으로 해보아도 좋을 거라고 하더군요. 그래서 함께 의논한 결과 당시 시카고 대학에 막 문을 연 '이론생물학연구소'(Center for the Theoretical Biology)에 자리를 알아보기로 했어요. 생물학 이외의 분야에서 박사학위를 가진 사람에게 생물학에 관한 기초교육을 시키고 이론생물학을 연구하게 하는 특별 프로그램이 있어서 자리를 약속받았지요. 이것과는 별도로 물리학 쪽의 포스트닥(Post-doc) 자리도 알아보고 있었는데, 텍사스 대학과 MIT 등 몇 군데서 오라는 통보가 있었어요. 재정 지원 등 이런저런 사정 때문에 망설이다가, 결국 물리학

> **최/** 사람들은 지나치게 환경문제를 해석하는 수단으로서
> 혹은 생태문제를 뒷받침하는 도구적 이론으로서
> 온생명을 인식하는 경우가 많아요.

쪽을 택하고 생명에 관해서는 혼자 공부해 나가기로 마음을 먹었지요.

텍사스 대학에서 일 년 있었는데, 마침 프리고진(Ilya Prigogine) 교수가 있어서 생명이론에 대한 열역학적인 공부를 하는 데 도움을 받았어요. 그분 밑에 있지는 않았지만, 어깨 너머로 좀 배웠다고 할까요. 그분은 후에 생명의 기원을 밝히는 이론에 기여한 공로로 노벨상을 받았지요.

내가 관심 있었던 것은 '도대체 생명이란 무엇인가' 하는 거였어요. 역설적으로 들릴지 몰라도, 사실 생물학자들은 생명이 무엇인가 하는 것을 본격적인 연구주제로 내거는 일이 없어요. 너무 포괄적이고 철학적인 주제라고 여겼겠지요. 하지만 물리학적으로 생명이라는 것을 어떻게 정의할 수 있는가, 하는 의문을 가져볼 수 있고, 이것은 결국 물리학자들의 몫이 될 공산이 더 크지요. 생물학 전공자들에게 대뜸 생명이 무엇이냐고 물으면 그것을 어떤 용어로 대답해야 할지 막연해지거든요. 생물학적 용어로 대답한다면 동어반복적 내용이 될 수 있고, 일상적 용어로 대답한다면 상식 수준을 넘어서기 어렵지요. 물리학적인 용어로 대답한다면 의미 있는 내용이 될 수 있는데, 어떤 사람은 이걸 환원주의라고 몰아붙

일 거예요. 중요한 것은 무슨 주의냐, 아니냐가 아니라 주제의 이해를 위해 얼마나 의미 있는 접근을 하느냐에 있는 것이지요. 그러니까 물리학적 사물이해 방식을 통해서 생명현상을 어떻게 이해할 수 있느냐 하는 것은 물리학자들이 생각해볼 중요하고도 적절한 과제가 될 수 있어요.

그렇지만 귀국하고 교수가 되고 나서는 다시 물리학을 가르치고 또 기존 전공분야의 연구도 계속해야 하니까 생명 문제에 시간과 노력을 다 바칠 순 없었어요. 틈나는 대로 생명에 대해 고민을 했는데, 그리고 그 현상을 파악하는 것까지는 재미가 있는데, 도대체 생명이라는 것의 실체가 손에 잘 잡히지가 않아요. 그렇게 큰 진전 없이 보내다가, 1975년 일 년 동안 미국 연수 기회가 생겼어요. 좀 시간 여유가 있었던 탓에 다시 생명에 대해 책도 좀 읽고 평소에 생각하지 않던 것을 이것저것 되짚어 보았지요. 그러던 어느 날 어떤 그림이 머릿속에 하나 떠오르는 거예요. 태양이 지구로 빛을 좍 쏘여주고 있는데, 마치 새순들이 여기저기서 돋아나듯이 지구 전체에서 뭔가가 꿈틀꿈틀하며 아지랑이처럼 솟아오르는 거예요. 그때 떠오르는 생각이 "이게 생명의 모습이로구나" 하는 거였어요.

온생명에 대한 상상적 영상이라고 할 수 있겠는데, 그때는 물론 온생명이라는 개념조차 갖지 않았어요. 그러면서도 막연하게나마 "생명이란 게 무엇인지를 알겠다" 하는 마음이 들었어요. 그리고 10년이 더 지나서 1987년 생각을 정리하여 논문을 한 편 썼어요. 당시 유고슬라비아의 두브로브닉(Dubrovnik)에서 있었던 과학철학 모임에서 "생명의 단위: 전체와 개체"(Units of Life: Global and Individual)라는 제목으로 발표했던 것인데, 우리말로는 '생명의 단위와 존재론적 성격'이라는 제목으로 『철학연구』지에 실었지요.

지금은 온생명 개념이 환경이라든가 생태와 관계가 있지만, 온생명 개념을 처음 생각할 때는 그런 문제의식은 거의 없었어요. 내 물리학적 지식을 배경으로 생명을 어떻게 이해할 수 있겠는가 하는 것만이 관심사였지요. 이 점을 분명히 해두고 싶어요. 많은 사람들이 생태계 문제 해결을 위해 온생명 개념을 착안한 것으로 잘못 생각하는데, 그건 아니에요. 온생명 개념을 가지고 보니, 그 이후 생태계 문제의 심각성이 보인 거지요.

최종덕 생태 및 환경과 연관된 생명 논의가 아니라 독립적인 의미에서 생명 그 자체를 풀어간다는 말씀이신가요? 달리 말하면, 온생명 사상이 메타 생물학의 일환이라는 것인지요? 물론 선생님의 온생명 개념은 생명이란 무엇인가를 묻는 거시적인 문제제기에서 나왔다는 것은 여러 번 강조해도 지나치지 않을 겁니다. 사람들은 지나치게 환경문제를 해석하는 수단으로서 혹은 생태문제를 뒷받침하는 도구적 이론으로서 온생명을 인식하는 경우가 많아요.

장회익 지금도 저는 생명 자체를 바로 파악하는 것이 중요하다고 봅니다. 먼저 자연과학의 관점에서 현상으로서의 생명을 통찰한 다음 그 내용을 체계적으로 정리하는 것이 필요합니다. 이러한 생명에 대한 이해가 사회생태학에 사용되든 환경이론에 사용되든 그건 부차적인 이야기예요.

최종덕 생명에 대한 논의는 생물학과 생태학을 포함한 자연과학 안의 논의와 밖의 논의로 구분되겠지요. 자연과학 분야 밖에서 통용되는 생명 논의를 굳이 나누어본다면, 우주론으로서의 생명사상, 사회적 측면에서의 생명, 종교 경전에서 말하는 신의 창조적 권능으로서의 생명사상, 생명체의 생기적 힘(vital force)으로서의 생명사상 등이 그것일 것입니다. 이렇게 생명개념을 확장하는 것은 오히려 온생명 사상의 이론구조를 환경학이나 생태학의 올빼미 역할로 제한하는 처사가 아닐까요? 온생명 이론은 전통 기철학이나 우주론적 생명사상과도 필연적으로 연관된다고 봐요. 물론 그러한 필연적 연관성은 이미 선생님의 저서에서 설명해놓았지요. 저는 오히려 순수 생물학 범주 안에서 온생명 이론이 전개되는 것이 합당하다고 생각했어요. 좀더 포괄적으로는 메타 생물학이라는 범주에서 온생명 이론이 전개된다고 생각했습니다.

장회익 메타 생물학이라는 표현이 적절할 것 같습니다. 이것은 과학에 입각한 생명 이해를 뼈대로 하고 있지만 자연과학 밖에서의 논의도 그 뼈대만 건드리지 않는다면 폭넓게 담을 수 있다고 봅니다.

제가 생명에 뒤늦게나마 관심을 가지게 된 이유가 우선 물리학을 기초로 생명을 이해해보려는 과학자적 접근이었지만, 다른 이유가 하나 더 있어요. 생명이라는 현상은 대단히 신비롭고 중요합니다. 내가 원래 과학공부를 하려했던 이유는 자연현상의 정체 그리고 그 본질적 존재양상은 무엇인가, 이런 점을 파악하기 위한 것이었어요. 철학도 물론 그렇겠지만요. 그런데 생명이란 것을 빼놓고 물질만 얘기해서는 반쪽 과학이라는 생각이 들었어요. 자연계를 정말 이해하기 위하여 제일 중요한 건 생명이에요. 처음에는 이 문제가 막연하게 보이다가, 이제는 길이 있는 것 같아 접근하기 시작한 거죠. 생명은 자연계의 그 흔한 원자와 분자로 구성된 물질의 특별한 한 존재양상입니다. 이것이 다른 물질적 대상과 어떻게 차별되는 특성을 가졌는가 하는 것이 내가 추구하고 싶었던 거예요. 생명의 형이상학 이전에 생명이 우선 물질과 관련해서 어떤 특성을 가지는가를 명확하게 봐야 합니다. 그 길을 찾다가 물질현상과 생명현상이 연결되어 나온 게 온생명 개념이죠.

최종덕 물질현상과 생명현상의 차이점을 우선 인식하신 것이네요. 그렇다면 물질과 생명을 다르게 보시는 건가요?

장회익 물질과 생명을 이원론적으로 보는 건 아닙니다. 생명은 물질로 구성된 어떤 체계입니다. 예를 들어, 다이아몬드를 이해한다는 건 탄소가 어떻게 결합하면 다이아몬드가 되는지를 아는 거예요. 그게 물리학자의 이해방식이에요. 생명도 그런 방식으로 이해하려는 것입니다. 물질과 다른 것이 아니라 물질의 어떤 현상인데, 물질이 어떠한 조화를 부릴 때 나타나는 현상이냐를 묻는 겁니다. 그런 점에서 "생명이란 무엇인가?" 하는 것이 답변 가능한 하나의 의미 있는 질문으로 떠오르는 거죠. 온생명이라는 물리적 체계는 생명현상을 그 안에 담고 있는 물질의 특별한 체계입니다. 그렇게 생명을 이해하는 겁니다.

최종덕 물질과 생명을 이분법적으로 보는 게 아니라는 것은 이해할 수 있지만 물질의 어떤 구성방식이나 표현방식이라는 말이 모호하기 때문에 생명에 대한 개념이해가 여전히 쉽지 않아 보입

> **장** 생명과 물질의 구분은 대상과 대상의 구분이 아니라
'대상의 한 존재양상'(생명)과 '대상을 구성하는
소재'(물질)의 구분이지요.

니다. 예를 들어 땅에서 자라는 나무를 이분법적 구도에서 본다면, 나무는 생명이고 흙은 물질이라고 봐요. 거기에 또 해가 있어요. 그러면 해와 나무와 흙의 관계는 어떨까요? 흙은 물질이지만 나무 뿌리에 붙어 분유(分有)되어 있는 것, 즉 흩어져 나뉘어 있으면서도 원래 성질을 그대로 갖고 있는 그것을 생명이라고 할 수 있지 않나요?

장회익 흔히 나무는 생명이고 흙은 물질이라고 하는데, 과학의 관점에서 보면 나무도 흙도 물질로 되어 있어요. 생명과 물질의 구분은 대상과 대상의 구분이 아니라 '대상의 한 존재양상'(생명)과 '대상을 구성하는 소재'(물질)의 구분이지요. 온생명 입장에서 보면 나무도 흙도 해도 모두 온생명의 부분들이에요. 이들은 모두 물질로 되어 있지요. 그런데도 사람들은 나무는 생명이고 흙이나 해를 생명을 가능케 하는 조건들이라 보지요. 그래서 나는 '낱생명', 즉 개체생명이라는 개념을 도입했어요. 당연히 나무나 다람쥐는 흙이나 해와 구분되는 어떤 특성이 있지요. 이것을 낱생명이라고 해요.

사람들이 흔히 생명이라고 할 때 염두에 두는 것은 낱생명 단위의 생명이에요. 우리가 흔히 나무가 살아 있다, 다람쥐가 살아 있

다고 말하는데, 이때 이들 안에 '살아 있다'라는 특성을 가진 그 무엇인가가 있는 것으로 보고 이를 '생명'이라 부르지요. 그런데 이건 진정한 의미의 생명이 아니라 내가 말하는 낱생명에 해당하는 거예요. 말하자면 낱생명을 보고 '생명'이라 생각해온 거지요. 그건 누가 그렇게 가르쳐준 게 아니라, 자기 경험의 범위 안에서 자기도 모르게 형성된 원초적 개념에 가까운 거지요. 그런데 이런 개념이 꼭 적절한 건 아닙니다. 앞서 4차원의 시간 공간을 얘기할 때 나온 것처럼, 기존에 경험 범위 안에서 만들어진 원초적 개념이 꼭 적절한 것은 아니거든요.

최종덕 낱생명 말고 생명에는 또다른 독특한 의미가 있다는 것인가요?

장회익 독특한 것이 따로 있는 것은 아니에요. 살아 움직이는 존재들은 뭔가 특별하니까 이를 보고 '생명'이라는 것이 있구나 하고 생각하는데, 그 생각 자체가 잘못된 것은 아니지만 '생명'이라는 말 대신 '낱생명'이라는 말을 쓰는 게 옳아요. '생명'이라는 말은 '살아 있음'의 참뜻을 나타내는 데에만 한정해 사용하는 것이 옳다고 봅니다. 그러면 나무나 다람쥐가 살아 있는데, 그 안에 '생명'이 있다고 하면 왜 안 되느냐고 묻겠지요. 그런데 살아 있기 위해서는 이들 '안'에 있는 그 무엇 때문만이 아니라 이들 '밖'에 있는 그 무엇이 함께 작용해 살아 있게 되는 것입니다. 즉 '낱생명'과 '보생명'이 함께 작용해 살아있게 되니까, '살아 있음'의 참뜻은 '낱생명'과 '보생명'이 합쳐진 전체, 곧 '온생명' 속에 있다고 봐야 맞다는 거지요. 낱생명만을 놓고 '생명'이라 부르기에 주저

하는 거예요.

최종덕 그럼에도 불구하고 개체성이란 여전히 중요한 의미를 갖지 않나요?

장회익 다시 말하지만, 생명은 무엇인가를 살아 있게 하므로 말 그대로 생명이에요. 생명체 안에 있는 어떤 성격(낱생명)도 필수적이지만, 밖에서 그것을 뒷받침해주는 존재 역시 필수적입니다. 두 가지가 함께해야 비로소 생명현상이 일어납니다. 이때 밖에서 뒷받침해주는 존재를 낱생명에 대한 '보생명'이라 부르지요. 한 낱생명에 대한 보생명은 온생명 가운데서 해당 낱생명을 제외한 나머지 부분이라고 해도 됩니다. 예로 들면 나무라는 낱생명이 있고, 물과 공기, 흙과 해 등으로 된 보생명이 함께 조화를 이뤄야 나무가 살아 있는 기능을 해요. 온생명의 구도에서 낱생명이 '나머지 전체'(보생명)와 어떻게 연관을 가지고 있느냐를 파악해야 생명을 제대로 이해한 거라 할 수 있습니다.

최종덕 나머지 전체에는 돌멩이도 있고 소나무도 있을 터인데, 그러면 나머지 전체는 생명과 물질을 다 포함하는 것인가요?

장회익 그 점을 좀더 깊이 생각해봅시다. 다시 물질과 생명에 관한 물음으로 되돌아가본다면, 이미 말한 것처럼 나무는 생명이고 흙은 물질이다가 아니라, 나무도 물질의 한 존재양상이고 흙도 물질의 한 존재양상입니다. 물과 공기, 해와 햇빛 모두 물질의 존재양상들이에요. 그런데 진정한 의미의 생명을 이루려면, 필요한 것을 더 이상 외부에 의존하지 않고 그 안에 모두 갖추고 있는 단위 곧 온생명을 이루어야 해요. 온생명 또한 물질로 구성된 물질의 한 존재양상인데, 이것은 생명현상이 발생되고 유지되기 위해 갖추어야 할 모든 물질적 조건을 구비한 체계라 할 수 있어요. 온생명이란 '생명의 자족적 존재 단위'라 할 수 있는데, '우리 온생명'의 경우 그 안에 태양과 지구 생태계가 포함되지요.

최종덕 온생명이 제법 많은 사람들에게 알려지고, 인용하는 사람도 많은데, 학술적으로 접근하는 사람은 아직 많지 않은 것 같습니다. 몇 년 전부터는 시도를 하는데, 옹호하는 사람도 있고 비판하는 사람도 있고, 이들 가운데는 철학자나 종교인도 있어요. 온생명을 이해하기 위해서는 동양사상을 알아야겠다는 생각이 드는데요.

이미 말씀드렸듯이 동학에서 장일순으로 나아가 김지하로 이어지는 우주론으로서의 생명사상은 한국과 일본에서 독특하게 진행된 것 같아요. 한국과 일본에서 이 같은 현상은 1970~80년대 사회적 상황 혹은 환경문제에 대한 위기의식과 무관하지 않습니다. 온생명 이론이 탄생하기 이전부터 생명사상이 생태주의와 연계될 수밖에 없는 상황이었다는 말이지요. 중국에서의 생명사상은 우리와 달리 주로 기학(氣學) 연구의 한 부분이라고 느껴집니다. 얼마 전 중국 학자와 환경문제를 토론하다가 생명사상을 토론하게 되었습니다. 그랬더니 한국에서 논의하고 있는 대부분의 생명사상이 결국은 기(氣) 사상 아니냐고 말하더군요. 따지고 보면 우리의 생명사상이 기 철학과 비슷한 사유구조를 갖고 있는 것이 사실입니다. 기 철학이 현대문명을 해석하는 사유구조로 바뀌게 된 게 한국과 일본이라면, 중국은 현대문명을 해석하기 위한 이론적 도구로 아직 전이되지 않았을 뿐이라고 봅니다. 기 철학의 구조적 사유와 이론적 지식을 가지고 온생명에 접근하면 더 쉽게 이해할 수 있을 것 같습니다.

장회익 앞서 유고슬라비아 모임에서 온생명에 관한 논문을 발표한 적이 있다고 했는데, 그게 1988년 4월이었어요. 모임 주제가 두 가지였지요. 하나는 생명이고 또 하나는 분석철학이었어요. 우리나라에서는 소흥렬 교수와 내가 참석했는데, 나는 그때 생명에 관해 이야기했고, 소흥렬 교수는 분석철학 논문을 발표했어요. 이 학술회의를 위해 1987년부터 논문을 준비했는데, 내용을 영어로 표현해야 하니까 온생명에 해당하는 말을 '글로벌 라이프'(Global Life)라고 했습니다.

발표 후 한 학자가 "당신이 동양인이라 그런 생각을 한 게 아니냐?"고 묻더군요. 나는 한번도 그런 생각을 해본 적이 없었어요. DNA 개념에서 출발해 서구 생명과학을 섭렵하고 다시 물리학적 배경을 통해 온생명 개념을 구축했는데, 이걸 보고 서구인들이 엉뚱하게 동양사상을 떠올리는 겁니다. 많은 서구 학자들이 생명을 나처럼 보지 않는 건 사실입니다. 그들은 대개 생명체 안으로 눈을 돌려 구성요소들을 세밀하게 분석해보려고 하지요. 나는 왜 시각을 밖으로 돌렸을까? 왜 굳이 생명이란 무엇인가에 집착했을까? 어쩌면 내 속에 흐르는 동양문명의 정신이 나도 모르게 이쪽으로 이끈 것이 아닌가 의구심이 들기도 해요.

기(氣) 이야기를 하셨는데, 아마 내가 온생명이라는 개념을 얻지 못했다면, 기 개념을 제대로 못 받아들였을지도 몰라요. 온생명의 생리에서 보자면 온생명 안의 여러 요소들이 긴밀한 관계를 가지도록 물질과 에너지의 흐름이 생기게 되지요. 그런 흐름을 기라고 부르면 적합할 거예요. 그건 온생명 전체에도 있지만, 개체 내에도 유사한 흐름이 있어요. 온생명이라는 용어를 쓰지 않았을 뿐, 그들은 생명이 살아가는 모습을 온생명의 생리 속에서 직관적으로 파악한 것이 아닌가 봅니다. 의도한 건 아니지만 온생명을 염두에 두니까 동양학이 보이기 시작했습니다.

최종덕 온생명 사유가 기 철학의 사유와 어느 정도 연관이 되었기에 새로운 온생명 개념이 나오는 것은 아닐까요?

장회익 남들에게 그럴지도 모르겠지만, 적어도 의식적으로 기 철학을 배경으로 가졌던 건 아닙니다. 뉴턴이 고전역학을 모두 이해한 것이 아니고, 아인슈타인이 상대성이론을 이해 못했을 수도 있다고 말했지만, 저 역시 온생명을 제대로 이해하지 못했을지도 모릅니다. 단지 이 개념에 나름의 길을 통해서 도달했고 거기에 새로운 이름을 붙였을 뿐이에요.

온생명의 언어와 존재

최종덕 앞에서 온생명과 생태환경 운동에 대해 잠깐 언급했는데요. 요즘 생태운동이나 환경운동하는 분들이 그냥 사회적 운동으로만 그치는 것이 아니라고 봅니다. 그분들은 사회적 실천활동을 하는 데 있어서 부족하다고 생각하는 철학적 배경을 함께 공부합니다. 저도 그런 자리에서 몇 번 강의를 했는데, 실천가들이 원하는 사상적 배경 가운데 온생명 이론도 중요한 비중을 차지하고 있었어요. 저는 온생명 이론이 갖는 기 철학적인 사유구조에 대하여 자주 말하기도 하지만 비판적 관점에서 온생명을 이야기하기도 합니다.

온생명을 비판하는 요지의 첫째는 직관에 의존한 성찰적 이해 방식이 아니냐는 것입니다. 둘째, 가이아 이론의 난점을 그대로 갖고 있다는 겁니다. 저는 그런 비판을 듣거나 혹은 그런 비판에 나서면서 도대체 과학이 무엇인지 반문합니다. 자연과학의 분과학문으로서의 경험과학 체계들은 귀납과 연역, 증명과 검증, 객관성과 보편성 등 기본적인 과학 방법론의 기준을 충족해야지요. 하지만 뉴턴과 아인슈타인도 얘기했듯이, 자연과학에는 논리적 통로와 경험적 통로 이외에 자기 자신과 우주를 이어주는 성찰적 통로도 중요합니다. 그것을 선생님은 직관이라고 표현하셨고요. 또한 내향적 방법과 외향적 통로 두 가지가 있어야 과학 발견의 성과가 드러나겠지요. 이렇게 저 역시 과학탐구에서 성찰적 통로를 중요하게 여깁니다만, 선생님의 온생명 사상을 접하는 일반인은 경험적 통로를 무시한 채 내성적 직관에 의해 얻어진 결과로 오해하는 경우가 있습니다.

장회익 먼저 온생명론의 의의가 어디 있는가를 생각해봐야 합니다. 온생명 이론은 생명을 제대로 이해하기 위해 필요한 '개념의 틀'을 제공한다는 데 의의가 있어요. 말하자면 기존 개념의 틀로서는 생명을 이해하기가 어렵다는 겁니다. 이걸 설명하기 위해, 지금까지 사람들이 흔히 '생명'이라고 하던 것을 나는 '낱생명'이

> *초/* 온생명을 비판하는 요지의 첫째는 직관에 의한
> 성찰적 이해방식이며, 둘째, 가이아 이론의 난점을
> 그대로 갖고 있다는 겁니다.

라 부른다는 데서 출발해보지요.

비유를 통해 이해하는 것이 빠를 것 같군요. 개구리 눈에는 움직이는 것만 잘 보입니다. 그래서 개구리가 나무를 볼 때는 나무 전체를 보는 것이 아니라 바람에 흔들리는 나무 잎들만을 따로따로 보게 됩니다. 그래서 개구리들이 이 잎들을 보고 '나무'라고 불러왔다고 해봅시다. 그런데 지식이 좀 발달하여 잘 관찰해보니 이것들이 줄기와 뿌리와도 연결되어 있음을 알게 되었습니다. 그래서 개구리들은 줄기나 뿌리 같은 것들을 '나무'가 살아가기 위한 '조건' 혹은 '환경'이라 생각하게 됩니다. 조금 더 깊이 살펴보니까 자기들이 지금까지 '나무'라 생각했던 것은 사실은 '나무 잎'이었고, 오히려 줄기와 뿌리를 포함한 전체를 나무라 보는 것이 적합함을 알게 되었습니다. 그러나 지금까지 잎들을 '나무'라 불러왔기에 그 전체를 다시 나무라 부르면 혼란이 오기에 이를 '온나무'라 하고, '나무'라 해왔던 것을 새로 '나무 잎'이라 부르는 게 적합하다는 주장을 하게 되었다고 합시다.

우리는 지금까지 '생명이라는 나무'의 잎만 보고 '생명'이라 불러온 셈이니까, 이제 이걸 '낱생명'이라 고쳐 부르고, '생명이라는 나무' 자체를 지금까지의 용어와 구분하기 위해 '온생명'으로 부르

자는 겁니다. 어찌 보면 단순한 용어체계의 차이로 보이지만, 용어가 곧 개념의 틀을 반영하는 것이기 때문에, 실제 상황에 좀더 부합되는 개념의 틀을 만들기 위해 이런 용어의 도입이 불가피하다는 것입니다. 나무를 지칭하는 개념 없이 '잎'의 개념만 가지고는 나무를 이해하려고 할 때 '나무'는 물론 '잎' 자체도 이해하기가 어렵다는 겁니다.

이런 사실을 놓고 이제 온생명 사상에 대한 비판들을 검토해봅시다. 우선 '잎'을 중심 개념으로 보지 않고 '나무' 개념과 '나무 잎' 개념을 통해 나무를 이해함이 적합하다는 주장을 한다면, 이것을 직관에 의존한 성찰적 이해 방식이라 해야 할까요? 그런 면도 있겠지요. 그런데 이를 위해서는 단순한 '직관'만이 아니라 현상에 대한 구체적 고찰이 앞서야 합니다. 나무의 현상이 어떻게 되어 있는지를 보지 않고 머릿속에서만 이러한 말을 할 수는 없어요. 당연히 과학적 방법을 동원한 고찰임을 전제로 하는 거지요. 그러니까 한 마리의 개구리로서 내 대답은 이렇습니다. 잎과 주변의 관계들에 대한 과학적 고찰을 하고 이를 종합적으로 검토한 결과, 이것을 제대로 이해하기 위해서는 '온나무'의 개념과 '나무 잎'의 개념이 필요하다.

최종덕 '개구리 눈에 보이는 나무'에 대한 얘기는 적절한 비유인 것 같습니다. 온생명을 이해하는 데 많은 도움이 되었습니다. 그렇다면 두 번째 비판에 대해서는 어떻게 생각하시는지요.

장회익 가이아 이론과 비슷하다는 점에 대해 이야기해보지요. 가이아 이론은 지구 생태계에서 물과 공기 등 이른바 우리가 말하는 지구의 '비생물학적'인, 물리적 요소들이 생명현상과 밀접한 관련을 가진 것이어서 이들과 분리시켜 생명을 이해하는 것이 적절하지 않음을 강조합니다. 지구를 둘러싸고 있는 대기의 4분의 1 정도가 산소인데, 모두 지구상의 생명체가 만들어낸 거예요. 만약 지구에 생명체가 없었더라면 대기 중 산소의 비율은 0퍼센트일 거예요. 기체 산소는 다른 물질과 결합하여 산소 화합물을 만드는 것이 더 안정한 상태이기 때문에, 대기 중에 산소가 있다면 계속 다른 물질과 결합하여 없어지게 되어 있어요. 그런데 왜 우리 대기에는 산소가 23퍼센트나 되느냐? 그건 생명체들이 계속 산소를 뿜어내기 때문입니다. 이것이 다른 물질과 결합하여 없어지는 것만큼 계속 내놓는다는 겁니다. 이건 생명이 활동하고 있다는 증거입니다. 생명이 활동을 멈추게 되면 산소는 그 순간부터 줄어들게 돼 있어요. 지구상에는 대기 중에 산소가 있어서 생명이 존재하게 된 것이 아니라 생명이 있어서 산소가 생겨나게 된 것이고, 또 이것이 유지되어야 동물을 비롯한 많은 생물체가 존속되지만 이것이 유지되는 것 또한 생명의 작용이라고 말할 수 있어요. 이렇게 볼 때 이러한 물리적 요소들을 생명체들과 분리시켜 생각할 수가 없지요.

그런데 가이아 이론에서 주장하는 또 하나는 이렇게 형성된 지구 전체 생태계, 곧 '가이아'가 자체로서 하나의 생물체와 같은 모습을 띤다는 것입니다. 말하자면 유사(類似) 생물체에 해당한다는 것인데, 이것은 내 용어로 표현하자면 전체 생태계가 또 하나의 '낱생명'에 해당한다는 겁니다. 여기에 문제가 있습니다. 낱생명

장 가이아는 자족적 존재가 아님에 비해 온생명은
자족적 존재입니다. 나는 인간을 온생명의 중요한 한 부분이라고 보는 데
반해, 러브록은 인간을 가이아와 구분하고 있다는 느낌이 들어요.

을 곧 생명이라 보는 관점에 따르면 가이아가 생명이냐 아니냐 하는 문제로 비화하는데, 여기에는 논란의 소지가 있습니다.

 온생명 관점은 이런 점에서 가이아 이론과 전혀 달라요. 온생명 이론에서 주장하는 것은 온생명이 또 하나의 낱생명이라거나 유사 낱생명이라는 것이 아니에요. 굳이 말하자면 온생명이 곧 생명이며, 낱생명은 그 자체로서 생명이라 할 수 없는 생명의 한 부분입니다. '나무 잎'과 '나무 전체' 사이의 비유로 말하자면 '나무 전체'가 굳이 '나무 잎'을 닮아야 할 이유가 없는 거지요. 온생명과 전형적인 낱생명 사이에 어떤 유사점이 있을 수는 있어요. 그러나 이것이 본질적은 것은 아닙니다. 뿐만 아니라 온생명은 여타 낱생명들과는 다른 본질적 특징을 하나 가지고 있어요. 즉 다른 낱생명들은 반드시 외부로부터의 결정적인 지원이 있어야 존속하지만 온생명은 그 자체로 자족적인 성격을 가진다는 거예요. 만일 이런 차이가 없다면 굳이 '온생명'이라는 말을 쓸 필요도 없어요.

 바로 이러한 점에서 가이아와 온생명 사이에는 중요한 개념상의 차이가 있어요. 곧 가이아는 자족적 존재가 아님에 비해 온생명은 자족적 존재입니다. 따라서 온생명 안에서는 태양이 중요한 한 부분을 차지하지만 가이아 속에는 태양이 포함되어 있지 않아요. 그

러니까 가이아는 온생명의 몸 가운데 태양을 제외한 나머지 부분이라 할 수가 있지요. 그리고 이것은 강조점의 문제인데, 나는 인간을 온생명의 중요한 한 부분이라고 보는 데 반해, 가이아 이론을 주장한 러브록(James Lovelock)은 인간을 가이아와 구분하고 있다는 느낌이 들어요. 예컨대 가이아를 신에 가까운 제3의 존재로 보고 인간이 이 가이아를 거역해서는 안 된다고 하는 식의 대립적 관점을 드러내고 있습니다. 온생명에서는 인간 자체가 온생명의 중요한 부분이기 때문에 이러한 대립이 형성될 수 없어요. 당연히 신화적 색채도 띨 수 없고요. 온생명을 사람의 몸에 비유한다면, 인간은 온생명의 중추신경계의 역할을 하는 존재라고 할 수 있습니다.

최종덕 이 둘째 비판은 실제로 가이아 이론에 대한 비판이기도 합니다. 가이아가 개별생명이라는 비판은 이미 오래 된 얘기이고, 러브록 자신조차 그런 비판을 수용하여 자신의 이론을 이미 철회한 상태이지요.

장회익 온생명 개념 속에는 몸에 해당하는 내용도 담고 있지만 그것 이외에 인간이 나타내는 정신이라든가 문화 등 모든 성격이 포괄적으로 담겨 있어요. 비유를 해봅시다. 우리에게는 '사람'이라는 개념과 (사람의) '신체'라는 개념이 있어요. 이것은 사실 동일한 실체를 가리키지만 의미하는 바가 다르지요. 사람이라고 할 때는 그 안에 당연히 신체도 포함되지만, 신체라고 할 때는 가령 그 사람의 마음이라든가 경력, 인격과 같은 것은 포함되지 않아요. 이런 의미에서 온생명 개념 안에는 단순히 신체적 측면뿐 아니라 사람에 대해 '사람'이라는 개념이 지칭하듯 '인격적' 측면을 포함한 포괄적 내용이 담긴 것으로 보는 것이 적절해요.

최종덕 그렇게 중요한 개념인데, 그동안 아무도 온생명이라는 개념을 말하지 않은 것이 이상하지 않나요?

장회익 온생명이라는 실체를 한눈에 보기는 매우 어렵습니다. 우리가 만일 하나하나의 세포들이라고 보고, 세포들로 구성된 신체 안에서 살아가고 있다면, 실제로 살아 있는 몸 안에 있는지 아닌지를 알기가 무척 어려울 거예요. 지구 밖으로 벗어나 지구 전체를 한눈에 내다보기 전에는 지구를 하나의 실체로 파악하기가 힘들다는 얘기와 비슷합니다. 사실 이에 해당하는 막연한 개념은 있었는데, 용어가 없었는지도 모릅니다. 물론 용어 자체가 중요한 건 아니지만, 용어가 없으면 이를 통해 나타낼 사물의 모습을 상상하기가 어렵습니다. 이런 용어를 통해 생명과 이에 관련된 여러 현상을 더 깊이 파악해보자는 게 제 온생명론의 강조점이기도 해요.

최종덕 온생명에서 태양과 지구라는 구성요소들을 말씀하셨는데, 태양이 생긴 지 50억 년이고, 지구도 45억 년 정도 됐지요. 온생명의 역사는 지구상의 모든 생명을 두고 하는 얘기일 텐데, 지구가 태어나서 지금까지 오는 데 걸린 시간, 그러니까 지구의 나이도 포함해야 한다고 얘기할 수 있을까요? 현재 생명 간의 공간적인 연결만이 아니라 지구 생명의 역사를 가로지르는 시간적인 연결도 상정해야 된다고 생각합니다.

장회익 아주 중요한 말씀을 하셨어요. 생명현상은 공간적 범위와 규모뿐 아니라 시간적 범위와 규모도 중요합니다. 사람이 태어나서 죽을 때까지의 시간을 생애라고 합니다. 생애를 가진다는 것이 생명의 한 특성입니다. 온생명도 그런 의미를 담고 있어요. 그래서 온생명의 나이도 이야기할 수 있어요. 온생명의 경우 대략 40억 년의 나이를 먹었다고 할 수 있습니다. 물론 아직 살아 있기에 언제까지라고 말할 수는 없고요.

우주 안에는 많은 다른 항성들이 있고 이들 안에 또 행성이 열 개건 스무 개건 있을 수 있지요. 그러면 그들 안에도 온생명이 형성될 가능성은 있어요. 가능성이 그리 크지는 않겠지만. 온생명이 되기 위해서는 이들 사이에 낱생명에 해당하는 존재들이 나타나 세대를 이어가며 지속적으로 유지되어야지요. 우주 어딘가에 생명이 또 있다면 모두 이런 온생명의 형태가 돼야 한다는 것이 온생명 이론이 말하는 중요한 주장 가운데 하나예요. 온생명이 생명현상이 지니게 될 기본 형태라는 거지요. 온생명은 생명을 지칭하는 고유명사가 아니라 보통명사예요.

최종덕 그렇다면 생명이 시작하는 상황에서부터 낱생명이 아닌 온생명인가요? 그러한 생명의 시작은 예외적인가요?

장회익 생명 곧 온생명의 시작을 최초의 자체촉매적(auto-catalytic) 국소질서(local order)의 출현으로 보는 것이 아마 적절할 거예요.

최종덕 자체촉매와 국소질서 개념은 설명이 좀 필요할 것 같군요.

장회익 그 개념들을 설명하기 위하여 생명의 태동 상황을 상상해보기로 합시다. 이 최초의 자체촉매적 국소질서가 이후 풍요로운 생명체들로 이어진다는 전제 아래, 이것이 최초의 낱생명이고, 이 사건이 곧 온생명의 태동을 의미하지요. 최초의 낱생명은 당시의 태양과 지구를 보생명으로 하여 태어나며 이 전체가 곧 최초의 온생명 모습이에요. 이때의 상황을 예외적이라고 한다면 단일 낱생명을 지닌 온생명이라는 점에서 예외적이지요. 그리고 최초의 낱생명이라는 것은 다른 낱생명의 도움 없이 출현했다는 점에서 예외적이고요. 그러나 이 모든 현상이 자연의 합법칙적 질서 안에서 발생한다는 점에서는 예외적이 아닙니다.

최종덕 국소질서가 무엇인지를 알아야 생명의 시작을 이해할 수 있겠네요.

장회익 태양이 50억 년 전에 생기고, 지구가 45억 년 전에 생겼다면, 온생명의 시작은 대략 40억 년 전 늦어도 35억 년 전으로 보면 돼요. 지구가 생겨나고 5억 년에서 10억 년이 지난 후예요. 그동안은 태양과 지구가 있었어도 온생명은 아니었다는 말이지요. 그때에도 에너지 흐름이 있고 이 안에서 물질이 요동치고 있었을 거예요. 우리는 생명 출발의 단초를 이러한 비평형적 흐름과 요동에서 찾지요. 복잡계 이론으로 노벨화학상을 받아 유명해진 프리고진의 이론이 이 맥락에서 중요한 역할을 하는데, 국소적인 질서가 생겼다 사라지고 생겼다 사라지는 것을 반복하게 돼요. 대표적인 것 하나가 태풍입니다. 태풍은 공기가 흐르다 어느 시점에 무슨 이유에선가 작은 소용돌이가 발생하고 이것이 주변의 공기를 빨아들여 점점 세차게 회전하면서 이러한 상태가 상당 기간 유지되다가 사라지는 현상이지요. 이런 것이 국소질서인데, 이런 질서가 적절한 비평형적 여건 아래서 발생할 수 있다고 하는 것이 프리고진의 중요한 논점이에요. 이러한 것은 만들어졌다가 시간이 지나면 사라지고, 또 만들어졌다가 사라지곤 하지요. 그러나 이건 아직 생명현상이 아니에요.

최종덕 결국 국소질서란 생겼다가 없어지는 탄생과 소멸이라는 일정한 지속적 시간을 갖는 유사 생명체의 특성을 일컫는 말이군요. 그렇다면 자기촉매에 대해서도 설명이 더 필요할 듯합니다.

장회익 국소질서가 생기면 주변에 일정한 영향을 미칠 수 있어요. 가령 태풍의 영향은 너무나 잘 아는 것이지요. 그런데 이런 영향 가운데 특별한 종류가 있어요. 주변에 있는 물질들로 하여금 자신과 비슷한 존재가 되도록 하는 영향이 그것이지요. 화학에서는 이런 것을 자체촉매라고 부릅니다. 자신은 변하지 않으면서, 주변 물질로 하여금 어떤 변화를 일으키게 하는 데 기여하는 것을 촉매라고 합니다. 특히 자신과 비슷한 것을 만드는 데 기여하는 걸 자체촉매라고 해요. 쉽지는 않지만 이러한 자체촉매적 기능을 가진 간단한 국소질서가 우연히 발생하는 것은 가능한 일입니다.

최종덕 낱생명에서 후속 낱생명으로 이어지게 해주는 생물학적 기능을 자체촉매라고 이해할 수 있군요. 또한 비평형적 환경이 무엇인지도 설명해주시죠.

장회익 자체촉매적 국소질서가 일단 지구상에 발생했다고 하면, 이는 정말 의미심장한 사건이 되는 것입니다. 그렇게 되면 이것은 지속적으로 존속하게 되는 거예요. 생명종이라는 단위가 생

가이아 이론

20세기 이후 전통 기계론 또는 환원주의, 물리학적 결정론이 큰 벽에 부딪치면서 유기체 이론이 대안으로 등장했는데, 이것은 인문과학이나 자연과학 모두에 해당하는 사상적 조류였다. 이러한 흐름을 주도한 신과학운동의 대표적인 이론으로서 1978년 제임스 러브록(James E. Lovelock)의 가이아 이론(Gaia theory)을 들 수 있다. 지구를 하나의 유기체로 보아 그 스스로 정화작용을 한다는 이론으로서, 2007년 초 러브록은 자신의 이론이 잘못되었음을 인정하고 스스로 폐기한 바 있다. 그러나 아직도 대중들에게 신비주의적 대안으로 여겨지고 있다.

가이아 이론은 자기 자신을 꾸준히 갱신하는 '자기조직성'(Selbstorganisation)의 특성을 갖는 유기체 이론의 한 종류인데, 본래의 논점을 지나쳐 유기체의 자체조직성을 마치 엔트로피 증가의 법칙을 파기하는 카르노(carnot)의 이상(ideal) 열기관처럼 한 번의 가솔린으로 영원히 운동하는 유기체로 오해한다는 점이다. 카르노 기관은 외부에서 오는 교환 엔트로피가 차단된 것으로서 현실 자연계에 적용할 수 없는 오류를 갖고 있다. 쉽게 말해서 가이아 이론의 중심 세계관은 고립적 대상 또는 고립체계를 부정하고 세계내적 연결성을 강조하면서도 체계 내 미래시점 엔트로피를 계산할 경우 외부를 차단한 채 체계 내부 엔트로피의 값만을 조명하는 모순적이고 이중적인 입장을 갖고 있다.

프리고진과 복잡계 이론

『혼돈으로부터의 질서』라는 책으로 대중에게 유명해진 프리고진(Ilya Prigogine, 1917~2003)은 모스크바 태생으로 벨기에 브뤼셀 자유대학에서 화학을 공부했다. 복잡계 이론을 주창한 화학자이자 철학자로서 어려서부터 앙리 베르그송의 사상을 비롯한 철학·고고학·문학에 심취하기도 했다. 열역학을 전공한 그는 '비평형 상태'와 '비가역 변화'에 관심을 가져 '비평형 열역학'이라는 새로운 분야를 개척했고, 그 공로로 1977년 노벨상을 수상했다. 프리고진은 완벽한 수학적 이론을 근거로 자연을 이해하는 이른바 '복잡성의 과학'을 정립하고 이 과정에서 그동안 부분적으로 논의되어온 카오스 이론을 통합, 과거의 결정론적이고 기계론적인 세계관에서 벗어나 확률론적인 입장에서 자연법칙을 이해해야 한다는 새로운 패러다임을 제시했다.

복잡계의 과학은 바로 비평형 상태에서 일어나는 비가역적·비선형적 변화를 설명하기 위한 과학체계였다. 겉보기에는 무질서하게 보일지언정 시간이 지남에 따라 무질서 운동 안에서 보이지 않는 질서가 형성되며, 그것은 비록 선형적 질서는 아니지만 비선형적 방정식으로 표현될 수 있다. 이런 비선형 수학은 뉴턴역학의 결정론적 방정식으로 표현될 수 없는 새로운 영역이다.

기는 것과 비슷합니다. 하나의 국소질서는 물론 아주 짧은 기간밖에 존속할 수 없어요. 그런데 이것은 자신이 붕괴되기 전에 자신과 비슷한 것을 만들어놓고 사라져요. 예를 들어 자신이 사라지기 전에 평균적으로 두 개를 만든다고 하면, 하나가 죽어 없어져도 이미 두 개가 되어 있어요. 또한 이들 후손이 사라지기 전에 각각 두 개씩을 더 만들어요. 이런 식으로 기하급수적으로 늘어난단 말이에요. 한 세대의 수명이 가령 10분이라고 해도 한 시간이면 6세대, 하루면 144세대, 1년이면 52,560세대가 되는데 그렇게 되면 불과 얼마 안 돼서 지구 전체가 이것으로 꽉 차게 되겠지요. 물론 이런 것이 형성될 물질적인 생화학적 소재가 소진되지 않았다는 가정 아래 말입니다. 그리고 물질적 소재가 소진돼버리면 더 이상 늘어나지 않겠지만, 그때는 이들이 붕괴되어 기본 소재로 환원되는 것만큼 또 만들어질 테니까 결국 일정한 숫자가 계속 유지되겠지요. 결국 한번 만들어지면 영속하는 것입니다. 개체로서가 아니라 집합적 존재로서 영속합니다. 이런 게 한번 만들어지면 지구가 완전히 달라져요. 이것 자체가 흥미진진한 일이지요.

그리고 비평형적 여건이라는 것은 이러한 상황이 가능하도록 해주는 열역학적 여건을 말합니다. 조금 전에 이러한 상황이 영속된다고 했는데, 이것은 외부에서 자유에너지가 투입되지 않고는 가능하지 않은 일이거든요. 이러한 에너지가 태양에서 투입되고 그 결과 지구에는 비평형적 여건이 형성되는 겁니다.

최종덕 그렇다고 해서 그런 상황이 곧 생명현상이라고 할 수 있을까요? 생명이 되려면 환경 전체가 자기촉매로 연결되어야 하지 않을까요?

장회익 네, 그래요. 이 속에서 아직 우리에게 익숙한 생명의 모습을 찾기는 어렵지요. 우연히 어떤 이유 때문에 이런 것 두 개 혹은 몇 개가 만나서 더욱 정교한 새로운 낱생명을 만들 수 있어요. 그런데 이것이 또 자체촉매적 기능을 가진다고 해봅시다. 그러면 이런 것들이 순식간에 지구를 덮어버리겠지요. 이런 것들이 또 모여서 더 높은 차원의 자체촉매적 국소질서를 만들고, 또 모여서 더 높은 것을 만들고, 이렇게 수백 수천 층을 올라간다면 어떻게 되겠어요. 아마 놀라운 일들이 벌어지겠지요. 이런 일이 발생할 때 우리는 생명현상이 발생했다고 말할 수 있어요. 이때 자체촉매적 기능을 지닌 이 국소질서를 우리는 낱생명이라고 부릅니다. 그리고 이러한 현상을 가능하게 하는 전체의 체계를 온생명이라고 하고요. 그래서 온생명은 불가피하게 낱생명적 구조를 가지게 되는 거예요.

예를 들어, 최 선생이 첫 번째 자체촉매적 기능을 가진 조상으로부터 몇 대째 자손인지 이론상 계산이 가능합니다. 어쩌면 최고 조상으로부터 팔만칠천대 후손일 수도 있겠지요. 그런 식으로 모두 연결되어 있는 겁니다. 살아 있는 사람이면 누구나 연결돼 있어요. 그러면 언제부터 온생명이냐? 이러한 연쇄적 존속의 가능성을 지닌 최초의 한 국소질서가 발생하는 순간을 기준으로 할 수 있지 않을까요. 지금으로부터 대략 40억 년 전 일이지요. 여기서 중요한 점은 이러한 '자체촉매성'이 해당 국소질서의 내적 구조만에 의존하는 것이 아니라는 점입니다. 분자들이 어떻게 모이면 자체촉매

장 수십억 년의 기간을 고려하지 않고 생명이라고 부르는 어떤 것을 이해하는 것은 불가능합니다. 시공간 틀 안에서의 존재가 생명이고, 그것을 구체적으로 지칭하는 것이 온생명이지요.

적 국소질서가 되느냐 하는 데에는 해답이 없어요. 당시 태양과 지구를 포함한 물질적 구성이 어떻게 되어 있었느냐에 의해 이런 '자체촉매성'이 나타나는 거예요. 그래서 이것을 가능케 하는 전체를 놓고 생명이라 해야지 이 국소질서만을 놓고 생명이라 하면 안 된다는 겁니다. 이것이 생명을 '온생명' 안에서 찾아야 할 이유입니다.

하나의 국소질서 곧 낱생명을 기준으로 볼 때는 이에 버금가는 배경 질서 곧 보생명이 이루어져야 한다는 이야기인데, 이러한 보생명이 이루어졌다는 전제 아래 각 낱생명의 성격을 나타내는 구조적 특성이 바로 이것이 지닌 '정보'에 해당하는 거예요. 그러니까 세대에서 세대로 전수되는 것은 이러한 정보가 연결되는 셈인데, 이른바 다윈의 진화 메커니즘에 의해 점점 정교화되어 내려오는 것이지요. 우리는 흔히 이것을 각각의 개체, 곧 낱생명이 지닌 것으로 보지만 보생명과의 관련 아래서만 의미를 가지는 것이므로 엄격히 보면 온생명 안에 들어있는 것이라고 봐야 합니다.

어쨌든 온생명 안에서 인간 수준의 정교성을 가진 낱생명이 출현하기 위해서는 수십억 년이 걸렸어요. 그러니 수십억 년의 기간을 고려하지 않고는 오늘 우리가 생명이라고 부르는 어떤 것을 이해하는 것은 불가능하다는 이야기입니다. 그래서 생명에서는 시간 규모라는 게 중요합니다. 시공간 틀 안에서의 존재가 생명이고, 그것을 구체적으로 지칭하는 것이 온생명이지요.

최종덕 자기조직(self organization)의 특성을 지닌 자기촉매를 말씀하셨습니다만, 결국 그 역사가 생명의 출발점이네요. '자기'(自己)의 '자'(自)는 여러 의미가 있지만, 역시 중요한 건 스스로 운동한다는 것이고, 자기의 운동과 존재 원인이 자기한테 있다는 의미도 있는데 온생명의 자기조직성은 어떤 것인가요?

물론 자기촉매라는 것은 태양과 다른 물질의 도움 또는 자극이라고 하는 우연성이 있어야 할 것입니다. 우연에 의해서 뭔가 만들어졌다면, 자기복제에 의해 생명이라고 부르기 전인 조직이나 기관이라고 부를 수 있는 무엇이 생기겠지요. 그런 출발점으로 자기촉매성을 강조하셨는데, 그게 생명의 기본이라고 보시는 건가요?

장회익 내가 말한 '자체촉매성'이라는 것은 이른바 '자기 조직'이라든가 '자기 의지'라고 할 때 '자기'라는 개념과 전혀 달라요. 자체촉매라고 해서 '자'(自)를 붙인 것은 '자신과 닮은 것'이 나온다는 뜻에서 쓴 것이고 스스로 자신을 만든다는 것과는 관계가 없어요. 오히려 자기는 '타'(他)와 관련된 복합적 작용을 통해 만들어지는 것이지요.

최종덕 물질현상의 자동성이라는 개념이 중요하군요.

장회익 예, 그렇죠. '자체촉매성'이라고 할 때 이 현상은 물리법칙에 따라 발생하는 하나의 특별한 물질현상일 뿐이지요.

여기서 말한 '자체촉매성'과는 무관하게, 생명의 논의에서 '자기'라는 것을 어떻게 이해해야 하는가 하는 점은 중요합니다. 생명을 논하는 사람들이 '자기'라는 것을 중요시하고 있지만, 사실 이 개념에 대해서 많은 혼선이 있어요. 한 가지 확실한 것은 인간 수준의 낱생명 단계에 이르면 '자기'라고도 하고 주체성이라고도 하는 어떤 일정한 성격이 분명히 나타나요. 그걸 부정할 수가 없지요. 하지만 원초적으로 거슬러 올라갔을 때, 최초의 낱생명 곧 최초의 자체촉매적 국소질서 안에도 그런 것이 있었느냐 하면 그렇게 대답하기 어렵다는 겁니다. 그때부터 생명이라고 하겠지만 그 단계에서는 스스로의 존속을 유지하려는 듯이 보이는 어떤 성격이 나타날 뿐인데 이를 자기라고 부르기는 어렵지요. 구조적으로 본다면 우연히 몇 개의 분자가 이상하게 모여 있을 뿐이죠. 이미 자체 안에 형성된 일정한 질서와 주변의 다른 요인의 영향을 받아 움직여지는 대로 움직인 결과, 주위에 자기와 닮은 것을 형성시키는 데 기여했을 뿐이지 자체가 능동성을 가졌다고 보기는 어려워요.

최종덕 생명이 발현되는 물질의 복합성이 먼저 있어야 자기조직이 발동된다고 보면 되겠군요. 결국 자체촉매란 생명현상이 아닌 물리현상으로 설명할 수 있는 큰 장점이 있는 것이군요.

장회익 복합적 물질들이 훨씬 더 정교한 개체가 되어 내부에 특별한 구조들을 지니게 되면 이 구조의 차이에 따라 반응하는 형태가 달라지지요. 마치 인공지능을 부착하고 있는 로봇과 같은 것이지요. 이러한 성격의 개체를 놓고 '생명'이라 생각하는 사람들은 여기에 능동성을 부여하고 싶어지는 거예요. 그런데 이게 과연 능동적인가, 여기에 과연 자기라는 표현을 쓸 수 있는가 하는 문제가 발생합니다.

그러나 한참 내려와서 인간 종, 즉 사람 수준의 정교한 존재가 됐을 때는 능동성을 무시할 수 없게 되고 '자기'라는 말 또한 의미 있게 부여할 수가 있지요. 여기서 문제가 발생합니다. 과연 어느 단계에서 능동성이 생기고 어느 단계에서 '자기'라는 말을 쓸 수 있는지 말입니다.

최종덕 자기라는 말은 결국 똑같은 자기를 인식할 수 있는 능력이 필요한 것이고, 그렇다면 자기와 의식은 같은 차원에서 논의되어야 한다고 생각합니다. 선생님께서는 이 점을 어떻게 보시는지요?

장회익 이 문제는 뒤에서 이야기할 기회가 있겠지만 일단 '의식'을 가지느냐 아니냐 하는 것이 중요한 하나의 기준이라고 봅니다. 우리가 잠잘 때나 또 의식을 잃었을 때, 우리 몸은 여전히 활동하지만 이것은 신체 안에 내장된 기구들과 주변 상황 사이에 물리·화학적 법칙에 따라 나타나는 현상 그 이상의 것이 아니거든요. 물론 의식을 가진다고 해서 이 점이 달라지는 것은 아니지만, 이때는 적어도 우리의 의지에 따라 조정한다는 느낌이 함께 하기 때문에 '자기'라든가 '능동성'이라는 말이 의미를 지니게 됩니다.

여기서 강조하고 싶은 것은 생명체가 지닌 이러한 자발성과 능동성을 모든 개체 낱생명들에 일반화하여 이들이 마치 '생명'이라 하는 어떤 신비스런 성격을 지닌 것으로 비화해서는 안 된다는 겁니다. 물론 '생명의 신비'를 무조건 부정하자는 것은 아닙니다. 그러나 적어도 학문적으로는 '신비'를 부여할 때 부여해야지 인간인 내가 의식이 있으니 박테리아도 의식이 있으리라는 식으로 주장해서는 안 되지요.

최종덕 원초 생명의 능동성, 생명의 자기성을 강조함으로써 신비주의 생명관을 내세우는 사람들에게 하나의 경종이 될 수 있는 말인 것 같습니다. 모든 생명체의 생명성 자체가 신비로운 일입니다. 그런데 특정 낱생명의 현상을 우월적으로 신비하다고 간주하는 것은 의도된 신비주의자들의 특징인 것입니다.

장회익 전통적으로 생물학자들은 생명을 다루면서도 아예 신체적 측면에 국한하는 것으로 못 박고 있으니까 별 문제가 없지만, '생명' 자체를 이해하겠다는 사람들은 이러한 유혹에서 벗어나지 못하고 있어요. 최근에 관심을 모으고 있는 카프라(Fritjof Capra)나 마투라나(Humberto Maturana)와 바렐라(Francisco Varela) 역시 '자기'(self)라는 것을 무척 강조하고 있어요. 현재 생명이론 분야에서 일부 사람들은 마투라나와 바렐라의 이론을 가장 정교한 것으로 받아들이고 있지만, 나는 이런 점에 많은 허점이 있다고 봐요. 이들 또한 낱생명 중심의 생명관에서 벗어나지 못하고 있거든요.

최종덕 마투라나와 바렐라를 구분했으면 합니다. 바렐라는 세포 하나가 개체생명에 이르는 자기 촉매성을 가질 수 있지만, 전체 생명 속에서 개체 세포의 생명성은 전체 생명과 연계되었을 때만 가능하다고 말합니다. 개체의 '자기'는 물질적 운동 범주 안에 제한된 작은 운동일 뿐입니다. 사람들은 그것을 너무 확대 해석하여 개체의 '자기' 현상을 신비화시킨 것이지요. 어쨌든 '자기'를 개체

> 초 호모사피엔스가 진화의 나무 맨 꼭대기에
> 놓여 있다는 믿음은 인간이 마음대로 자연을 착취해도
> 괜찮다는 논리로 이어지곤 합니다.

생명에 부합해서 설명하면 신비화의 우려가 있다는 말씀에 동의합니다. 이런 경향이 과대하여 대중적 오류를 유발한다면 큰 사회적 문제가 될 수 있습니다. 저는 이런 현상이 일종의 사회적 주술현상이라고 간주합니다.

저는 진화론에 관심이 많기 때문에 생명단위를 개체와 종(種)으로 파악하려는 분류학을 냉정하게 재조명해야 한다고 봅니다. 생명을 개체 생명의 틀에서 벗어나 온생명으로 봐야 한다는 말씀처럼, 생명의 단위를 나누는 생명종 사이의 엄격한 분리가 불가능하다는 생각을 가지고 있습니다. 종의 엄격한 분리는 종의 생명성이 서로 분리된다는 전제에서 가능합니다. 그 대표적인 내용이 린네의 종의 분류방식입니다. 그러나 과연 생명종들이 기존의 방식대로 그렇게 엄격히 분리 가능한지를 따지는 비판적 논문들이 최근 나오는데, 저는 종과 종은 전적으로 분리되며 결코 연속적일 수 없다는 엄격한 종의 분리가 생명의 진화 과정에 대한 오해에서 비롯된다고 봅니다. 기존의 종의 분리는 자연의 분리가 아니라, 인간 이성의 산물일 뿐이라는 생각입니다. 즉 자연 자체가 아니라 인간 이성이 분리해놓은 결과라는 것이지요.

선생님께서는 최초의 발생 과정에서 자기 운동을 말씀하셨지만,

다윈과 『종의 기원』

23세의 다윈(Charles R. Darwin, 1809~82)은 영국해군의 측량 함선인 비글호를 타고 5년 동안 남아메리카와 태평양을 탐험하며 자연환경과 생명의 변화에 대한 자료를 기반으로 1859년 『자연선택에 의한 종의 기원』(On the Origin of Species by Means of Natural Selection)을 출간했다. 라이엘(Charles Lyell)이 쓴 『지질학 원리』를 읽고 지구처럼 생물도 변화할 수 있다는 생각과, 맬서스의 『인구론』에 영향을 받아 적자생존의 사유구조가 진화론이라는 이론으로 전개되었다. 출간 당시에는 교회의 반박이 상당했으나 점차 정상과학의 자리를 잡아갔다. 뉴턴의 『프린키피아』와 함께 최고의 고전적 가치를 지니며, 지금까지도 현대생물학에 실질적인 영향력을 미치고 있다.

다윈의 진화론은 생물의 변이(variation)에서 생존경쟁(struggle for existence)을 통해 적자생존(survival of the fittest)에 따라 자연선택(natural selection)되는 과정으로 요약될 수 있다. 또한 진화론의 진정한 의미는 생명종이 불변이라는 본질론적 종 개념이 무너졌다는 데 있다. 개정 5판 헉슬리의 서문에서 보듯 『종의 기원』의 가장 중요한 철학적 의미는 '변화'의 존재론이다. 즉 실체와 본질의 키워드를 가졌던 서구철학의 기성 존재론으로부터 최초로 탈피한 혁명적 사유체계이다.

저는 그 이후의 진화, 즉 생명체로서 종이 분화되는 진화론적 과정을 보면서, 개체들을 종으로 묶어내는 고정되고 분리된 종간 경계선을 무너뜨릴 수만 있다면 많은 생물학적인 난제들, 나아가 사회적이고 문명적인 문제들이 어느 정도 해결될 수 있다고 생각합니다.

예를 들어 인간 중심의 자연관을 들어보겠습니다. 호모 사피엔스가 진화의 나무 맨 꼭대기에 놓여 있다는 믿음은 인간이 마음대로 자연을 착취해도 괜찮다는 논리로 이어지곤 합니다. 우리가 진화론을 오해하는 대표적인 것이 바로 이런 논리였습니다. 진화의 나무는 인간도 침팬지도 양서류도 또한 나무들도 제각기 진화의 역사에서 정점을 차지하면서 생태적 위상을 수평적으로 확보하고 있는 모습을 보여줍니다. 그런데 진화의 나무를 수직적으로 간주하는 잘못된 믿음은 인간을 최고 성점으로 한 약육강식의 수직관계의 논리를 합리화하는 쪽으로 이어지기도 하지요. 생존경쟁의 진화 논리가 약육강식의 사회논리로 이어지는 사회적 분위기를 생물학적 진화론이 막지 못한 것은 다윈 생물학의 어두운 부분일 것입니다. 이러한 어두운 부분이 나중에 사회생물학의 그림자를 낳기도 했지요. 인간종의 생명이 전체 생명의 수평적인 연결구조의 한 가지일 뿐으로 생각한다면 아마도 생명 일반에 대한 존중심이 한결 나아질 것이라고 봅니다.

장회익 그런 생각은 온생명 관점에서 보면 훨씬 더 분명해지지요. 온생명은 다양한 종을 포함하고 있어요. 온생명에서 가장 작은 생명단위가 유전자입니다. 그런데 유전자는 세포에 들어 있어야만 기능을 합니다. 생물학자들은 일단 '생명'이라고 하면 세포 단위를 생각해요. 세포도 상당한 독자성을 가지고 있지만 사람 몸 안에 있어야지 밖에서는 못 살아요. 물론 정교한 형태의 배양기 안에서 키울 수도 있지만 그것 자체가 특별한 조건입니다. 그 다음, 유기체이며, 그 다음이 종 단위예요. 개체가 혼자 생겨난 것이 아니라, 그것이 생겨나고 전해지는 것이 종 안에서 일어납니다. 그리고 종들의 협동적인 역할이 온생명의 생리를 이루게 되지요. 온생명 생리에서 기본이 되는 구성단위가 종입니다. 생물의 종들이 서로 싸운다는 건 오히려 예외적인 일이고, 사실은 서로 간에 엄청난 협동이 이루어집니다. 녹색식물이 없다면 아무 동물종도 살아갈 수 없어요. 얼마나 큰 의존인가요. 그렇게 순환하면서 서로가 서로에게 의존하면서 살아갑니다. 사람의 생리만 들여다봐도 구성단위인 세포들이 기막히게 협동을 합니다. 이처럼 온생명은 그 구성단위들 사이의 절묘한 협동을 통해서 유지되고, 이 모두는 결국 진화의 산물입니다. 그러니까 진화의 과정에서 주로 경쟁만 강조해온 것은 역시 낱생명 단위를 위주로 본 편견이라 할 수 있습니다. 진화의 과정은 오히려 협동의 체계를 이루어나가는 온생명의 성장 과정이었다고 보는 게 마땅할 거예요. 생명의 협동성 때문에 결국 오늘의 생명체가 존속하는 것입니다. 이런 면에서 온생명 개념은 진화의 과정을 이해하는 데도 결정적인 역할을 하고 있지요. 반대로 진화론에 대한 바른 이해가 온생명의 생리를 파악하는 데도 중요하고요.

닐스 보어의 생명이해

최종덕 닐스 보어는 일상언어로 원칙적으로 표현할 수 없었던 양자현상을 일상언어로 표현해야만 하는 점이 가장 어려웠다고 토로했는데, 그런 점을 생명문제와 연관시켜 이야기했습니다. 물리학자인 슈뢰딩거 역시 『생명이란 무엇인가』라는 저서를 펴낼 정도로 생물학에 큰 관심을 두었습니다. 보어와 관련된 일화 중 재미있는 게 있어요. 살아 있는 게 무엇인가 하는 질문에 답하려면 살아 있는 것을 알아야 하고, 알기 위하여 살아 있는 것을 관찰해야 하고, 그러기 위해서는 현미경이 필요합니다. 그렇지만 대물렌즈 밑에 살아 있는 세포를 놓고 살아 있는 모습 그대로를 볼 수는 없습니다. 살아 있는 세포는 이미 죽은 것이기 때문입니다. 떼어낸 세포에 시약을 묻혀 인공적인 염색을 하면 벌써 두 번 죽인 것이지요. 조직에서 세포를 떼어내면서 이미 생세포는 아니고 관찰 목적으로 염색하면서 이미 왜곡된 관찰을 하는 것입니다. 살아 있는 걸 보기 위해 두 차례의 인위적인 조작을 시도한 것입니다. 그러면서 살아 있음에 대하여 관찰결과를 내놓는 것이 바로 살아 있는 존재에 대한 과학적 접근방식이라는 것입니다. 이것이 언어를 통하여 살아 있는 것을 살아 있는 방식으로 표현할 수 없는 근본적인 어려움이며 제약이라는 뜻입니다. 과연 진정으로 아는 것인가, 그렇다면 아는 것을 제대로 표현할 수 있는 것인가, 라는 질문이 생물학 연구 밑바닥에 놓여져 있다는 말이지요. 닐스 보어가 이러한 비유를 든 이유는 양자역학에서 대상을 이해하는 방식이 마치 생명 이해방식과 같아 우리의 일상언어로 표현하기 어렵다는 점을 말하려는 데 있어요. 상당히 그럴 듯하게 들리지 않나요? 그것은 앞으로 생물학 공부가 어렵다는 것을 암시하는 것 같기도 했고요. 그렇다면 생물학을 분자생물학에 맡길 것인가, 아니면 메타 생물학으로 볼 것인가 하는 의문도 듭니다. 닐스 보어가 이야기했던 인식의 난제를 극복하기 위해 노력했지만 여태껏 제대로 풀린 건 하나도 없다는 생각이 듭니다.

장회익 닐스 보어는 생명에 관심을 가진 대표적인 물리학자였습니다. 그런데 그가 적용했던 게 상보성 원리였어요. 대상의 위치를 잘 보려면 운동량이 잘 안 보이고, 운동량을 잘 보려면 위치가 잘 안 보인다는 것이 상보성원리의 한 사례인데, 그는 이런 성격이 양자역학에만 국한된 것이 아니라 자연계의 다른 현상 심지어는 심리현상에도 적용된다고 본 거예요. 그 한 가지가 생명체인데, 방금 설명하신 것처럼 구성요소를 자세히 보려면 살아 있는 모습을 볼 수 없고, 살아 있는 모습을 제대로 보려면 구성요소를 자세히 볼 수 없다는 거예요. 그래서 생명을 인식하는 데에도 한계가 있다는 얘기지요.

그런데 20세기 중반 이후 DNA 구조가 밝혀지고 이를 통해 분자생물학이 활기를 띠면서 이런 관점이 별로 큰 관심을 끌지 못했지요. 하지만 그것과는 좀 다른 맥락에서, 생명이라는 것을 미시적 측면으로만 보아서는 안 된다는 점이 더 뚜렷해졌어요. 분자적 측면에서 생명현상을 이해하면 할수록 생명현상이라는 게 어떤 생명체 안에 본질적인 요소가 있어서 일어나는 게 아니라, 생명을 구성하는 것들의 조화와 협동을 통해 일어난다는 것이 분명해지는 거지요. 이러한 조화와 협동 그 자체가 곧 생명이라고 해야 할 상황에 이른 것입니다. 다소 억지 해석을 하자면 닐스 보어는 그런 측면을 나름의 특별한 방식으로 표현한 것이라 할 수 있겠지요. 덧붙인다면 그런 협동을 하는 전체를 어디까지로 간주해야 하느냐는 물음이 가능하고, 그 해답으로 나온 것이 온생명이라 할 수 있지요. 점점 줄여 현미경으로 볼 게 아니라, 지구 밖으로 나가 망원경으로 봐야 생명의 모습이 보입니다. 현미경으로 보려고 했지만 볼 수 없다고 해서 생명이 없다고 단정지어서는 안 됩니다. 오히려 거꾸로 물러나서 거시적으로 봐야 생명이 보인다는 거지요. 닐스 보어도 그렇게 뒤로 물러나서 생명을 봐야 했을 텐데, 그렇지 못한 게 아쉽지요.

최종덕 네, 아주 흥미롭고 적절한 수사법이군요. 그러나 닐스 보어에게는 지나친 요구가 아닐까요? 서양의 과학적 사고방식에 젖어있던 닐스 보어에게 미시적이고 분석적인 사유를 포기하라는 무리한 요청과 비슷합니다. 닐스 보어가 중국에 체류하면서 음양사상으로부터 그의 상보성이론이 탄생했을 것이라는 추측이 가능하지만 여전히 문화적 배경의 차이를 극복하지 못한 것 같습니다.

장회익 문화적·학문적 배경의 차이는 있지만 그게 그렇게 높은 장벽이 될까요? 서로 의사를 교환하고 과학적인 이해를 공유하면 결정적인 장애는 아니라고 생각해요. 과학에는 객관성과 보편성이 분명히 있습니다. 요즘에는 자꾸 문화적 특성을 붙들고 이것을 넘을 수 없는 제약으로 간주하는 주장이 많습니다. 물론 지금까지는 그러한 문화적 측면을 지나치게 무시해왔기에 그러한 문화적 차이를 강조하는 경향을 이해는 합니다. 하지만 과학에는 문화의 장벽을 넘어서는 어떤 측면이 분명히 있어요. 충분히 같이 이야기 나누면 통할 수 있거든요. 다만 소통이 되려면 최소한 서로 겹치는 공통 부분은 있어야 하겠지요.

최종덕 그러니까 문화의 장벽이 있다기보다 이해의 폭과 이해하는 방식이 다르다는 거죠. 똑같은 내용의 세미나를 들어도 동양인과 서양인이 소화하는 방식과 정도는 다르죠. 그런데 철학, 특히 생명철학은 물리학과는 다르게 이해 편차의 폭이 상당히 넓은 것 같아요. 물리학은 한국에서 공부하든 미국에서 공부하든 이해의 폭이 비슷한데, 생명철학은 그 폭의 차이가 상대적으로 클 수 있다는 것입니다.

장회익 생명의 개념이 다르다는 말씀이시군요. 한국이나 일본 이외에는 우리 식의 생명개념을 가진 나라가 없다는 말씀도 하셨지만 저는 그렇게 보지 않아요. 그들도 우리가 생각하는 생명과 비슷한 개념을 가지고 있는데, 용어가 다른 거죠. 영어의 '라이프'는 일상적으로는 생명개념과 상당 부분 겹쳐요. 그런데 '라이프'에는 생활이라는 개념도 있어요. 우리에게는 생명과 생활은 다른 말이지요. 언어 분화의 차이일 수도 있고. 앞에서 온생명에 대한 논문을 영어로 발표했다는 얘기를 했지만, 그때 '글로벌 라이프'(global life)라 했어요. 그런데 이것을 우리말로 어떻게 옮길까를 두고 몇 년을 고심했어요. 1988년에 올림픽 국제학술대회가 서울에서 있었지요. 거기서 이 글을 발표할 기회가 있었는데, 마침 유능한 전문가들이 동시통역을 해준다기에 'global life'를 우리말로 옮겨 달라고 했더니, '지구촌 생활'이라고 하더군요. 온생명 개념을 전혀 모르는 상황이니 어쩌면 흠잡을 데 없는 번역이었지요. '생명'에 해당하는 영어가 따로 없어서 나온 혼란인데, 그렇다고 생명에 대한 이해의 폭이 우리보다 좁다고 할 수는 없어요. 또 한자를 많이 활용하는 우리말은 '생' 자를 이용하고 확장하여 유사 개념들을 구분해 표현할 수도 있어요. 생명·생활·생동처럼 의미를 조금씩 구분지어 나갈 수가 있습니다.

최종덕 저 역시 문화의 상대성을 중시하지만, 문화적 차이가 인간 인식의 근원을 구분하는 것은 아니라고 봅니다. 문화의 차이는 오히려 생명의 다양성을 예시하는 진화론적 귀결이라고 생각합니다. 물론 몇몇 영장류로 제한된 귀결이기는 하지만 말입니다.

이야기를 정리해보겠습니다. 중요한 점은 생명 이해의 통로는 낱생명이 아니라 온생명이라는 점입니다. 그런 생명을 이해하는 방식이 신비적이어서는 안 되고 미래에는 과학적으로 가능하다는 점을 강조했습니다. 물론 온생명에 접근하는 과학의 폭이란 기존의 분석적이고 미시적인 과학방법론에 제한된 것이 아닙니다. 현미경으로 좁게 보는 과학이 아니라 망원경으로 전체를 바라보는 시야가 중요하다는 뜻이겠지요. 다시 말하거니와 기존의 분석적 과학언어로부터 시야를 넓히는 현대과학의 조망력을 수용한다면 생명에 대한 많은 오해가 풀릴 것입니다.

동양과 서양

4

격물치지: 대생지식의 가능성

최종덕 온생명 사상의 출발은 선생님께서 강조하셨듯이 과학 이론이 분명한데, 많은 사람들은 거기서 동양적 사유를 읽어냅니다. 이는 이미 선생님이 외국에서 온생명 사상을 발표하셨을 때, 동양적 세계관이 엿보인다고 한 서구 학자와 비슷한 반응이었다고 말씀하신 적이 있습니다. 온생명 사상이 동양사상의 구조를 띠게 된 것이 우연이냐 아니냐의 문제가 아닙니다. 중요한 것은 동양적 사유구조를 통해 온생명 사상을 이해할 수 있다는 점입니다. 여기서 '과학'을 잉태하는 문화적 배경이 서양의 사고체계라고 우선 전제합니다. 오늘의 현대문명에서 동양과 서양을 구분하는 것 자체가 우스운 꼴이 되어버렸지만, 그런데도 이런 이분법적 사고는 마치 작용과 반작용처럼 우리의 관념 속에 끊임없이 따라다닙니다. 질문 자체가 원색적이고 역설적으로 들릴 수 있지만, 이제 '왜 동양에는 과학이 없는가?'라는 질문에 나름대로 답해봐야 할 것 같습니다.

장회익 그런 질문은 반드시 필요합니다. 그런데 '왜 서양에는 기철학 같은 우주론이 없는가?'라는 질문과 함께 할 때 비로소 의미가 있습니다. '동양에는 왜 과학이 없는지' 따로 분리해서 질문할 경우, 벌써 동서양을 일직선상에 놓고 우열을 가리려는 태도가 숨겨져 있기 때문입니다.

최종덕 역사를 거슬러 올라 서양인들이 동양에 진출할 때, 선교 및 식민사업을 발판으로 들어왔기 때문에 동양은 서양의 진출을 제국주의적이라고 본 것이 당연합니다. 또한 동양이 서양을 볼 때는 기계론, 이분법, 플라톤적 사유 등 그 흔한 전형적인 키워드로만 접근합니다. 두 가지 사실 다 틀린 말은 아니지만, 그런 이분화된 통로로만 동양과 서양을 볼 수 있는 건 아니거든요. 물론 서양은 동양을 '오리엔탈리즘'적으로, 즉 실제의 동양이 아닌, 그들 나름대로의 시각과 기억을 통해서 조작된 동양을 보았지요. 여기에는 그들만의 역사적이고 사회적인 시각이 포함되곤 합니다.

동서양의 문제는 정말 간단하지 않습니다. 저는 물리학에서 철학으로, 또 서양철학에서 한의학의 철학 혹은 동양철학으로 연구의 폭을 넓히려고 노력하고 있습니다. 그런데 흔히 제가 듣는 곤란한 질문의 하나가 '왜 서양철학을 하다가 동양철학을 하느냐'는 겁니다. 그러나 저는 동양철학으로 전환한 적도 없고 단지 철학적 사유의 소재를 동양의 무엇으로 했을 뿐입니다. 어떤 방향 전환이 아니라, 그저 현대 자연철학을 통합적으로 하고 싶었을 뿐이거든요. 하여간 동양과 서양, 과학과 인문학을 지나치게 획일적으로 구분하여 저를 판단하는 것이 여간 부담스러운 것이 아니에요.

장회익 우리가 동양적 전통 안에 있으면서 서구학문을 하는 것이 다행이라면 다행이고, 기회라면 기회일 수 있지요. 어느 한쪽만 알았다면 편협한 관점을 가졌을 겁니다. 우리 대부분이 그런 현실 속에 있지만, 나 역시 동양에서 태어났으나 너무나 서구적인 교육을 받았다 할 수 있지요. 전공도 어찌 보면 전형적인 서구학문이고요. 그러나 우리는 역시 동양적인 전통에서 완전히 벗어나기가 어려워요. 특별한 노력을 하지 않아도 동양적인 그 무엇이 우리를 스치고 있거든요. 내 개인적인 이야기를 좀더 해보지요.

언젠가 우연히 고향집에서 족보를 뒤지다가 재미있는 사실을 발견한 적이 있어요. 저의 14대조가 성리학자이셨는데, 그분 저서목록 가운데 『우주설』(宇宙說)이라는 제목이 눈에 띄었습니다. 갈릴레오 갈릴레이보다 10년 먼저 태어나 5년 먼저 돌아가신 분이죠. '우주설'이라면 요즘 말로 '우주론'에 해당하는 것인데, 서구과학의 태동기에 동양인들은 우주를 어떻게 보고 있었을까 하는 것을 생각하니 무슨 말이 적혀 있는지 궁금해지더군요. 서울대 규장각 도서관을 뒤져 어렵사리 그 책을 찾아냈어요. 『우주설』이라는 책은 따로 없었고, 『여헌성리설』(旅軒性理說)이라는 8권으로 된 책 안에 편집되어 있는데, 그 책의 제8권이 『우주설』이더군요. 문제는 첫 글자부터 끝 글자까지 띄어쓰기 하나 없이 빼곡히 한자만으로 적힌 책 한 권을 어떻게 읽을 수 있느냐 하는 것이지요. 어쨌든 수십 장이 되는 책 전체를 복사해서 한여름 내내 고생하며 독파했어요. 당연히 막히는 부분이 많았지만 당시 규장각 도서관에 해석을 도와주시는 전문위원이 한 분 계셔서 도움을 받곤 했어요.

사실 이전부터 동양학문에 대해 알아야겠다는 갈증 같은 게 있었는데, 이렇게 개인적인 기회를 통해 동양학을 처음 접하게 되었던 거지요. 직계 선조 한 분이 오늘로 치면 과학 분야에 속하는 내용을 써놓았는데, 명색이 그 분야의 학문을 한다는 후손으로서 읽어보지도 않는 것은 도리가 아니라는 생각이 들었어요. 게다가 갈릴레오 시대 당시 동양인들의 우주관이 무엇이었는지 궁금했고요.

최종덕 대단한 일을 하신 것 같아요. 『우주설』이 일반에게 공개되었으면 좋겠습니다. 더군다나 갈릴레오와 같은 시기라니 흥미롭군요. 그 내용에 대해 더 말씀해주시지요.

장회익 그런데 이 일은 생각만큼 쉽지 않았어요. 조선의 선현들이 바탕에 깔고 있던 생각이 오늘 우리들과 크게 달랐기 때문에 그 시대적 차이를 어느 정도 이해하지 않고는 정확한 내용을 파악할 수 없어요. 이 책에서는 분명히 오늘 우리가 우주라 부르는 대상과 그 안에 놓인 많은 자연현상들을 다루고 있지만 기본적으로는 당시의 성리학적 사물이해 방식과 깊은 연관을 가지고 있었어요. 그러니까 관심의 대상 자체는 오늘 우리가 보고 있는 대상과 다를 게 없는데, 그것에 대해 묻는 물음의 성격이 많이 다른 거예요.

예를 하나 든다면 높은 산 위에서 가끔 발견되는 소라껍질 화석에 관한 이야기가 나와요. 이것을 그 책에서는 나방각(螺蚌殼)이라 지칭하는데, 여기서 묻고 있는 것은 이것이 전(前) 천지의 흔적이냐, 현(現) 천지 초기의 생성물이냐 하는 겁니다. 이 대답을 위해서는 당시의 시간개념과 우주생성론을 알아야 합니다. 그 기본을 이루고 있는 것이 소옹(邵雍)의 이른바 원회운세설(元會運世說)인데, 30년(年)이 1세(世), 12세(世)가 1운(運), 30운(運)이 1회(會), 12회(會)가 1원(元)이 된다는 겁니다. 그러니까 1원(元)은 129,600년이 되는데, 이것이 한 천지(天地)의 수명이라는 거지요. 천지가 하나 형성되었다가 이 기간이 지나면 소멸되고 새 천지가 생겨나고, 그렇게 끝없이 반복된다고 보는 거예요. 그런데 산 위에서 발견되는 소라껍질 화석은 지난 번 천지가 붕괴되면서 남긴 흔적이냐, 아니면 현 천지가 생겨날 때 모종의 인과적 결과물로 생겨난 산물이냐 하는 것입니다. 흥미롭게도 그 대답은 소라 화석이 전 천지의 흔적이 아니라 현 천지의 소산이라는 거예요. 현 천지가 생겨나던 초기에 아직 물과 흙이 나누어지지 않은 기(氣)를 받아 생(生)을 이루던 소라가 후에 물과 흙이 나뉘며 흙이 솟아올라 산을 이루는 과정에서 함께 굳어진 것이라 설명합니다.

소라껍질 화석이 어떻게 높은 산 위에 올라가 있게 되었느냐 하는 것은 동양인이나 서양인에게 모두 궁금한 것이었지만, 거기에 대한 설명은 그 개념적 배경에 따라 서로 크게 다른 것이지요. 여기서 중요한 것은 이런 구체적 사실에 대한 설명이 옳았느냐 틀렸느냐가 아니라 이들이 이 모든 것을 어떤 개념의 틀 안에서 보았느냐, 그 개념틀은 과연 적절했느냐 하는 것이에요.

이 책에서 또 한 가지 흥미로웠던 것은, 앞에서 잠깐 언급했지만, "왜 이 무거운 대지(大地)가 떨어지지 않느냐?" 하는 물음이에요. 무거운 모든 것들은 아래로 떨어진다는 보편법칙을 받아들인다면 이것은 좋은 물음이지요. 그런데 그 대답이 흥미로워요. 서양의 천지신화처럼 어떤 신비적인 거북이 떠받친다거나 천사가 들어 올린다는 것이 아니라, 대지를 둘러싸고 있는 기(氣)가 스스로 회전하면서 지탱해준다는 거예요. 주변의 기는 왜 밖으로 날아가지 않느냐? 그건 기를 받쳐주는 구각(軀殼)이라는 단단한 껍질이 대기를 둘러싸고 있기 때문이라고 말합니다. 이런 식의 논의가 진행되고 있어요.

우리는 흔히 서양에서는 합리적인 방식으로 사물을 이해하려 했고 동양에서는 신화적인 혹은 비합리적인 방식으로 생각했다고 보지만 이런 동서양에 대한 이분법적 판단이 사실 알고보면 틀린 말이에요. 오히려 과학 이전의 서양에서는 신화적 설명이 많았던 반면 동양에서는 나름대로 합리적 방식으로 이해를 추구했다는 것을 알 수 있지요. 문제는 이들이 가졌던 사고의 바탕 곧 개념틀이 무엇이었느냐, 그리고 이것이 서양과 동양 사이에 어떻게 달랐느냐 하는 것인데, 이것에 대해서는 나 자신도 꽤 고민해보았고 나름대로 해답을 찾아본 적이 있어요.

최종덕 그런데 보통은 서양과 달리 동양철학에는 학문 방법론이 없다는 말들을 자주 하는데, 선생님의 이야기를 듣고보니 그렇지만은 않은 것 같습니다. 우리 둘다 동양학 전공자는 아니지만, 전공영역과 관계없이 동양 안의 학문 방법론에 대하여 좀더 구체적으로 이야기를 하면 어떨까요? 우선 방법론을 논의하려면 인식의 방법과 대상이 먼저 논의되어야 한다고 생각하는데요.

장회익 맞아요. 저는 성리학을 서구적 관념의 틀에 맞추어 이해하려는 것도 옳지 않지만 그렇다고 아무 사고의 틀이 없었다고 보는 것도 옳지 않다고 봅니다. 지식과 경험의 관계에 맞추어 제 생각을 말해보지요.

일종의 가설이긴 한데, 지식이라는 것이 기본적으로는 모두 경험에서 나온다고 전제를 해봅시다. 그럴 경우 사람이 겪는 경험은 크게 '대인(對人)경험'과 '대물(對物)경험'으로 나눌 수 있어요. 여기에 삶 자체가 주는 대생(對生)경험을 하나 더 보낼 수 있지요. 예를 들어 배가 고프다는 경험은 대인경험도 아니고 대물경험도

> **장** 우리가 얻게 되는 지식을 크게 대인지식, 대물지식, 대생지식으로 나누어 볼 수 있어요. 동서양을 막론하고 대인지식의 틀에서 전부를 이해하려는 경향이 나타나요.

아닌 대생경험입니다. 따라서 우리가 얻게 되는 지식도 이러한 경험 유형에 따라 크게 대인지식, 대물지식, 대생지식으로 나누어 생각해볼 수 있겠지요. 예를 들어 어떤 것이 추구할 만한 바른 삶인가 하는 것은 대생지식에 속하는 물음이에요. 그런데 사람들은 이 세 가지를 의식적으로 나누어 지식을 구성하는 게 아니에요. 되도록이면 어느 하나의 틀 안에서 이 모두를 보려는 경향이 강합니다. 맨 처음에는 동서양을 막론하고 대인지식의 틀에서 전부를 이해하려는 경향이 나타나요. 아마도 사람이 태어나 제일 먼저 접하게 되는 것이 부모를 비롯한 주변 사람들이기에 불가피한 일이 아닌가 생각해요. 어쨌든 이것은 사실이고 바로 신화적 세계관이에요. 사람에 대한 특성을 이해하고 사람 아닌 것에 대해서도 사람의 특성을 투영해서 이해하려는 방식입니다.

최종덕 애니미즘(animism)과 신화를 연계하는 관점이 부각될 수 있겠군요. 모든 외적 대상물을 사람처럼 행동하는 것으로 간주하는 것이 애니미즘이고 동시에 신화의 시작이 될 수 있으니까요. 그런데 대상을 바라보는 시각은 동양과 서양이 다르지 않나요? 대상지식의 문제가 자세히 논의되어야 하겠군요.

장회익 그러다가 차츰 대물지식이 독립해 나와요. 아무래도 바위라든가 소나무 같은 것에 인간성을 부여하는 것은 무리가 따르지요. 이 대물지식의 전개는 말씀하셨듯이 동양과 서양에서 상당히 달라져요. 서구과학은 자체 내부에 철저한 기준과 논리가 있어요. 물리학의 탐구정신은 물질이라는 것을 바탕에 놓고 그것만의 특성을 통해 궁극적으로 세계 전체를 해명하려는 독자적인 논리를 추구해나갑니다. 그래서 서구학문은 대인지식과 대물지식, 달리 말해 인문학과 자연과학으로 나뉩니다. 두 가지가 병행해서 발전해나온 거지요. 여기에 비해 동양은 분화되지 않고 미묘한 방식으로 양쪽의 지식체계가 통합되고 있어요. 둘로 나뉘거나 이들 중 하나로 흡수되는 것이 아니라 모두 대생지식의 형태로 통합하고 있는 거예요. 물리 세계와 인간 세계가 하나의 틀 안에 포섭되는데, 그 바탕에 '생'(生), 즉 삶의 세계라는 것이 놓이는 겁니다. 이 모든 것들을 항상 삶과의 연관 속에서 파악하려 한다는 거예요. 사람의 생각이 삶과 연관되는 것은 어찌 보면 당연하지만, 물리적 세계조차도 삶과의 연관 아래 한 틀에 묶으려는 데에는 상당한 제약이 있을 수 있습니다. 이러한 사고의 중심에 놓여 이 모두를 엮어주는 대표적인 개념이 '기'(氣)입니다.

동양적 설명에는 '기'(氣) 개념이 거의 빠지는 일이 없는데, 바로 이런 이유입니다. 그런데 이것을 통해 물리적 세계를 서술하려는 데에는 명확한 한계를 가지고 있어요. 수없이 많은 종류의 기를 설정하고 이것들과 연관시키려 사물을 이해하려 하지만 결국 실질적 설명력은 별로 없습니다. 반면에 전체를 연결하여 하나의 통합적 시각을 형성하고 삶의 바른 길을 추구하려는 노력은 일정한 성과를 거두고 있지요. 이런 점에서 동서양의 학문이 어떻게 다른가를 이해해야 하고 각각이 지닌 장단점이 무엇인지도 찾아내야 합니다.

최종덕 지금까지는 막연하게 동양과 서양의 인식방법론을 구분하면서, 동양의 지식체계를 대인지식과 대상지식의 합일된 통로로서, 서양의 그것을 대인지식과 대상지식의 분리체계로서 설명하는 것이 통상적이었지요. 그런데 그 합일된 동양의 인식 통로를 대생지식이라는 새로운 틀로 보는 선생님의 입장은 창의적이고 함축된 의미가 많다고 여겨집니다. 바로 이러한 인식의 조건들이 생명사상의 보이지 않는 배경이 되는군요.

장회익 생명은 생명 자체의 특성을 개체 단위의 생명체 안에서만으로는 찾아볼 수 없고, 그것들의 생존을 가능하게 하는 전체 체계를 함께 볼 때에 드러납니다. 이러한 사고의 틀이 대생개념을 중심으로 한 동양적 사고의 틀과 상당한 유사성을 가지는 거예요. 어떻게 해야 바른 삶, 성공적인 삶을 영위할 수 있는가? 이렇게 생각하다보면 그 해답은 생명의 질서 속에서 그 생리에 맞추어 살아가면 된다는 말을 하게 되는데, 동양적 사고에서 직관적으로 얻는 결론과 크게 다르지 않아요. 물론 동양에서 생명이라는 말은 하지 않지만, 그들이 말하는 천지(天地)라든가 우주(宇宙)라는 것이 이것과 크게 다르지 않아요. (온)생명은 우주 안에서 극히 작은 한 부분에 지나지 않지만 옛 사람들은 이 차이를 구분할 필요가 없었습니다. 우리 경험세계 안에서는 (온)생명과 나머지 우주 사이의 경계를 거의 접해볼 수가 없지요. 그러니까 우주 안에서 인간의 삶이,

혹은 (온)생명 안에서 인간의 삶이 어떻게 영위되어야 하느냐고 묻는다면, 이것은 대생학문의 틀에서 의미 있게 추구되는 내용에 해당하는 것이지요.

최종덕 다시 말하지만 지식의 체계를 대인경험, 대물경험, 대생경험으로 정리해주신 건 독특하고 흥미롭습니다. 그런데 우주설 이야기를 하시면서, 성리학적 자연관에 대해 언급하셨어요. 많은 사람들은 성리학을 자연철학의 관점보다는 이기론이라는 복잡하고 추상적인 형이상학으로 생각합니다. 물론 우주론과 같은 논지를 자연철학이라기보다는 자연학이라고 말하는 것이 합당하겠지요. 동양에는 윤리학이나 형이상학만 있는 것이 아니라 경험적 이론체계가 많았음을 인정할 필요가 있습니다. 주자학 역시 자연학의 범주에서 볼 수 있는 것이 많고요. 결국 동양에서도 역시 자연세계를 경험적 관찰을 통하여 파악하려는 자연학 연구가 많았음을 알게 됩니다. 얼마 전 저는 명나라 때 발간된 자연학서인 방이지(方以智)의 『물리소지』(物理小識)를 부분적으로 읽었어요. 자연을 관찰해서 기록한 책입니다. 예를 들어, 비둘기가 눈을 감을 때 눈꺼풀이 사람과는 반대로 아래쪽이 위로 움직인다든지, 물고기가 잠을 잘 때 눈꺼풀과 지느러미 행태가 어떠한지 등, 관찰이 자세하고 흥미로워요. 그것은 단순한 파편적 지식이 아니라 자연을 통괄·관통하는 지식을 찾으려는 데서 파생된 질문들이죠. 저는 동양의 자연학 역시 인간과 사물을 하나로 엮어가는 통찰적 지식의 일환이라고 생각합니다.

태극도설(太極圖說)만 하더라도 단순한 우주론이 아닙니다. 일

> 최/ 격물에서의 '물'(物)과 치지에서의 '지'(知)가 단순히
> 수양의 단계만이 아니라 서양적인 의미의 물(物)과
> 인식론의 지(知)를 포함한다고 말해도 괜찮습니다.

상의 경험과 밀접하게 연관됩니다. '동양에 왜 과학이 없는가' 하는 질문에 대한 답을 저는 '수신제가치국평천하'(修身齊家治國平天下)라는 뜻에서 찾습니다. 평천하를 이루기 위해서는 치국을 하고, 제가를 위해서는 수신을 하고, 나아가 수신을 하기 위해서는 작은 지식들, 즉 격물(格物)과 치지(致知)까지 있어야 한다는 말이지요. 격물이라는 것은 결국 물(物)의 세계를 끝까지 궁구(窮究)한다는 것 아니겠습니까? 즉 '자연학'이라는 말입니다. 그런데 전통 성리학자들은 격물치지를 자연학의 관점으로 간주하지 않고, 수신제가를 위한 도구로 본 거예요. 제가 볼 때는 격물에서의 물(物)과 치지에서의 지(知)가 단순히 수신제가를 위한 수양의 단계만이 아니라 서양적인 의미의 물(物)과 인식론의 지(知)를 포함한다고 말해도 괜찮습니다. 이런 말을 하면 동양철학하는 분들이 비판하겠지만요. 다시 말해서 격물이라는 개념을 처음 대하는 사람은 격물을 마치 서구과학의 탐구대상으로 오해할 수 있으며, 전통 동양학자들은 이런 단어적 오해를 불식시키고 수양론의 관점에서 이해하는 것이 정통이라고 말하겠지만, 저는 자연탐구의 대상으로도 격물을 이해할 수 있다고 생각합니다.

장회익 두 가지 면을 다 포괄하고 있지요. 대생지식 안에 대물

격물치지

誠	而	后	身	修	修
意	正	心	家	身	而
誠	心	正	而 齊	家	齊
意	后	而	物 國	后	而
后	知	至	平 治	國	治
而	至	知	下 天	后	而

익히 잘 알려진 '수신제가치국평천하'라는 말은 사서삼경의 하나인 『대학』의 8조목에 나오는데 치국 앞에 격물(格物), 치지(致知), 성의(誠意), 정심(正心)이 먼저 있다. 송나라 때 주자가 사물의 이치를 깊이 파악하여 궁구(窮究)하면 세밀하면서도 거침없고 훤한 지식에 이른다고 한 말이나 양명학에서 마음을 바로잡아 사물과 내가 만나는 참뜻 속에 비로소 양지(良志)에 이른다고 한 말이나 모두 격물치지를 이해하는 통로이다.

격물치지에서 말하는 '물'(物)이란 서구 물리학에서 말하는 '물'의 개념과 달리 사물은 저기 놓여 있는 대상으로서만 그치는 것이 아니라 나와 만물자연, 그리고 그 사물의 합일적 사태를 파악하는 자세를 말한다. 훗날 양명학에서는 사물(事物)의 '사'를 강조하여 내가 (사)물을 어떻게 대하고 만나는가에 따라 '물'에 대한 선천적 참지식에 이를 수 있다고 했는데, 이것을 격물치지라고 했다.

격물치지를 단순히 사물을 관찰한다는 식으로 해석하여 서구과학의 경험론적 방법론에 직접 비교하는 일이 종종 있으나, 이는 서구중심적인 비유법일 뿐 원래 뜻과는 다르다. 자기성찰의 첫 단추로서 사물을 만나는 깊은 궁리라고 표현해도 좋다.

지식까지 포함시키니까. 동양이라고 대물지식을 도외시할 수는 없지 않겠어요?

최종덕 예. 그래서 중요하다고 봅니다. 그런데 격물이라는 관점이 결국 실증주의와 연관된다고 봅니다. 동양학문을 오로지 수양의 학문이라고만 단정지을 수 없습니다. 이런 입장을 논거하기 위하여 많은 설명과 역사적 이해가 필요합니다. 단적으로 말하면 오해가 있을 수 있다는 것입니다. 그러나 간단히 표현한다면 사람의 운행구조와 사물의 운행구조가 같다는 전제를 수용한다면 격물을 통하여 대인지식과 대물지식이 합쳐지는 논리를 이해할 수 있습니다.

다시 앞의 이야기로 돌아가서, 대인지식은 신화적인 패러다임, 대물지식은 근대의 과학적 패러다임이라고 한다면, 동양에만 있는 것이 대생지식인데, 대생의 생이란 개념이 혹시나 일본식 표현이 아닌가요? 더 적절한 것은 자연이지 않을까요?

장회익 생(生)이란 말은 옛날부터 많이 써왔어요.『주역』도 생생(生生)을 강조했지요. 일본 사람이 만든 개념이라고 볼 수는 없지요. 그리고 자연이라고 하는 것과는 차이가 좀 있겠고.

최종덕 그런데 일반적으로 생의 개념은 생명을 먼저 떠올리게 합니다. 오늘날 우리가 말하는 생명과 자연은 근대에 들어서 새롭게 만들어진 말입니다. 그렇게 따지면 생이란 기(氣)에 가까운 것 같아요. 하지만 기는 생명이냐 무생명이냐, 대인이냐 대물이냐로 나눌 수 있는 게 아닙니다. 그건 서양적 사고구조에서 볼 때 그렇습니다. 동양적인 구조에서는 대인이나 대물이나 모두 생생한 것이니 생명, 무생명으로 나눌 수 없지요. 이렇게 사실 간단해 보이는 언어도 의미를 따져가며 새롭게 해석할 수 있습니다. 제가 격물을 수양론의 단계로만 제한을 두지 않는 이유도 그런 맥락이지요. 자연학적인 관점에서 이런 언어를 새롭게 해석할 수 있어야 할 텐데요. 굳이 서양에 빗대어 동양을 이야기하지 않아도, 동양 정신 속에 이미 그런 생각이 내재되어 있는 겁니다.

장회익 그래서 동양적 사고가 서구에서와는 달리 대생지식에 바탕을 두고 그 안에서 대물지식까지 아우르려 했다는 점을 이해하는 것이 중요합니다. 우리는 지금까지 동양에서 격물치지의 '치지'만을 강조했던 것으로 보는 경향이 있었는데, 사실은 격물도 무척 강조했던 거지요. 또 궁리(窮理)라는 말도 뜬구름 잡는 식이 아니라 사물 자체를 철저히 파고들어 리(理)를 추구해야 한다는 가르침이지요. 이렇게 격물이나 궁리라는 말에서처럼 동양학문이 철저하게 사물을 관찰하고 그 이치를 추구하려 했어요. 그런데도 왜 서구의 물리학이나 생물학 같은 것은 나오지 않았느냐? 이게 바로 이들이 근본적으로 대생지식에 바탕을 두었기 때문이라는 거예요.

그렇다고 해서 동양학이 생(生)이라는 것을 표면에 내세우는 건 아니에요. 그저 암묵적으로만 전제하고 있지요. 그래서 겉으로는 잘 안 보지만 그 내용 속에는 생의 의미가 숨겨져 있습니다. 한의학이 그 한 가지 사례입니다. 잘 아시다시피 한의학에서 강조하는 것은 신체의 부분부분에 해당하는 물질적 요소보다 전체의 생리적 관련과 조화지요. 음양오행을 적용시키는 것도 전 체계의 상호 상관성을 서술하려는 거고요. 신체를 구성하는 물질적 요소들은 부차적이라는 겁니다. 심지어 어떻게 살아야 할 것인가 하는 당위적인 질문과도 연계됩니다.

최종덕 네, 맞습니다. 선생님 말씀처럼 윤리적인 질문에서조차 생의 상관성이 내포되어 있습니다. 서양의 시각에서 윤리적 질문은 당위성의 차원에서 다뤄왔지요. 그러나 동양에서 바라보는 인간의 윤리는 당위가 아니라 자연적인 생의 한 귀결입니다.

장회익 그런데 서구과학은 사실성으로 시작해서 사실성으로 끝납니다. 당위성이 들어설 자리가 없어요. 하지만 최 선생 말씀처럼 동양에서는 당위성과 사실성이 하나의 체계 속에 연결되고 있지요. 동양이 논리가 부족해서가 아니라 동양의 논리 안에는 삶이라는 것이 암묵적으로 깔려 있기 때문에 나타난 결과예요. 삶다운 삶을 살아야 한다는 대생적 전제가 바탕에 이미 깔려 있는 거죠. 이 점을 주목할 필요가 있어요.

최종덕 결국 당위와 사실이 서로 만나고 연속적이라는 점이 동양적 사유구조의 주요한 특징이라고 봅니다.

장회익 동양에서는 학문을 한다고 하면 선비를 떠올리지만, 서양에서는 프랑켄슈타인을 연상할 수도 있지요.(웃음)

반면 동양학문이 갖는 한계라면, 물질세계의 질서를 물질세계만의 논리로 파악하는 체계를 마련하기 어려웠다는 겁니다. 재미있는 사실인데, 19세기 서구과학을 본격적으로 접했던 혜강 최한기 선생의 글에 서구과학에는 사실만 있고 이론이 없다는 이야기가 나옵니다. 이분들의 눈에는 서구의 과학이론은 이론으로 보이지가 않는 겁니다. 모든 것이 대생개념의 틀에서 설명되어야 하는데 그렇지가 않다는 거지요. 이런 지식은 사실을 아는 데는 유용할지 모르지만 합리적인 바탕이 없다는 겁니다.

동서의 차이와 다양성

최종덕 이제 우리의 논의를 더 전개하여 이런 차이가 문명의 경색으로 고착될지 아니면 문화적 다양성으로 승화시켜갈 통로가 될 수 있을지를 살펴보도록 하겠습니다. 개념틀의 차이가 동서 존재론 사이의 원천적인 차이인지 아니면 문화적인 관습의 차이인지도 질문해야 되고요.

장회익 조선의 대표적 실학자로 꼽히는 다산 정약용은 서구과학을 받아들이면서도 오히려 그 바탕을 『주역』에서 찾으려 하고 있어요. 『주역』이야말로 동양적인 대생지식의 대표적 경전이라 할 만한 것이거든요. 합리적 이론체계의 전형이라 할 만한 서양의 고전역학을 처음으로 접하면서 오히려 그 안에서 이론을 찾을 수 없었던 이유가 사물을 바라보는 사유의 바탕을 근본적으로 달리하고 있었기 때문이지요. 이 점이 바로 동양과 서양 간의 학문적 차이를 이해하는 데 놓쳐서는 안 될 핵심 사안입니다.

최종덕 경험학자인 다산이나 혜강은 서구학문을 받아들였지만, 서구학문의 사상적 배후인 플라톤 철학까지는 알지 못했기 때문에 그런 단정이 나왔겠지요.

장회익 서구과학이 과연 플라톤적인지, 아니면 오랫동안 형이상학과 싸우며 이를 걷어냈기 때문에 얻어진 결과인지는 관점에 따라 다른 주장을 할 수 있겠지요. 어쨌든 그 문제는 별개로 하고, 적어도 과학에는 합법칙성이라는 게 있어요. 합법칙성은 리(理) 곧 법칙적 질서를 통해 사실과 사실을 연계할 수 있다는 게 기본입니다. 이것이 별도의 형이상학에 바탕을 두지 않는 독자적 체계를 형성하고 있지요. 이것이 서구과학의 리인데, 이들의 눈에는 그게 안 보였던 거죠. 동양 성리학이 그렇게 리를 강조하면서도 서구학문 속의 리는 리로 보이지 않은 거예요. 아이러니예요. 성리학적 사유를 하는 동양학자가 뉴턴의 고전역학을 과연 서적만 읽어 이해할 수 있었을까? 내 생각엔, 아마 불가능했을 거예요. 그렇다면 어떻게 서구과학이 동양에 전파되었는지 궁금할 것입니다. 서구과학을 아는 선교사들이 들어와서 학교를 세우고 새로운 세대에게 전혀 새로운 방식으로 물리를 가르치면서 시작되었겠지요. 동양학문에 정통한 학자들이 책만 읽어 이해해내지는 못했을 거예요.

최종덕 그러한 과거의 문제들이 오늘날에는 아무 문제도 아닐까요? 오늘날의 역사는 과거와 다른 상황이지만, 저는 문제는 여전하다고 생각합니다. 현대 문명위기와 관련하여 툭하면 뉴턴 고전역학과 데카르트의 이원론이 어떻다는 둥, 서구의 기계론과 결정론이 어떻다는 둥 비판하고 있지만 과연 우리들이 서구의 기계론과 고전역학의 세계관을 제대로 이해하고 비난하는 것인지, 데카르트의 자연학을 읽어보고나 하는 비난인지 의심이 듭니다.

장회익 맞아요. 오늘날 고전역학은 문명위기의 주범으로 몰려 주된 공격 대상의 하나가 되었지요. 뉴턴과 데카르트 등을 거론하면서 문제가 있다고들 합니다. 실제로 우리 문화 속에 데카르트적 사고가 녹아들어 있느냐 하면 그건 또 아닙니다. 그저 그들 사고의 외형만 보고 '기계적'이라고 배격하는 거지요. 고등학교와 대학에서 물리를 공부하고 물리학 박사가 된 사람도 많지만, 우리 사고와 문화 속에 물리학을 끌어들이고 있느냐? 물리는 물리대로 알고, 문화적 관념은 문화적 관념대로 따로 노는 일이 많아요.

최종덕 당위와 사실을 말씀하셨는데요. 자연학적 관점에서 보면 당위는 전통적 규범 같은 것일 텐데요. 사회적인 약속이나 역사적 규범조차도 자연적 경험으로부터 생기거나 그것과 연관된다는 것이 저의 일관된 생각입니다. 저는 그것을 '동양적 자연주의'라고 부릅니다. 동양적이라는 말을 수식어로 붙인 이유는 서구의 자연주의는 과학적 자연주의로 통상 이해되고 있기 때문입니다. 제가 말하는 자연주의의 예를 들자면 유클리드의 공리가 단순하게 인위적인 약속이 아니라, 당시 지역적 특수성과 연관되어 그런 공리가 자연발생적으로 탄생했다는 의미를 담고 있습니다. 나아가 윤리적 당위 역시 원시적 인간관계 중에서 가장 적합한 자연적 관계모델이 현재의 윤리모델로 진화했다는 가설 역시 동양적 자연주의를 설명하는 한 가지 표현입니다.

장회익 동양적 자연주의라는 말이 흥미롭네요. 무어(G. E. Moore)가 말하는 '자연주의적 오류'(naturalistic fallacy)에 빠지지 않는 자연주의란 말이지요?

최종덕 그렇게 오류로서 비판받는 자연주의는 오로지 사실 세계로만 구성된 자연이며 가치의 세계와 단절된 자연을 의미합니다. 그러나 제가 말하는 자연주의는 진화의 역사를 통하여 가치의 근원이 사실 세계에 있다는 점을 강조하며 또한 사실과 가치는 연속적임을 말하고 있습니다. 다시 말해서 저의 자연주의는 물리적 자연주의를 넘어서 진화생물학적 자연주의입니다. 당위와 사실의 논증은 윤리학을 떠올리게 하는 논제 중의 하나이지요. 서양 윤리학은 당위를 기초로 하여 설정되었다고 말들 합니다. 반면 과학은 사실을 기초로 하여 구축되었다고 말합니다. 그런데 서구 윤리학이나 과학 모두는 그것이 추구하는 진리 세계의 존재 근거가 항상 밖의 세계에 있지요. 그러니 그 대상에 대하여 현미경이나 망원경을 통하여 밖의 세계에서 존재의 근거를 찾으면 되었던 것이지요. 그것이 서양 과학의 시각에서 본 격물치지의 방법론적 기초일 것입니다. 동양에서 바라보는 존재는 사물이건 사람이건 보는 자와 보이는 자가 하나의 구조 안으로 통합되기 때문에 경험적으로 외부 세계를 관찰할 대상과 관찰하는 주체가 연관성을 갖습니다. 그 때문에 동양이 바라보는 물(物)과 서양이 바라보는 물(物)은 역사가 지남에 따라 다르게 표현된 것이라고 생각합니다. 물론 이런 논증은 격물치지에 대한 자연주의적 해석과는 차이가 나지만요.

장회익 존재의 근거가 서구에서는 밖에 있고, 동양에서는 자신 안에 있다는 얘기가 다소 어려운데 역시 나는 내 사고의 바탕 위에서밖에 이해하지 못하겠네요. 대충 이렇게 파악해도 될까요. 서구의 사고가 대인지식과 대물지식에 바탕을 두고 있는데, 이들은 나를 기준으로 하면 내 밖에 있는 존재들입니다. 서구의 지배적 신관인 인격신 개념도 신격으로까지 승화된 대인적 관심사에서 온 것이라 할 수 있지요. 이렇게 볼 때 신에 의한 창조로 보든 우주 내

최 인성을 자아의 본성으로, 물성을 객관적 대상의 세계로
배치하는 해석은 동양의 껍질을 뒤집어 쓴 서양철학일 뿐입니다.
인성이건 물성이건 본체의 근거가 자기 내부에 있다는 점이 중요합니다.

의 법칙적 질서로 보든 모든 존재의 설명근거가 자기 밖에 있는 그 무엇과 관련된다고 볼 수 있겠군요. 여기에 비해 대생지식에 바탕을 두고 있는 동양적 사고는 일단 내 삶과의 관련 아래서 보기 때문에 보는 자와 보이는 자의 구분이 소멸되고, 따라서 이 모든 존재의 설명근거가 나를 떠나 따로 있기가 어렵다는 이야기 아닌가요? 이 점 동양적 사고와 관련해서 좀더 설명해주시겠어요.

최종덕 대인지식, 대물지식과 관련해 성리학의 주요 논쟁 가운데 인성과 물성이 같은지 혹은 다른지에 대한 '인물성동이'(人物性同異)의 논쟁점을 생각해볼 수 있을 것 같습니다. 그것이 어떤 결론이 나든 인성과 물성은 서양의 대인지식이나 대물지식과는 다르지요. 인물성동이론 중에서 인성과 물성이 다르다는 인물성이론(人物性異論)자의 입장에서조차도 대인지식과 대물지식이 다르다는 의미가 결코 아니라는 것입니다. 한 번 더 말한다면 인성을 자아의 본성으로, 물성을 객관적 대상의 세계로 배치하는 해석은 동양의 껍질을 뒤집어 쓴 서양철학일 뿐입니다. 결국 주자학에서 성리학에 이르는 흐름에서 볼 때, 인성이건 물성이건 관계없이 본성이나 본체의 근거가 자기 내부에 있다는 점이 중요하고, 또한 이 점이 서양의 대인·대물지식의 범주와 다르다는 말입니다.

장회익 맞는 말씀이에요. 이제 이 문제를 현대 생물학, 생태학, 그리고 온생명론의 관점에서 다시 한 번 생각한다면 흥미로울 거예요. 그런데 여전히 존재의 근거라든가 본체의 근거라는 형이상학적 표현이 내게는 낯설게 들립니다. 현대과학은 그런 존재의 근거를 따로 이야기하는 법이 없지요. 어떤 기본적인 존재와 이들 사이의 법칙 관계를 인정하고, 이것들로 인해 이러저러한 현상이 나타나게 된다는 정도입니다. 여기에 덧붙여 이런 것의 존재 이유를 신(神)이다, 아니다 하는 것은 인식적 차원을 넘어서는 것입니다. 이것은 어디까지나 현대과학의 이야기이고, 지금까지 서구의 지배적 사상이 유신론이었으니까, 서구에서는 그런 말을 할 수도 있겠지요. 그런데 '존재의 이유가 내부에 있다'라는 것을 동양 사유의 특징이라고 하셨는데, 동양 사람이 과연 존재의 이유를 따져서 있다, 아니다라고 이야기하고 있을까요?

최종덕 그것은 서양적 의미의 신의 존재가 동양에도 있느냐와 같은 질문이라고 생각해볼 수 있겠는데요. '왜 동양에는 과학이 없었느냐'는 질문과 '왜 동양에는 기독교적 신이 존재하지 않느냐' 하는 것은 같은 방식의 질문일 수 있어요. 존재 이유가 안에 있느냐 밖에 있느냐를 말하는 것이니까요.

장회익 네, 그러니까 이러한 논의는 자칫 서구사상의 잣대로 동양사상을 재단하는 데에 사용하는 위험성을 가져올 수도 있지요. 과학사나 과학사상사의 측면에서 보자면 대인지식(신의 존재 포함)과 대물지식이 나누어지는 과정에서 이러한 논의가 한때 성행했지요.

최종덕 우선 뉴턴의 저작만 놓고 보더라도 그 안에 신의 존재를 염두에 둔 내용이 많은 것을 알 수 있습니다. 물론 신에 관한 직접적인 기술은 적지만 신의 존재를 염두에 둔 운동현상의 기술방식과 신의 존재를 무시한 운동현상의 기술은 많은 차이를 가져다주는 것으로 생각합니다. 운동현상을 기술하는 과학은 끊임없이 형이상학적인 것을 떨쳐내려는 귀납적인 작업이 중심이지만, 연역적 이론장치 역시 중요한 역할을 하고 있음을 알게 됩니다. 당시의 연역 장치는 물리적 운동 배후에 신의 존재를 상정하는 것이 상례였지요. 물론 뉴턴의 저작에서 연역체계가 왜 그렇게 장치되었는가에 대한 이유는 문제 삼지 않습니다. 철학이 아니라 과학이기 때문입니다. 과학은 '이유'(why)를 따지는 것이 아니라 '어떻게'(how)를 따진다는 점이 기본적으로 인정되지요. 뉴턴역학과 관련하여 지금 제가 존재의 이유를 말한다면, 그 내용은 뉴턴역학의 결정론적 방정식이 가능하게 되는 세계의 구조를 의미할 뿐입니다.

장회익 여기에 현대과학과 형이상학의 차이가 보이는군요. 자연의 합법칙적 질서가 가능하게 되는 '세계의 구조'를 바탕에 놓아야 한다고 보는 것이 형이상학이고 그 합법칙적 질서를 최종적인 것으로 보는 것이 현대과학의 입장입니다. 그런데 뉴턴역학에서 보다시피 초기 과학자들은 이러한 바탕을 소중하게 여기고 거의 예외없이 그 자리에 대신 신을 모셔다 놓지요. 나는 그것이 바로 대인지식의 그림자라고 봐요. 모든 현상은 '인간과 같은 어떤 존재'가 관장해야 한다고 생각하는 것이지요. 그 최상의 존재가 인격적 신이고요. 그게 서양의 입장이고, 일찍이 대생개념으로 전환해버린 동양의 입장에서는 인격적인 존재를 외부에 설정할 필요가 없어요. 삶 자체죠. 표현법은 다르지만, 최 교수께서 '내부에 있다'는 것으로 해석하셨고요.

최종덕 아인슈타인이 양자역학을 부정하면서 한 유명한 말이 있습니다. "신은 주사위 놀이를 하지 않는다"(God does not play dice). 이 말 가운데 주사위가 상징하는 것은 우연을 의미하며, 신이 상징하는 것은 필연의 세계입니다. 아인슈타인의 탐구방식은 분명 실험적이고 경험적이지만, 그 이면의 세계관은 필연적인 세계를 전제하고 있는 셈이에요. 굳이 형이상학이 아니더라도 아인슈타인의 마음에는 과학자 이전에 '서양인의 신'이라고 하는 개념이 자리하고 있는 것이 아니겠습니까? 독실한 기독교인까지는 아니더라도. 저는 신의 의미를 과학에서는 결정론적 방정식을 가능하게 하는 법칙의 주재자라는 표현으로 국한하는 것입니다.

장회익 아인슈타인의 신(神)은 인격신 개념에서는 멀리 벗어났지요. 그의 신 개념은 오히려 성리학의 리(理) 개념과 흡사한 측면이 많아요. 동양 성리학의 표현대로 하자면 주사위를 던질 '리'(理)가 없다는 거겠죠.

최종덕 던질 리(理)가 없다고요?(웃음)

저 역시 과학에서 신을 말할 경우 인격성을 전적으로 배제하고 말한 것입니다.

장회익 그렇다고 동양 성리학자들이 아인슈타인의 상대성이론을 쉽게 이해하리라는 것은 아니고요. 50년대에 노벨 물리학상을 받은 중국의 양전닝(楊振寧, C. N. Yang)이라는 물리학자가 있어요. 아마 지금 생존하고 있는 최고의 원로 물리학자 가운데 한 사람일 겁니다. 이분이 서울에 왔을 때 통역을 맡은 적이 있습니다. 그때 중국에서 최초로 고전물리학을 이해한 사람이 누구겠느냐고 물어봤어요. 그랬더니 20세기 이전에는 없다고 하더군요.

이러한 물음에서는 항상 '이해'(理解)라는 말의 의미를 분명히 할 필요가 있어요. 여기서는 주어진 내용이 자기가 지닌 사고의 틀 안에서 안정된 자리를 잡게 될 때 이해라고 말을 해요. '사실' (fact), 즉 '있는 그대로의 것'을 인정한다는 차원만으로는 이해라고 말할 수 없어요. 그런데 동양학자들이 지녔던 사고의 틀이 물리학 이론의 바탕이 되는 골격과 형태가 크게 다른 거예요. 그러니까 이걸 담아내기 위해서는 먼저 동양학자들의 사고의 틀에 큰 변혁이 일어나야 하는데, 이게 쉽지 않다는 거지요. 어쩌면 양전닝이 속으로 사실은 자기가 처음일 거라고 생각했을지도 모르지요.(웃음) 실제 그럴 가능성도 있어요.

최종덕 1860년대에 들어와 최한기는 윌리엄 허셜을 통해 뉴턴의 만유인력 법칙을 알게 되었습니다. 그런데 최한기는 기의 사유 구조로서 서구 물리학적 힘의 개념을 이해했다는 점입니다. 예를 들어 '힘'(force)만 하더라도 보통 복잡한 개념이 아니잖아요. 그것을 '기'라고 번역하면서 자기가 이해한 역학 구조를 설명하려고 하지요. 그런데 정말 재미있는 것은 최한기가 뉴턴역학의 힘 개념을 설명하면서, 20세기 중반에나 정립된 '장'(field) 개념에 가까운 방식으로 힘을 이해했다는 것입니다. 제대로 이해했다기보다

최한기와 서양의 과학

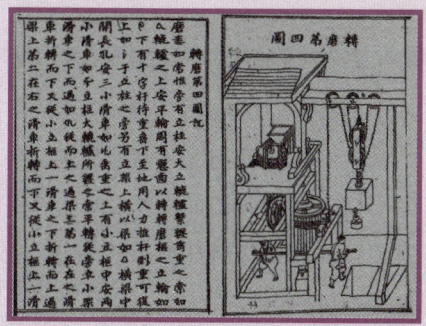

혜강 최한기(崔漢綺, 1803~79)는 조선 말기 실학자이자 과학사상가로 서양의 과학기술을 도입하는 데 적극적이어서, 지동설, 양력, 전기(電氣), 원소 개념 및 서양 의학 등을 국내에 소개하였다. 그가 33세의 젊은 나이(1836년)에 지은 『추측록』(推測錄)과 『신기통』(神氣通)은 한국사를 통틀어 몇 안 되는 경험철학의 명저라고 할 수 있다. 그는 서양과학을 기의 운동과 성질을 탐구하는 통로로서 접근하였으며, 역수학(曆數學: 천문학과 지구과학)·물류학(物類學: 박물학)·기용학(器用學: 과학 일반)으로 분류하여 공부한 관점은 『심기도설』, 『지구전요』, 『신기천험』 등의 많은 저술업적의 동력이 되었다. 소리의 파동운동과 렌즈를 통한 빛의 굴절현상 등에 특별히 관심을 두었기 때문에 후일 물리학의 힘을 설명하려 했던 그의 기 개념 전반은 파동적 양상으로서 현대물리학의 장(field) 개념에 가까워진 우연한 배경이 되기도 한다.

1860년대에 최한기는 윌리엄 허셸의 천문학 저서 『천문학개론』(The Outline of Astronomy)을 한문번역하여 『담천』(談天)을 펴냈는데, 그 과정에서 뉴턴의 만유인력법칙을 접했다. 그리고 이 책을 토대로 1867년에 지은 『성기운화』(星氣運化)에서 천체 운동에 대한 독창적인 이론을 제시했다. 즉 '인간으로부터 우주에까지 일관되게 관철되는 기의 운동'이라는 기철학적 관점에서 모든 것을 설명하려 했다.

는 실제로는 오역과 오해에 해당하지요. 동서양 학문의 교차점에서 항상 이런 번역의 문제가 생깁니다.

장회익 단순히 번역의 문제가 아니라 개념 틀의 문제예요.

최종덕 물론 그렇죠.

장회익 개념의 틀 안에서 용어가 생기는 거니까요. 용어 자체가 따로 의미를 가지는 게 아니라 사고의 틀에서 역할을 지정받고 있는 게 개념이에요. 그 역할은 사고의 틀 안에서 서로 맞물리고 있는 것인데, 이걸 다른 사고의 틀 안에 가져다놓으면 겉보기 표현은 비슷해도 제 기능을 못해요. 그러니까 동양적인 틀을 가지고 서양 과학을 그대로 이해한다는 것은 원천적으로 불가능한 일이에요. 결국 최한기 역시 다산처럼 서구학문에는 리가 없다고 결론을 내리지요. 사실 이치라고 하는 게 바로 거기에 놓여 있는데 말이에요. 말하자면 서구이론의 틀이 무엇인지 파악하지 못한 거예요.

최종덕 다산이 서양과학에 리가 없다고 말한 배경을 말씀하셨잖아요. 그런데 혜강은 귀납적인 방법을 통해서 주관적인 요인을 최대한 배제하고 운동현상의 사실을 받아들여야 한다고 말했어요. 이건 중요한 얘기 같습니다. 형이상학을 배제하고 귀납적인 과학 방법론을 강조한 것이니까요.

장회익 그렇지만 그게 그분들의 한계였어요. 서구과학을 이해할 때 귀납법에 의한 사실들만 모아서 그 사실관계만 본 겁니다. 그건 서구과학의 표피적인 측면밖에 안 되거든요. 고전역학만 하더라도 귀납법만으로는 이해가 안 돼요. 그건 대단한 연역체계입니다. 연역적 사유구조는 그 기반이 무엇이냐 하는 데까지 깊숙이 파고 들어가는 것 아닙니까. 고전역학은 이런 이론체계를 갖추었어요. 다산을 포함한 우리 실학자들은 렌즈를 비추면 빛이 어디에 모이고 어디가 어떻게 뜨거워진다는 것들은 이해를 했지요. 그리고 천체들이 언제 어디에 있게 되리라는 천문학의 예측들도 받아들였어요. 그렇지만 고전역학의 어떤 원리 때문에 그렇게 되는지는 잘 이해하지 못했던 것 같아요. 그러니 서양의 천문학에는 '리'가 없다고 말하는 거지요. 결국 근대과학이 지닌 연역적 체계를 받아들이지 못한 겁니다.

이들뿐 아니라 지금도 많은 이들이 서구과학은 사물의 '팩트'(fact)를 살피는 학문이라고 단정하고 있어요. 과학은 귀납법을 통해 사물을 다루므로 '테크닉'일 뿐 그 안에 깊은 사상은 담겨 있지 않다는 겁니다. 그 안에 어떤 생각이 담겨 있다고 생각하는 사람조차 그 생각이라는 것은 '기계적'이라고 거부하거나 심지어 위험스럽게 생각해요. 나는 고전역학을 기계론이라고 단정짓는 태도가 온당한 것이라 보지 않아요. 고전역학은 기계와 아무 관련도 없는 이론입니다. 고전역학 책에 기계 그림 하나 나오는 거 보셨어요.

고전역학은 이미 뉴턴 당시부터 이른바 기계론을 넘어선 겁니다. 뉴턴 이전의 사고가 기계론이고, 뉴턴의 고전역학은 이미 그걸 깨고 올라선 거예요. 기계는 서로 맞물려서 힘을 전달하는 구조인데, 뉴턴의 역학에서는 힘이 빈 공간을 통해 전달되기도 하지요. 화성이 우리에게 힘을 미친다고 이걸 기계라고 할 수 있나요? 지금도 뉴턴역학을 기계론이라고 하는 이유는 어쩌면 영어의 '미케닉스'(Mechanics)라는 말을 좁게 해석한 데서 온 게 아닌가 해요.

'미케닉스'라는 말에 해당하는 형용사 '미케니컬'(Mechanical)은 '기계에 의한, 기계적인'이라는 뜻과 함께 '역학적인'이라는 뜻이 있어요. 초기 영어 사용자들이 역학을 잘못 이해하여 '기계학'이라 불러온 것인데, 그렇기 때문에 형용사 '미케니컬' 속에는 두 가지 뜻이 담긴 거예요. 예를 들어 18, 19세기 이후의 서구 사상을 '미케니컬 도트'(Mechanical Thought)라고 한다면 이는 이미 뉴턴식 개념인 '역학적인 사고'라고 이해해야 하는데, 여전히 '기계적 사고'라고들 오역하고 있어요. 그나마 다행인 것은 동양권에서 뉴턴의 '미케닉스'(Mechanics)를 '기계학'이라 번역하지 않고 '역학'이라 번역했다는 점입니다. 이것마저 기계학이라 번역했다면 혼란은 더 심했을 거예요.

최종덕 그렇죠. 적절한 설명을 해주셨습니다. 공장의 돌아가는 기계를 상징할 때, 책에서는 항상 톱니바퀴 그림이 나옵니다. 톱니바퀴의 이미지는 수평저울의 이미지와 더불어 그리스 신화에서부터 인간의 합리성을 나타내는 중요한 상징이지요. 그런데 특히 19세기 산업화가 정착되면서 '미케니컬'(기계)이 인간이 개입할 수 없는 어떤 체계를 상징하는 것으로 의미가 바뀌었을 겁니다. '기계'라는 말의 가치절상화라고 할까요.

장회익 보기에 따라서는 가치절상이지만, 지금 우리 지성계에서 기계라는 용어는 다분히 부정적 이미지로 작용하고 있는 것이 현실입니다. 차갑고 무지하고 깊이가 없는. 심오한 과학에 대해 이러한 이미지를 부과하고 있는데, 다분히 거부감을 조장하는 일이라고 봅니다.

초 / 우리가 서구과학을 받아들일 때,
과학 외적인 기술 범주만 보고 과학 내면의
연역 세계는 보지 못한 것 아니겠습니까?

최종덕 그렇다면 '과학'(science)과 '기술'(technology)은 어떻게 다른지 이야기해야 할 것 같습니다. 서구과학은 기본적으로 두 가지가 연계된 개념인데, 우리가 서구과학을 받아들일 때는 이 둘의 한 면만을 생각하는 것 같습니다. 과학의 외적인 기술 범주만 보고 과학 내면의 연역 세계는 보지 못한 것 아니겠습니까? 선생님께서도 말씀하셨듯이 우리가 보통 '너무 기계적이야'라고 말하면 부정적인 의미를 띱니다. 그게 어느 정도 일리는 있지만 제대로 된 이해는 아닐 겁니다.

동서양의 문제만 하더라도 과도한 서구 지향에 대한 반작용으로서 또한 과도한 서구화에 지친 나머지 동양으로 회복하려는 움직임이 생기기도 합니다. 신과학운동이 하나의 사례입니다. 일종의 과거로의 회귀가 아닐까요. 과거라고 해봐야 기껏 백 년 정도일 뿐이거든요. 오히려 이런 과거 회귀가 자가당착과 아전인수에 빠져서 동양을 거꾸로 확대해석하는 경우도 있고요. 나를 크게 추켜세우기 위해 상대방을 비난하는 격입니다. 즉 동양을 확대하여 보기 위하여 서양을 축소해 보는 역과정이 아닐까 염려가 있습니다. 이런 과정에서 뉴턴역학의 '기계적'이라는 표현이나 데카르트의 '이분법적'이라는 표현이 서양과학을 축소하고 비아냥거리는 도구적 이미지로 전락시켰다는 느낌이 듭니다.

장회익 우리 식으로 서양을 보다 보면 어떤 함정에 빠질 수 있어요. 동양의 사유 위에서 서구의 사유를 깊이 들여다보면, 두 사유가 보완·통합되면서 새로운 것이 보일 수 있어요. 지나치게 피해의식을 가지고 동양과 서양을 어떤 대척점에 놓은 것으로만 간주하다보면 그런 새로운 것을 볼 기회를 잃게 되지요.

최종덕 양전닝도 아마 동양인으로서 서구교육을 받았으니 비슷한 갈등이 있었을 겁니다. 양전닝은 미국에 와서 온 힘을 다해 연구한 끝에 노벨상까지 받았지요. 그러다가 중국이 개방되면서, 이미 노인이 된 양전닝을 고국으로 부르게 되지요. 이후 양전닝의 연륜과 중국인이라는 이색적인 성격 때문에 세계적인 특강 순회를 하게 됩니다. 그러면서 그에게는 일종의 민족적 자부심이 부풀려진 것 같아요. 노벨상을 받은 직후, 그는 인터뷰에서 중국적 사유와 중국전통의 세계관이 자신의 물리학적 성과에 미친 영향력을 묻는 질문에 대해 서로 무관하다고 간단하게 대답했습니다.

그런데 개방의 시기와 엇물리는 80년대 후반 이후 그의 태도는 바뀌었습니다. 자신의 물리학 성과의 배후에는 중국 전통의 주역사상이나 음양오행의 철학이 깔려 있다면서 중국사상의 의미를 확대하여 말했던 것입니다. 저는 그런 태도의 변화를 부풀려진 민족적 자부심이라고 표현한 것입니다. 동양과 서양이 만나야 하는 것은 당연하지만 양전닝의 인터뷰에서 보듯 서양 콤플렉스 혹은 과장된 동양의 자부심 때문에 그리고 바로 그런 이유 때문에 동양철학이라는 간판을 과대포장해서는 안 됩니다. 그렇게 해서는 동양을 온전하게 이해할 수 없을 것입니다.

장회익 처음에는 몰랐던 보이지 않는 영향이 있었을 수 있지요. 내가 온생명에 대해 생각하게 된 것에도 비슷한 배경이 있을 겁니다. 꼭 의식적으로 감촉되는 건 아니더라도 무의식 가운데 나타나는 무엇이 있을 수 있지요.

최종덕 물론입니다. 몇 년 전 저는 과학문화연구재단에 연구지원을 신청한 적이 있습니다. 주제는 노벨 과학상 수상자 중에서 동양인을 선택하여 그 사람들의 과학연구 업적에 나타난 동양적 사유의 배경이 무엇인가를 밝혀보려는 것이었습니다. 연구주제를 수행하기 위해 자료를 모으는 과정에서 저는 심각한 회의를 느꼈습니다. 처음 가졌던 선입관이 무너졌기 때문입니다. 동양인 과학자의 연구성과와 그들의 동양 철학적 사유구조 사이의 상관성이 꽤나 있을 거라고 예단한 것이 잘못이었습니다. 실제로는 그 둘 사이의 직접적 상관성을 거의 찾을 수 없었지요. 결국 처음의 연구주제를 포기하고 재단 측에 급하게 주제를 바꾸어달라는 사유서를 제출한 적이 있었어요.

물론 둘 사이의 상관성이 있는 경우도 있기는 했어요. 그 사례는 바로 인도 출신 물리학자 라만 찬드라세커(Raman Chandrasekhara V)였어요. 파장분화로 노벨상을 받은 그가 유일하게 자신의 인도적 사유구조의 배경을 이야기하더군요. 인도의 전통음악은 66음계라고 해요. 음폭을 66개로 나누려면 음감이 아주 예민해야 음차를 느낄 수 있겠지요. 그런 예민한 감각이 물리세계의 파장의 예민성과 관련되어 있다는 겁니다. 그래서 노벨상을 수상

장 크게 보느냐, 작게 보느냐의 문제가 아니라
작은 것을 보면서 큰 것을 보고,
부분을 보면서 전체를 봐야 합니다.

할 정도의 연구성과가 나왔다는 추론입니다. 매우 그럴 듯한데 찬드라세커 박사 외에는 이 정도의 상관성조차 보여주는 객관적인 자료를 거의 찾을 수 없다는 게 문제였습니다. 실은 자료가 없는 것이 아니라 상관성의 사실 자체가 없는 것인지도 모르지요.

장회익 너무 인위적으로 연관을 찾으려 할 필요는 없지 않을까요? 인간이기 때문에 공유하는 사유가 분명히 있을 것이고, 문화적 차이에서 오는 특성 또한 있을 테니까요. 문제는 이러한 것을 바탕으로 서로의 장점과 단점을 어떻게 보완해나갈거냐 하는 겁니다. 흔히 서구는 부분적이고 미시적으로 사물을 보는 데 비해 동양은 거시적으로 사물을 본다고들 합니다. 그런데 둘 다 병행되어야 합니다. 거시적이고 전체적으로 보면서도 부분적으로 물질 하나하나의 구체성을 봐야 해요. 또 미시적으로 볼 때, 거시적인 것이 보이기도 하고요. 크게 보느냐, 작게 보느냐의 문제가 아니라 작은 것을 보면서 큰 것을 보고, 부분을 보면서 전체를 봐야 합니다. 제가 말하는 생명 개념도 이런 시각에서 출발해요. 온생명 사상이라고 해서 거시적이고 전일적이고 통합적으로 보는 동양사상이 아니냐고 많은 사람들이 단정하는데 결코 그런 건 아닙니다.

최종덕 저 역시 그러한 단정적인 생각은 생명사상을 이해하는

데 방해가 되는 주요한 원인이라고 봅니다.

장회익　사실은 크게 보려 해서 크게 본 것이 아니라 관련된 것을 모두 연결하여 하나의 나눌 수 없는 전체까지 이어지다보니까 큰 것이 되어버린 겁니다. 물질 하나하나의 구체성과 생명의 관계를 살피려면 미시적으로 내려가서 봐야 해요. 처음부터 크게 보느냐 작게 보느냐에 따라 답이 나오는 게 아닙니다. 나는 도리어 의식적으로 최소 모습을 생각해요. 통합적 방법과 분석적 방법은 항시 더불어 있어야 해요. 삶이 이루어지고 생명이 기능하기 위해 갖추어야 할 최소의 조건이 온생명이라는 거지요. 동양이냐 서양이냐, 거시적이냐 미시적이냐 하는 것은 단순한 이분법이에요.

예를 들어 불교에서 넓게 보는 시각 역시 결국 삶의 연관성을 살피다보니 그렇게 보게 되는 거지요. 그것을 연기라고도 하고, 화엄이라고도 해요. 그런데 이것이 우주 전체와 연관된다고 하는 것은 하나의 가설이에요. 먼 우주 밖으로 나가 확인해본 것은 아니거든요. 이럴 때 현대 우주론의 눈을 빌리는 일이 도움이 됩니다. 만일 그렇게 본다면 화엄의 세계는 온생명 안에 국한된 것이고, 그 밖의 세계는 천체들이 떠다니는 물리적 세계라는 것을 알게 되지요. 내 생각에는 정당화되지 않는 직관을 바탕으로 진리를 그저 무책임하게 천명만 할 것이 아니라 확인 가능한 시각을 빌려 진리를 다듬어 나가는 일이 더 소중하고 솔직한 태도가 아닐까 생각해요. 어쨌든 양쪽의 시각, 거시적 관점과 미시적 관점을 함께 해야 합니다.

최종덕　동양과 서양을 어느 한 면만 가지고 상대적으로 규정하는 건 위험합니다. 동서양을 이야기하는 궁극적인 이유는 삶의 편협을 극복할 수 있는 계기를 만들기 위해서입니다. 비슷한 얘기지만, 동양과 서양을 전통과 근대로 너무 쉽게 대치시켜버리는 지식인의 못된 습관들이 있는데, 여기에는 많은 오류가 있어요.

저는 20대 때 서양 논리학에 심취한 적이 있습니다. 그래서 동양의 논리학은 없을까 하고 궁금해하다가 선진시대(先秦時代)의 명가(名家)를 접하게 됐어요. '말은 말이고 흰말은 말이 아니다' 등의 이야기가 있잖아요. 명가의 시작부터 상당한 수준으로 논리적 전개가 펼쳐지더군요. 동양에도 대단한 논리학이 있었구나, 하고 감탄했지요. 그런데 그 안에 등장하는 혜시(慧施)라는 인물을 다시 보면서 저의 생각이 얼마나 짧았는지 느꼈어요. 혜시는 서구적인 절차적 논리의 문제가 아니라 삶의 견지에서 '백마비마론'(白馬非馬論: 흰 말은 말이 아니다)이 나온다는 겁니다. 그래서 또 서양의 논리학과 선진시대의 명가를 단순히 대응시키는 것도 좁은 생각이라는 걸 깨달았습니다. 동서간에 외형적으로 비슷한 게 많지만, 내면으로 들어가보면 출발 자체가 다르기 때문에 다른 차원에서 고찰해야지요. 양자를 비교·판단하려는 태도야 문제될 것이 없으나 아무래도 한쪽의 입장에서만 보려는 태도는 고쳐져야 한다는 생각을 하게 되었어요.

명가를 공부하면서 번역된 자료를 찾아보았는데 한국 학자가 쓴 명가에 관한 논문은 거의 없었어요. 오히려 독일에서 공부할 때 그쪽 대학의 철학과 도서관에서 의외로 많은 분량의 명가 논문을 보았어요. 과연 누가 동양에 대해서 더 공부를 많이 하는가? 어떤 허탈감과 함께 우리 것이 과연 무엇인지에 대해 의구심이 들었어요.

물론 저 역시 명가를 서양의 언어를 통해 더 많이 공부했어요. 우리말로, 더욱이 한문으로 공부하지 않았으니, 나 자신의 문제가 있었던 것은 사실입니다. 분명히 번역에서 오는 어떤 이해의 오차가 있게 마련이거든요. 좀 다른 얘기지만, 동양이 동양을 더 잘 알고, 서양은 동양을 모른다는 생각도 편협한 것일 수 있습니다. 서양에 그 많은 동양 자료가 있는 걸 보면서 느낀 것입니다.

서로를 이해하기

장회익 저는 원래 동양과 서양을 굳이 나눌 필요도 없다고 생각합니다. 그럼에도 불구하고 동서의 차이는 있지요. 그 차이는 오히려 문화의 다양성을 낳는다는 점에서 더 부각되어야 한다고 봐요. 문제는 자기만의 시각, 자기만의 관점, 자기만의 이해관계로서 상대를 재단하는 것인데, 이런 점에서 지난 역사를 직시할 필요가 있어요.

최종덕 저는 서양인들이 노자를 어떻게 보는가에도 관심이 많았습니다. 자료를 조사해보니 명나라 초부터 선교사들을 중심으로 노자에 대한 연구가 시작되었더군요. 18세기 들어 조금씩 늘어나다가 19세기에는 연구 편수가 급격히 많아져요. 그러면서 다시 번역의 문제가 발생하지요. 선생님이 말씀하신, 바로 그 개념틀의 차이가 생기는 겁니다. 최한기가 서구의 자연과학 용어를 어떻게 번역할 것인가를 두고 고민했듯이, 서양인들 역시 노자를 어떻게 번역할 것인가를 두고 끙끙 앓았습니다. 도·기·무위 등의 개념을 어떻게 번역하느냐가 문제였지요. 가령 무위(無爲)를 그대로 '아무것도 안 한다'라고 번역할 수는 없는 노릇입니다. 그들은 당연히 기독교적 배경을 가져서인지 도를 '야훼'라고도 번역한 일부 의도된 오역도 있더군요. 이런 건 의도한 왜곡이라기보다 그들의 정신적 배경에서 나온 어쩔 수 없는 번역이었다는 생각도 듭니다. 결과적으로는 결정적인 왜곡이지만요.

제가 조사한 자료에 의하면 서양학자에 의해 만들어진 노자 영역본만 해도 80종 이상이 됩니다. 실제로는 훨씬 더 많다고 봐야 할 겁니다. 그들 나름대로 상당히 연구한 결과입니다. 과연 우리는 서양에 대해 그만큼 분석하면서 공부하려고 노력했는가? 단순히 그들을 답습하기에만 급급했던 것은 아닌가? 스스로에게 던진 질문에 자신 있게 답변을 할 수 없었어요. 물론 서양이 제국주의의 옷을 입고 새롭게 발견한 동양에 대한 왕성한 호기심 때문에 그런 연구자료가 축적되었다고도 말할 수도 있겠지요.

동서양의 문제는 사회적·역사적 배경에서도 논의되어야 합니다. 앞서 선생님께서는 동서양 문제가 사고의 편협함을 극복하거나 서로 보완하는 계기로 나아가야 한다고 말씀하셨는데요. 동양과 서양이 추돌·충돌의 관계냐 혹은 조화의 관계냐를 규정하는 건 쉽지 않습니다. 여러 차원·각도에서 논의되어야 할 필요가 있어요. 철학적 차원의 우주론적 배경 및 세계관의 측면 외에 사회·역사적 측면에서도 동서양의 문제를 치열하게 논의해야 한다고 봅니다.

장회익 그런 측면의 고려가 당연히 필요하지요. 그에 앞서 서로의 입장·학문·문화를 이해하는 사고의 틀을 마련하는 것이 중요하리라고 봅니다. 결국 많은 문제들이 이러한 이해가 어떻게 이루어지느냐에 따라 달라진다고 봐요. 동양과 서양이 추돌·충돌하느냐 조화를 이루느냐는 서로에 대한 이해가 어떻게 이루어지느냐와 무관하지 않아요. 내가 볼 때는 가장 어려운 것은 서로에 대한 이해가 어떻게 가능하냐는 점이에요. 이 부분에 있어서 서구인들이 동양에 대한 이해를 위해 우리가 동양에 대해 알려는 것 이상으로 적극적인데, 이 점이 벌써 우리를 앞서 나간다는 것을 말해줍니다.

서로간에 오해가 생기는 이유는 이해의 틀을 공유하지 않는 데 있습니다. 각자 이해의 틀을 가지지만 이것만으로는 상대의 것을 제대로 담아낼 수 없다는 사실을 모르고 있어요. 자신의 이해의 틀에 담기는 만큼만 이해하고 그게 전부인 양 자기만족에 빠집니다. 상대방도 자기와 같은 틀에서 생각하리라는 선입관을 가져요. 그러니까 충돌과 분쟁이 일어나는 거지요.

결국 그 둘을 넘어서는 더 큰 틀을 만들어내야 합니다. 사유의 내용이 아니라 사유의 바탕을 들여다보고 이를 개선해내려는 의지가 있어야 해요. 이쪽 사유의 특성은 무엇이고, 저쪽 사유의 특성은 무엇인지를 자기 쪽에서 바라보는 것이 아니라, 둘을 뛰어넘는 메타적 시각에서 바라보는 것이 필요합니다. 양쪽을 공정히 바라볼 수 있는 통합적 바탕을 마련하는 일이 필요하지요. 여기에는 의식적인 노력이 있어야 해요.

최종덕 그 말씀은 자아와 타자 사이의 상관성에 유비되는 것 같습니다. 자아가 타자를, 내가 너를 바라본다는 것은 원천적으로 나의 관념틀 안에서 너를 바라보게 되는 한계가 있지 않는가라는 의문입니다.

이런 한계를 넘어서는 상위의 틀이 있는지, 혹 과학에서는 그런 문제에 부딪치는 일이 없는지 이야기를 좀더 해주시지요.

장회익 성격은 좀 다르지만, 사실 물리학에서는 그런 문제를 체계적으로 다루는 이론이 있습니다. 좌표변환이라는 겁니다. 나와 너는 서로 다른 관측자이지만 내가 보는 내용과 네가 보는 내용이 어떻게 연관되는 것인가를 알 필요가 있거든요. 여기서 나와 너는 각각 다른 좌표계를 의미하게 되고 이들의 관측 내용을 연관짓는 것이 좌표변환이에요. 상대성이론에서 말하는 로렌츠 변환(Lorentz transformation)이라는 것이 바로 4차원 공간에서의 좌표변환을 말하는 거예요. 말하자면 자기 관측 내용뿐 아니라 남의 관측 내용까지도 받아들이려면 이런 변환이론을 제대로 마련해야 합니다. 이런 변환이론은 그 자체가 물리이론이기보다는 일종의 메타이론입니다.

최종덕 서로 다른 개념틀 사이의 대화를 가능하게 하는 점을 로렌츠 변환에서 찾을 수 있다는 것은 흥미로운 수사법인 것 같아요.

장회익 결국 문화와 문화 사이에서도 마찬가지가 아닐까요. 자기 좌표축에 나타나는 결과만 가지고 판단할 게 아니라 상대방 좌표축에 나타난 결과를 자기 좌표축으로 옮겨올 변환이론, 곧 메타적 좌표축을 마련할 방법을 찾아야지요. 좌표들 사이의 관계에서만 나타나는 것이 아니라, 대립되는 패러다임들을 함께 담아낼 메

로렌츠 변환

로렌츠 변환(Lorentz transformation)은 4차원 시간 공간 좌표에서 시간축을 포함하는 좌표변환을 말한다. 이를 이해하기 위해서는 2차원 평면에서 한 위치의 좌표들이 좌표축의 전환에 따라 어떻게 달라지는가를 살피는 것이 유용하다.

예를 들어 동서 방향을 X축, 남북 방향을 Y축으로 한 좌표계가 있다고 할 때, 동쪽으로 3미터, 북쪽으로 4미터 떨어진 위치의 좌표(x, y)는 x=3, y=4라는 형태로 표현된다. 그러나 만일 X축과 Y축을 각각 30°만큼 회전시켜 얻은 새 좌표축인 X′축과 Y′축을 기준으로 같은 위치를 나타낸다면 새 좌표(x′, y′)는 x′=3cos30°+4sin30°, y′=4cos30°−3sin30°로 표현될 것이다. 좌표 값들 사이의 이러한 관계를 좌표변환이라 한다.

로렌츠 변환은 공간축 X와 시간축 T로 이루어진 좌표계를 기준으로 한 좌표(t, x)와 이 축에 대해 일정한 각도를 회전시킨 새 좌표계를 기준으로 한 좌표(t′, x′) 사이의 관계가 된다. 이것은 하나의 사건을 하나의 정지된 기준계와 이에 대해 일정한 속도로 움직이는 기준계에서 본 시간 공간 변수들 사이의 관계에 해당한다. 이 경우 움직이는 기준계의 시간변수 t′는 정지된 기준계에서의 값 t뿐 아니라 공간변수의 값 x에 의해서도 달라짐을 알게 된다. 이 결과는 시간이 독자적으로 흐른다는 기존의 관점과 대조를 이룬다.

장 자기 좌표축에 나타나는 결과만 가지고 판단할 게 아니라 상대방 좌표축에 나타난 결과를 자기 좌표축으로 옮겨올 변환이론, 곧 메타적 좌표축을 마련해야 해요.

타적 패러다임을 미리 마련하는 일과도 비교할 수 있지요. 예컨대 고전역학과 양자역학을 하나의 틀에서 파악할 메타 동역학을 마련하는 것인데, 문화와 문화 사이에도 이런 것은 얼마든지 생각할 수 있다고 봅니다.

최종덕 선생님의 생각에 저도 동감합니다. 그런데 이제는 이론 내부적인 문제를 벗어나 사회환경적 요인을 고려하여 이야기를 더 해보겠습니다. 다시 말해 힘의 권력관계가 지배하는 현대사회에서는 평등한 대화라는 것이 비현실적으로 느껴질 때가 많습니다. 예를 들어 대화가 될 사람은 원래부터 생각이 같은 부분이 있기 때문에 되지만, 대화가 안 될 사람은 영원히 안 된다는 거지요. 대화를 힘주어 외치지만 보완이나 대등관계가 아니라 대부분 종속이나 포섭 관계가 됩니다. 서구과학과 전통 사상의 대화도 그렇고, 일선 과학자들과 인문학자들의 대화도 그렇습니다. 주도권이 아니라 상호타협적인 쌍방 협동은 결국 불가능한 것일까요? 당위적으로는 조화, 상호이해를 얘기하지만 현실생활과 정치에서는 불평등 관계가 더 많아 보입니다. 얘기가 좀 벗어났지만, 상호 공감대와 평등대화의 필요성과 당위성이 분명해도 그것의 실현은 쉽지 않다는 것을 말하고 싶었어요.

장회익 여기서 한 가지 전제할 것은 힘을 행사하는 사람도 그 바탕에는 사고를 깔고 있다는 점입니다. 그러니까 좀더 깊은 사고를 촉구할 수밖에 없어요. 이것은 물리학에서도 쉬운 일은 아니에요. 그래서 쿤이 말하는 패러다임의 대립이라는 것이 지속되는 것입니다. 역사의 어느 한 시점에서 보자면 패러다임과 패러다임 사이를 합리적으로 연결할 방법은 없고, 따라서 패러다임들은 서로 세를 과시하다가 어느 한 패러다임이 월등하게 우세해지면 이른바 과학혁명, 곧 '패러다임의 전환'이 이루어진다는 거예요. 이때 개별 과학자들은 두 패러다임을 모두 수용하는 것이 아니라 어느 한쪽을 고수하며 마치 개종(改宗)하듯이 다른 쪽으로 건너뛰기도 한다는 것입니다. 그러나 이것은 어느 한쪽 측면만 본 것입니다. 자연에 대한 이해가 깊어짐에 따라 이 모두를 하나의 틀 속에서 이해하는 사람들이 나오게 됩니다. 특히 물리학에서 많은 성공사례를 보여주고 있다는 점이 매우 고무적입니다. 사람의 지능은 결국 이 어려운 일도 해낸다는 걸 말해주는 것이지요. 거듭 말하지만 쉽지는 않아요. 다른 과학탐구 작업과는 달리 여기에는 일정한 주어진 방법도 없어요. 부단히 시도하다가 어느 순간 문득 이런 통합이 가능한 새로운 시각이 열리게 되지요.

가능한 일인지 모르겠지만, 이를 위해 물리학을 한번 진지하게 공부해보라고 말하고 싶어요. 물리학에서는 과연 패러다임을 어떻게 뛰어넘을 수 있나를 한번 체험해보라는 거지요. 물리학을 이해하는 것 자체가 또 하나의 문화를 이해하는 거예요. 이게 어렵다는 것은 또 하나의 문화를 이해하는 게 얼마나 어려운가를 말해주는 것입니다. 어려움을 회피해서는 문제를 풀 수 없어요.

최종덕 이상과 현실이 다르다는 것은 익히 알고 있고, 순수한 이상주의자도 아니고 이기적 현실주의자도 될 수 없지만, 동시에 그 둘을 이중적으로 갖게 된다는 점이 나 자신을 더욱 비관적이게 하는 것 같습니다.

장회익 이 문제가 비관적이라 하셨는데, 그 점에서 같은 생각이에요. 이것이 어려운 문제일 뿐 아니라 중요성 자체도 인식하지 못해요. 지금 세계가 얼마나 위험합니까? 다 서로를 이해하지 못하기 때문에 온 것 아닌가요? 우리 가운데는 문명의 바른 방향을 말해줄 지혜로운 사람들도 많아요. 그런데 사람들은 그런 것을 자기 것으로 받아들이려 하지 않지요. 현재 자기에게 이해가 안 되기 때문이지요. 이해를 넓힐 수 있는 바탕이 부족하다는 것조차 모르고 있거든요.

최종덕 이제는 비관이냐 낙관이냐의 문제가 아니라 상호이해의 바탕을 넓히기 위해서 무엇을 해야 하느냐가 중요합니다.

장회익 그러려면 먼저 현실을 직시해야 합니다. 20세기는 서구문명이 일방적으로 세계 문명을 지배하다시피했어요. 학문적으로 보면 지식체계가 분화되고 전문화되면서 많은 것을 얻었지요. 정교한 다량의 지식을 얻었지만, 그것을 통합해서 어떻게 살아야 하느냐, 문명이 어떻게 가야 하느냐는 문제에서는 방향감각조차 상실했어요. 정교한 다량의 지식을 얻게 된 세대가 우리 세대라면, 다음 세대는 이 중요한 요소들을 통합하고 서로를 이해할 수 있는 시각의 틀을 넓히는 일을 해야 합니다. 그런 점에서 과학과 인문학은 반드시 만나야 해요.

동서간, 학제간 통합의 가능성

최종덕 과학과 인문학의 만남 얘기가 다시 나와서 말인데, 이미 허상으로 드러난 황우석 교수의 생명복제기술 문제를 봐요. 황우석 사태가 거짓으로 드러난 지가 꽤 오래 지났는데도 여전히 그 허상의 그림자가 걷혀지지 않았습니다. 그 사건 이후에도 늑대복제의 욕심이 재현되는 것을 보았기 때문입니다. 생명복제를 반대하는 입장에서는 인간의 존엄성을 해친다, 인간이 감당해서는 안 되는 부분까지 시도함으로써 신의 권위를 떨어뜨린다고 합니다. 찬성하는 쪽은 과학연구의 자유가 보장되어야 난치병 등 현실적인 문제를 해결할 수 있다고 합니다. 찬성 대 반대는 얼른 보기에 과학자 대 인문학자 진영으로 양분되지요. 그러나 생명복제기술과 관련하여 심각한 문제는 다른 데 있다고 봅니다.

장회익 저 개인적으로도 생명윤리 논의에 대해 관여한 적이 있는데 찬성이냐 반대냐 하는 식으로만 구분되어 있어요. 이렇게 하다보면 과학자집단이 새로운 유형의 권력집단으로 왜곡될 수 있어요. 우리는 과학도 발전시켜야 하지만, 과학권력을 최대한 방지하는 노력도 해야 합니다.

최종덕 복제기술을 찬성하느냐 반대하느냐의 문제 이전에 그런 논의 자체가 일방적으로 흘러가는 것이 더 위협적이라고 봅니다. 사람들의 희망이 그대로 과학의 성과로 나타나야 한다는 집단의지가 마치 과학의 실제라도 되듯이 착각하는 게 문제입니다. 저는 이런 현상이 '과학의 희망'과 '환상의 과학'을 구분하지 못한 데서 기인한 것으로 판단합니다. 과학의 희망이란 과학 성과가 인류에게 희망으로 이어질 수 있다는 것이며, 환상의 과학이란 사람들의 UFO같이 대중의 기대감이 곧 과학의 성과로 이어질 것이라는 환상을 말합니다. 과학은 인류에게 희망일 수 있으나, 대중의 기대가 곧 과학으로 되는 것은 아닙니다. 혹시 그런 것이 과학으로 치장하고 나타나더라도 오래가지 않아 하나의 사회적 도그마로 밝혀지게 될 것입니다.

이런 일이 역사상 심심치 않게 나타나곤 했지요. '평화적인 핵 이용의 기준은 나만이 만들 수 있다', '이러한 생명복제기술은 인류 의료복지에 신기원을 마련할 것이다', 또는 '실리콘밸리가 미래경제의 주춧돌이 될 것이다'라고 강조하여 희망을 말하는 순간 그것은 과학의 희망에서 어느 새 환상의 과학으로 변신한다는 점입니다. 환상의 과학은 필연적으로 과학권력을 낳습니다. 이는 인류에게 위협적인 상황까지 초래할 수 있다고 봐요. 연금술과 프톨레마이오스의 천동설, 생물학적 우생학과 히로시마의 원폭, 과학으로 포장한 교회의 창조론이나 구소련 뤼셍코의 획득형질이론 등 인간이성의 역사 속에 오도된 환상의 과학들은 헤아릴 수 없이 많으니까요.

장회익 과학의 결과를 겸허하게 수용하고 거기에 맞추어 진로를 결정하는 게 아니라, 욕구에 맞추어 과학을 이끌어가려 한다는 거지요.

최종덕 이런 환상의 과학들은 어떤 공통점을 가지고 있는 것 같아요. 우선 교조적입니다. 원대한 꿈과 희망이 과학의 내용을 오도하는 경우가 많아요. 또한 거대한 인간복지 또는 윤리적 책무라는 구실로 과학의 본질을 포장해버리지요. 과학과 사회의 접합성은 이미 당연한 이야기가 되었지만, 대중적 기대감을 무책임하게 과학적 현실로 의도적으로 대체하는 '기획된 과학'의 기만이 발생하는 것이 문제입니다.

결국 기만적 사태로 끝나버린 한때의 원천기술 논란은 인류가 갈망하는 의료복지 구현이라는 거대담론의 기류를 타게 되어 내용과 관계없이 과학권력과 기술독재의 길로 치닫게 되는 것입니다. 의료복지를 구현한다는데 누구도 선뜻 반대를 못하는 상황을 악용했던 것이지요. 혹시나 반대하는 사람이 있다 해도 '발목 잡지 말라'는 단 한마디에 움칠하는 것이 현실이에요. 기술독재의 병리적 증상이 나타난 것입니다. 황우석 사태는 한때의 미망으로 과거가 되었지만, 없어진 것이 아니라 현재에도 여전히 우리들 마음속에 도사리고 있는 문제입니다. 항상 오류의 증상을 재차 확인해야 합니다. 그래서 저는 오늘날 '과학의 희망'을 찾아가는 일이 중요하다고 여깁니다. 기술지배에 의한 왜곡된 과학 진보와 획일적인 기술평가의 보수화로 점철되어가는 '환상의 과학'을 지속적으로 경계하면서요.

장회익 '과학의 희망'이라면 과학에 희망을 건다는 이야기입니다. 그렇다면 과학이 우선 제자리를 잡아야 해요. 나는 '눈으로의 과학'과 '힘으로의 과학'을 말한 일이 있어요. 과학이라는 것은

초/ 황우석 사태는 한때의 미망으로 과거가 되었지만, 없어진 것이 아니라 현재에도 여전히 우리들 마음속에 도사리고 있는 문제입니다.

본래 사실을 제대로 알자, 제대로 보자는 것이었거든요. 제대로 '눈'을 뜨니까 이용할 길이 보이고 거기서 '힘'이 생기는 거지요. 그런데 우리는 지금 '눈'은 별로 반갑지 않고 '힘'만 가지고 싶어 합니다. 말하자면 지혜는 추구하지 않고 권력과 명예만 가지려는 거예요.

본다는 것에도 두 가지 방식이 있어요. 하나는 부분부분의 미세한 내용을 파악하는 것이고 다른 하나는 전체를 조망하는 것입니다. 20세기 과학은 미세한 내용을 파악하는 일에는 나름대로 큰 기여를 했어요. 그러나 전체를 조망하는 일에는 비참하게 실패했지요. 이유는 간단합니다. 미세한 내용을 구체적으로 분석하면 실리적인 효용성이 높거든요. 어느 면에서는 현실적인 효용성을 위해 미시적으로 본다는 편이 옳을는지도 모르지요. 전체를 조망해서 뭘 합니까? 전체를 조망하는 일은 과학 전체의 방향, 문명의 향배에 관련한 것을 보자는 건데 결국 비판적인 '쓴소리'가 많아질 수밖에 없어요. 이렇게 쓴소리가 많은 전체적 조망은 아무에게도 환영받지 못하고 뒷전으로 밀려나는 거예요. 거기다가 전체를 조망하는 방식은 분석의 방식보다 몇 배나 더 어렵지요. 한두 가지를 알아서 되는 것이 아니라 바닥까지 꿰뚫어 봐야 하거든요.

'인문학의 위기'라는 것도 이와 비슷한 상황이지요. 인문학 가운데도 감성에 호소할 수 있는 몇몇 장르들은 그나마 나은 편이에요. 대중의 공감을 살 수 있고 거기서 풀뿌리 지원을 받을 수 있지요. 그러나 이성에 호소하는 인문학은 '눈으로의 과학'과 비슷한 처지입니다. 역시 알려면 '머리 아프고' 들어봐야 '쓴소리' 아니겠어요. 그렇다고 하늘이 놀라고 땅이 흔들리는 새로운 이야기가 늘 나오는 것도 아닙니다.

인류문명의 변화 속도가 빠르면 빠를수록 눈을 더 크게 뜨고 더 멀리 내다봐야 합니다. 한밤중에 초롱불을 켜들고 시속 100킬로미터의 자동차를 몰 수는 없는 것 아닙니까? 이제는 과학만으로도 안 되고, 인문학만으로도 안 될 것입니다. 또한 동양적인 것만으로도 안 되고, 서구적인 것만으로도 안 되고, 모든 영역의 지혜를 모아 신빙성 높은 이야기를 내놓아야 해요. 과거에는 초롱불만 들고 길을 나설 수 있었지만, 이제는 전조등을 밝히지 않으면 안 돼요.

물론 각자의 논리를 평면적으로 연결시킨다고 지혜가 모이는 건 아니에요. 각자 자기 사고의 바탕에서 상대방의 생각을 담아낼 그릇이 생길 때 가능합니다. 거듭 말하지만 스스로의 바탕을 더 깊이 더 넓게 파고 내려가야 해요. 그러지 않고는 서로의 공유부분을 찾아낼 수 없어요. 예를 들어 전통사상과 서양과학이 급격히 만나게 된 우리의 역사적 상황은 정연한 체계 속에 정리해낼 기반이 부족했고, 따라서 공유된 문화의 틀을 상실하여 수많은 혼란 속에 우왕좌왕하게 되는 거예요.

최종덕 맞아요. 조각난 문화와 생각들을 아무리 모아봐야 바탕이 구축된 전체가 되는 것은 아니지요. 부분들의 합이 그대로 전체가 되질 않기 때문이지요.

장회익 깨진 조각을 모아놓았다고 유기적인 시스템은 되지 않아요. 연결의 모태가 필요해요. 사고의 조각들만으로는 불가능해요.

최종덕 조각을 연결하는 접착제를 어떻게 마련하느냐는 거죠.

장회익 앞에서 부챗살 얘기를 했습니다만, 부챗살 조각들만 가지고는 연결이 안 되지만 이 묶음 부분인 연결고리에 주목해야 합니다. 우리의 사고 구조 안에도 이러한 부분이 있으리라고 봅니다.

최종덕 부챗살 하나하나는 보이지만, 그것을 묶어주고 있는 고리는 잘 안 보이거든요. 노자 『도덕경』 11장에 바퀴살과 바퀴통의 비유가 선생님의 부챗살 비유와 흡사한 것 같아요. "수레의 서른 개 바퀴살이 하나의 바퀴통으로 모이니 바퀴통 속에 아무것도 없기 때문에 오히려 수레의 쓸모가 있다"(三十輻 共一轂 當其無 有車之用).

부챗살과 수레 바퀴살을 비유하고 부채축과 바퀴통을 비유할 수 있다면 더 멋진 생명의 수사학이 나올 것 같습니다. 바퀴통 자체는 비어 있어 아무것도 아니지만, 아무것도 아니기 때문에 전체 바퀴를 유지할 수 있습니다. 마찬가지로 부채축은 개별 부챗살처럼 바람을 일으키는 일에는 기여하지 않지만 그것을 하나로 연결해주는 부채축이 있기 때문에 개별 부챗살이 비로소 부채 구실을 하게 됩니다.

장회익 아마 다른 사람들도 그런 생각을 해보았을 겁니다. 나는 가끔 물리학을 배우는 것이 송아지 키우는 것과 같다는 이야기를 합니다. 사람들은 흔히 물리학의 부분 개념들 하나하나를 배우고 나서 이를 연결하여 물리학 전체를 이해한다고 생각하는데, 이건 틀린 생각입니다. 우선 살아 움직이는 물리학이 무엇인가를 알고, 이것이 그 엄청난 전체 물리학 체계로 어떻게 연결되는가를 알아야 합니다. 말하자면 물리학 학습도 모든 부품들을 마련해놓고 조립해가는 자동차 제작과정이 아니라 작은 송아지를 우선 낳아놓고 키워나가는 과정이라는 거지요.

문명의 통합도 그렇습니다. 그런 면에서 제가 말하는 생명사상도 하나의 대안이 될 수 있을 거예요. 사물의 전체를 이해하기 위해 부챗살 연결고리 같은 것이 필요하듯이 말입니다. 또는 갓 태어난 송아지라고 해도 좋겠고요.

대인·대물·대생 지식의 차원에서 말해보면, 세상의 모든 존재와 의식들은 기본적으로 물질을 모태로 하여 태어났다고 할 수 있습니다. 사실 35억 년에서 40억 년 전에는 지구상에 대물지식의 대상에 해당하는 것밖에는 존재하지 않았어요. 거기서 생명의 실마리가 생겨나고 삶이라는 것을 이루면서 인간이라는 것까지 빚어지게 되었단 말이지요. 이 전체를 통합적 시각 안에 담아내야 결국 우주와 생명, 그리고 자신을 이해하는 거예요.

이 틀 안에서 지금 내가 어느 위치에 있고, 어떻게 이해되고 있는 존재인가를 생각해보면, 개체와 전체와의 관계를 살필 수 있습니다. 온생명 개념은 말하자면 이런 부챗살들을 연결하는 고리 정도가 되겠는데, 아직은 엉성하게 펴놓은 수준입니다. 제대로 종이를 바르고 이음새들을 매듭하면 부채가 되는 거예요.

덧붙이면, 생명 안에서 물질요소는 어디까지이고, 정신은 어디까지인가를 진지하게 논의할 필요가 있어요. 혹은 이것을 이원론적으로 분리해서 생각할 수 있느냐? 하는 것도 같은 맥락에서 볼 수 있지 않을까요. 데카르트의 이원론에서, 그 이후 수많은 논의가 있었지만 현대과학의 지식을 동원해 이 문제를 조명해봤을 때, 어떻게 파악되겠느냐는 논의는 이제 시작 단계에 불과합니다.

최종덕 생명에 있어서 개체와 전체, 부분과 전체의 관계를 어느 정도 이야기한 것 같습니다. 생명의 전일성이란 결국 생명이해의 핵심인 듯합니다. 생명의 전일성이란 형이상학적이고 신비한 생명의 의미보다는 구체적인 생명현상을 이해하는 길이라고 생각합니다. 그런데 현실적인 생명의 현장에서, 예를 들어 기아·전쟁·에이즈에 시달리는 현재 아프리카 사람들의 개체생명을 어떻게 받아들여야 하는지를 짚고 넘어가야 한다고 봅니다. 그래야만 마치 형이상학으로 보일 수 있는 생명의 전일성이 구체적으로 느껴질 수 있거든요. 선생님의 온생명 사상 역시 구체적인 삶의 문제를 대전제로 시작된 거라고 하셨듯이 말입니다. 우리는 구체적인 인간 현실에 무관심할 수 없지요.

장회익 그렇습니다. 구체적인 현실문제와 연결되어야지요. 그런데 과연 이런 큰 그림들과 연결되겠느냐 하는 데는 회의적인 시각이 많아요. 많은 사람들이 큰 이론을 포기하고, 포스트모던한 시각에서 오히려 그런 큰 이론을 구축하려는 시도 자체를 어리석게 보는 듯하지만, 나는 그렇게 생각하지 않아요. 현대의 주류 문명은 여전히 근대적 이성과 산업기술을 주축으로 하여 문제를 풀

> **장** 현대의 주류 문명은 여전히 근대적 이성과 산업기술을 주축으로 문제를 풀려고 합니다. 우리는 좀더 통합적인 시각에서 생태계 안에 놓인 인간의 위치를 파악함으로써 삶의 길을 찾아야 합니다.

려고 하지만, 이건 결국 생태적 파국으로 이끌어가고 있어요. 우리는 좀더 통합적인 시각에서 생태계 안에 놓인 인간의 위치를 파악함으로써 삶의 길을 찾아야 하고, 또 그럴 수 있다고 봅니다. 아프리카 문제를 예로 드셨는데, 기본적으로 특정 지역의 특별한 문제가 아니라 인류 전체의 문제로 인식하는 것이 중요합니다. 역사적 지혜와 장기적 비전 그리고 현재 가능한 재원을 연결하여 적절한 대처 방안을 구체적으로 마련하는 것이 우리시대 인류 공동의 근대적 해법일 것입니다. 물론 당장 답을 내놓을 수 있는 건 아니지만 아무리 어렵고 구체적인 사안이라도 기본에 바탕을 두고 전체 맥락에서 생각해야 할 것인데, 그것이 온생명적 사고입니다.

최종덕 그런데 아주 현실적인 문제가 도사리고 있습니다. 순환적 생태계, 생명의 전일성을 받아들일 사람은 받아들였고, 받아들이지 않을 사람은 앞으로도 받아들이지 않는다면요? 다시 말해서 인간의 욕망구조는 끝이 없어 자연의 순환성이나 전일성 같은 개념이 안중에 없는 사람들이 많다는 점입니다.

장회익 "아는 사람은 이미 알고 있고 모르는 사람은 말해줘도 알아듣지 못한다. 그러니 교육은 사람들이 이미 알고 있으면서 잊고 있는 것을 이끌어내야 한다."

이것이 유명한 플라톤의 교육철학이지요. 그런데 절반만 맞는 말이에요. 그런 측면도 있고 그렇지 않은 측면도 있어요. 사람들은 암묵적으로 어떤 생각을 품고 있으면서 그것이 무엇인지 의식하지 못하다가 누가 말해주면 그때야 알아듣는 수가 있어요. 온생명에도 그런 면이 있지요. 그러나 그것만으로는 부족해요. 우리는 전혀 예기치 않은 많은 지식을, 예컨대 과학적 탐구를 통해 새로 얻게 되고 이것이 중요한 구실을 합니다. 이것은 단순히 일깨워서 되는 일이 아니고 진지하게 알아보려고 노력해야 가능해요. 많은 사람들이 여기까지 가지 않습니다. 소수만이라도 이런 노력을 하는 사람들이 나오기를 바랄 뿐이지요.

최종덕 비슷한 이야기입니다만, 가령 어느 교회의 타락에 대해 두 사람이 논쟁을 벌인다고 생각해보지요. 어떤 사람이 목사가 아들에게 교회를 물려줬다는 사실을 강하게 비판한다고 쳐요. 그런데 교회를 옹호하는 사람은 나름대로 합리적인 사람이라 비판하는 사람의 이야기를 무조건 부정하지는 않았습니다. '당신 이야기가 맞다, 그것이 현실이다, 그렇지만 그런 현상으로 한국 교회를 규정할 수 없다'면서 항변했어요. 이야기의 핵심은 현실적 부패와 타락의 문제는 한 개인의 현상적인 문제이고, 기독교의 본질은 아니므로 본질을 회복하면 현상적인 잘못을 고칠 수 있다는 것입니다. 두 사람 대화에서 엿볼 수 있는 것은 현상과 본질을 어떻게 파악하고 있느냐예요. 다시 말해 현실적 측면에서 볼 경우 현상과 본질이 다르다고 주장하는 것은 일종의 이원론적 유토피아일 뿐입니다. 현실은 현상들로 이루어지기 때문에, 결국 현상들의 다발이 곧 본질이 되고 맙니다. 물론 원리적으로는 교회의 현상과 기독교의 본질은 다를 것입니다. 여기서 말하려는 내용의 핵심은 기독교의 본질을 방패 삼아 몇몇 교회의 부도덕한 현상들을 정당화시켜서는 안 된다는 점입니다. 원리의 세계와 달리 현실에서는 현상과 본질이 별개라는 생각은 일종의 이분법적 신화라고 봅니다. 저 역시 현상과 본질이 다르다는 믿음은 현실을 회피하는 도구적 이론에 지나지 않는다고 생각합니다.

동양과 서양에 대한 논의 역시 그렇습니다. 예를 들어 동양의 무위 개념이 철학적으로 훌륭한 도(道)의 본질을 갖는다고 해도 구체적인 역사 속의 현상과 어떤 연관성을 갖느냐를 잘 따져봐야 합니다. 무위나 도의 추상적인 본질론에만 빠지면 현실 속의 현상들을 이해하는 끈들을 더 놓치고 맙니다. 곧 회피한 말잔치에 가깝지 않아요.

장회익 좋은 지적을 해주셨어요. 본질과 현상의 이분법은 상당히 위험해요. 그러나 현실이라고 하는 구체적 내용 하나하나가 독립적으로 따로 있는 건 아니에요. 연결된 뿌리가 있고, 관계가 있고 전체적인 연관성이 있어요. 그러면 그 연관성을 함께 보면서 구체성을 보느냐, 아니면 구체성만 따로 보느냐는 큰 차이가 있지요. 관계가 있다면, 그 나눠지는 지점이 어디고 무엇 때문에 나눠지는가를 파악할 때 비로소 이해와 화해가 가능해요.

현상만 따지면 '나쁘다'와 '좋다'로 모든 것이 갈라집니다. 선악 판단 같은 표피적 대립으로는 문제가 안 풀립니다. 선악에는 그렇게 판단하게 된 나름의 이유가 있어요. 그 이유를 찾아서 무엇 때문에 이렇게 나누어졌는가 하는 바탕을 보면 쉽게 치유될 수 있고 화합도 가능하죠. 그런데 본질론은 자칫 이러한 연결관계를 도외시할 위험이 있다는 것입니다. 본질과 현상의 딱딱한 구분에서 벗어날 수 있다면 선악의 개념 자체가 소멸하는 단계가 생기는데, 그로부터 전체를 이해하는 통로가 열리게 될 것입니다.

최종덕 본질과 현상의 이분법을 벗어나 심층적인 구조를 봐야 한다는 것. 결국, 그런 심층구조가 얼마나 실천적인 단위로 적용될 수 있는가가 문제겠군요.

장회익 당연한 이야기지만 심층구조로 갈수록 현실과는 거리가 멀어지지요. 그러나 현실과 유리된다는 것은 아닙니다. 오히려 모든 현실이 이러한 심층구조와 연결될 때 비로소 바른 방향으로 가는 거지요. 현대문명은 이 심층구조를 보지 않으려 한다는 데 문제가 있어요. 이것이 내가 고민하는 중요한 문제의식이지요. 그러나 희망을 버리지는 않아요. 시간이 걸리는 문제이고 학문적인 노력이 필요합니다.

최종덕 이쯤에서 오늘 이야기를 마치도록 하겠습니다. 동양과 서양을 마치 전통과 현대, 정신과 물질, 수양론과 과학이라는 이분화의 틀로 구분하는 통속적 접근을 반성해야 한다는 것으로 오늘의 대화를 요약해도 될까요?

나아가 심층과 전체를 놓친 채, 표피와 개체의 차원에서 보려는 시각이 얼마나 위험한가도 지적했습니다. 과학에서 나타나는 기술지배와 기술독재의 문제와 본질과 현상의 구획이 얼마나 우려할 만한 일인지를 말입니다. 모두 생명의 전일성 의미가 추상적인 것이 아니라 구체적인 발판 위에 전개되어야 한다는 것을 전제하는 것이지요. 그렇다면 아마도 동양과 서양의 만남, 인문학과 과학의 만남은 새로운 변증법적 상호이해의 길을 걷게 될 것입니다.

의식과 물질

5

의식의 원형과 도약

최종덕 이제 존재를 해명하기 위한 구체적인 단초로서 정신과 물질에 대해 얘기해보겠습니다. 정신과 물질, 마음과 신체, 그리고 그것 사이의 관계들, 즉 심신이원론이냐 일원론이냐 유물론이냐 유심론이냐와 같은 문제는 2,500년 인류 이성의 역사와 더불어 지속적으로 논의되어왔습니다. 근대에 들어와서 자연철학 혹은 자연과학이 발전하면서, 물질과 정신, 마음과 신체의 관계를 좀더 새로운 시각에서 바라볼 수 있게 되었습니다. 정신의 개념은 너무 추상적일 수 있으므로 우선 좁혀서 의식의 개념에서부터 출발해보기로 하죠.

의식이라는 개념만 해도 의식불명·무의식·잠재의식·공동체 의식 등 여러 어감과 다른 의미로 쓰이는데, 그들 사이에 공통분모도 있고 차이점도 있을 겁니다. 이야기를 풀어가기 위해 터미네이터처럼 자신을 자각하는 로봇이 가능할까 하는 질문을 던져볼 수 있겠습니다. 의식이 과연 독립적인 자기인지(自己認知) 작용인가, 아니면 물질에 수반하는 어떤 양태인가. 더 나아가 이 의식의 문제는 '내가 누구인가' 하는 자아 문제와도 연계되어야 할 것 같습니다.

장회익 시간의 축을 따라 한번 고찰해보지요. 시간 경과에 따라 생각해보자면 진화론적 이해가 주축이 되겠지요. 먼저 의식을 나타내는 주체를 생각해봅시다. 사람은 의식을 가지고 있고 책이나 종이는 의식이 없다고 말합니다. 하지만 지구 역사 처음에는 의식을 가진 존재가 없었을 것이라는 게 현대과학의 입장입니다. 지구 생물체 외에 어떤 존재가 의식을 가질 수 있다는 것은 일단 논외로 둡시다.

최초에는 이른바 물리적 사물, 즉 물질이라고 부를 만한 것들만 있었을 겁니다. 그러다 나중에 생명체가 나타났어요. 그 생명체에 의식이 있었겠는가? 적어도 현재 상당한 수준의 중추신경계를 가진 인간이 의식을 가진 존재라고 한다면, 초기 지구 역사에서 이런 존재는 물론 없었겠지요. 그러나 초기 생명체에는 현대적 의미의 의식은 아니더라도 미약하나마 원초적 형태의 무엇이 있었을 수 있어요. 박테리아 같은 존재가 나타났을 때, 우리는 그것이 의식을 가졌다고도 혹은 아니라고도 볼 수 있습니다. 어떤 외부 자극에 대해 선택적 반응을 일으킨다면 의식이 있다고 생각할 수도 있습니다. 다시 말해 물질의 어떤 정교한 체계가 형성되면서 의식의 원초적 형태라 할 무엇이 나타난다고 가정해보는 겁니다. 그러니까 의식이 나타나는 외형적 조짐은 물질적 현상에 의해 나타나고, 의식 자체에 해당하는 것은 필연적으로 내적으로만 감지되지 않겠느냐는 가정을 출발점으로 의식의 문제를 좀더 살펴보면 어떨까 합니다.

최종덕 시간축에 따른 접근이란 선생님 말씀대로 진화론적 접근이겠지요. 의식 역시 자연학적·과학적으로 접근해볼 수 있습니다. 자극과 반응으로서의 의식, 최소한의 신경반응계를 가진 존재가 되어야만 의식의 초기단계라고 볼 수 있을 것입니다. 그런데 의식을 현대과학의 성과를 통해 고찰한다는 것이 자칫 의식을 물질의 단위존재로 보는 물질환원주의로 비쳐질 수 있습니다.

장회익 그게 재미있는 점입니다. 물질 안에서 의식을 가진 어떤 실체가 생겨났다고 해봐요. 우리 자신은 제3자의 입장에서밖에 그 실체를 보지 못합니다. 이제 지구 밖 고도의 지능을 지닌 어떤 우주인이 있다고 보고, 이 우주인이 보고 있는 가운데 지구상에 의식을 가진 존재가 나타났다고 합시다. 이때 이런 의문이 생길 수 있겠지요. 이 우주인은 과연 지구상에 의식을 가진 존재가 나타났다는 사실을 인정할 수 있을까? 이것이 가능하려면 의식의 주체가 되어보지 않고 외부 현상만으로 보아 이를 의식이라고 말할 기준이 있어야 합니다. 이것이 가능할까요?

의식은 본성상 주체가 직접 체험해야 하는 것이지요. 제3의 존재에게 이 통로는 원천적으로 차단되어 있어요. 그렇기 때문에 의식을 말할 수 있기 위해서 의식의 주체가 되어본다는 것이 필수입니다. 주체가 되어본다는 건 무엇을 의미할까요? 이건 물질만으로는 설명할 수 없는 새로운 영역이에요. 그렇다고 물질적 구성, 곧 신체를 지니지 않고 주체가 되어볼 수도 없지요. 이런 점에서 의식이란 물질적 바탕을 가지면서도 주체적인 성격을 갖게 돼요. 주체란 물질 안에 나타나면서도 물질적인 것만 가지고는 완벽하게 이야기할 수 없는 무엇입니다. 의식은 오직 주체에게만 분명해지는 무엇이지요. '나'라는 존재가 들어서는 자리가 바로 여기예요.

최종덕 '나'라는 존재가 갑자기 불쑥 튀어나온 건 아니잖아요. 해바라기는 해를 따라 돕니다. 이를 굴향성 또는 굴향적 반응이라고 합니다. 해바라기의 굴향적 반응과 눈꺼풀이 자동적으로 감기

장 주체란 물질 안에 나타나면서도 물질적인 것만 가지고는 완벽하게 이야기할 수 없는 무엇입니다. 의식은 오직 주체에게만 분명해지는 무엇이지요.

는 반응 중에서 어느 것은 의식적이고 어느 것은 그렇지 않다고 분명히 이야기할 수 있을까요? 다시 말해서 진화의 역사를 거쳐 오면서 해바라기의 지향반응에서 인간의 주체적 의식까지 연속적으로 이어져온 것이지 불쑥 나의 의식이 생겨난 것은 아니지 않겠나 하는 의문입니다.

장회익 물론 불연속으로 불쑥 튀어 나온 것은 아니겠지요. 여기서 중요한 것은 연속 불연속의 문제가 아니라 물리적 이해의 바탕에서 물질세계를 보면 그것밖에 존재할 수 없는데, 그 물질세계 안에서 이것과는 질적으로 성격을 달리하는 주체로서의 '나'가 나타난 것이지요. 원자·분자들밖에 들어있지 않은 실험용 플라스크 안에 다른 무엇도 아닌 '나'라는 존재가 나타났다면 얼마나 놀라겠어요. 이것이 바로 물리학자의 눈에 보이는 '나'의 존재이지요. 과정상으로는 처음에 물질만 있던 상태에서 해바라기 지향반응과 영장류의 자율반응까지를 거치는 진화의 시간 속에서 나의 존재가 드러나게 되지요. 물론 연속이라고 해서 동질적이라는 건 아니에요. 엄연한 차이가 발생하는 거지요.

최종덕 일종의 역설이네요. 논리적으로 보면 역설로 보이지만 자연의 시간 속에서 의식과 물질이 연속성의 한 단편이라고 이해하면 되겠지요?

장회익 결국 의식이나 주체는 비록 그것이 물리학으로 설명될 수 없어도 물질이 지닌 또다른 특성이라고 말할 수 있습니다. 그렇다고 해서 의식이 물질로 환원된다는 것이 아니며, 이런 점에서 환원주의 주장과는 전혀 다른 것입니다. 환원 불가능한 성격이 물질 속에 새로이 나타났다는 겁니다. 따라서 물질은 두 가지 성격을 가진다고 말할 수 있어요. 물리적인 방법으로 서술가능한 면과 주체로서만 파악할 수 있는 면. 그런데 둘 다 본질적으로 물질에서 나온 것이기 때문에 물질의 양면성이라 할 수 있어요. 물리학은 이 양면성 가운데 한 면만을 체계적으로 다루고 있어요. 또 다른 측면은 물리학으로 다룰 수 없지요. 그러나 진화의 적정 단계에 이르면 물질 속에 그 두 가지가 모두 나타납니다.

최종덕 주체를 자각하는 자아, 그 자아를 물질적인 것의 특수 현상이라는 의미는 쉽게 이해할 수 있는 일이 아닌데요.

장회익 최초의 의식이 분명히 물질 속에서 나왔는데도 물리적으로는 다룰 수 없는 불가사의한 것이라고 할까요. 당장에 이원론 아니냐고 할 사람이 있을 거예요. 굳이 일원론이냐 이원론이냐 캐묻는다면 나는 이 또한 일원론이라 말하고 싶어요. 물질을 떠나서는 아무것도 존재할 수 없으니까. 단, 그 물질은 주체의 출현이 가능한 의식의 세계까지 펼칠 수 있는 성격을 가졌다고 봐야지요. 통상 지금껏 우리가 말해온 물질 개념을 넘어서야 하는 거예요.

최종덕 그렇다면 대상으로서의 물질성과 주체로서의 물질성을 어떻게 하나로 볼 수 있느냐입니다.

장회익 하나로 볼 수 있는 건, 둘 다 물질에 연유하기 때문입니다.

최종덕 원천은 같다는 뜻입니까? 반복된 질문이지만 사람들은 정신이 물질에서 나왔다고 말하면 결국은 정신을 부정하는 유물론이 아니냐고 트집을 잡습니다.

장회익 지구상에는 처음부터 물질밖에 없었어요. 물질이 생명현상으로 정교해지고 복잡해지면서 '나'라는 게 나타났다는 거지요. 그건 물질 아닌 데서 나왔다고 할 수 없거든요. 물질 속에 주체를 형성할 수 있는 성격까지 포함하고 있었다는 겁니다. 다만 우리가 지금까지 과학이나 물리학으로 파악할 수 있는 물질은 '볼' 수 있는 거였지요. 그러나 물질 속에 '보이지 않는' 주체도 함께 있다는 겁니다. 결국 보이고 안 보이고의 차이일 뿐 서로를 분리할 수 없다는 점에서 일원적이에요. 물질은 주체적인 내적 측면과 물리적인 외적 측면의 양면성을 가지고 있어요. 일원(一元) 속의 양면성(兩面性)이지요.

최종덕 저도 비슷한 생각을 하지만 논란은 여전한 것 같아요. 당장 유물론과 유심론 가운데 하나를 택하라고 한다면, 저는 질문 자체에 문제가 있다고 제기하지요. 그래도 굳이 둘 중의 하나를 택하라고 한다면 할 수 없이 유물론을 택할 수밖에 없어요. 그러나 그것은 강요된 선택이며, 또한 그런 태도는 논리적 배중률에 지나지 않아요. 진화의 역사에서 볼 수 있다면 유물론이냐 유심론이냐는 이율배반을 벗어날 수 있게 되는 거고요. 다만 여전히 남는 문제는 자아라는 것이 어디까지 물질적이냐는 겁니다. 자아는 의식

> **초/** 철학에서는 인간의 의식이 합목적성을 가져야 하고,
> 추상화의 능력이 있어야 하고, 아름다움을 느낄 수 있고,
> 나와 타자를 구별하는 능력을 가져야 한다고 봅니다.

의 핵심입니다. 이성의 시대를 열어놓은 철학에서는 인간의 의식이 합목적성을 가져야 하고, 추상화의 능력이 있어야 하고, 또 아름다움을 느낄 수 있고, 특히 나와 타자를 구별하는 능력을 가져야 한다고 봅니다. 이러한 철학적 특성 때문에 의식의 존재근거를 다시 유심론으로 연결지으려는 함정에 빠지는 것이 아닐까요?

장회익 의식을 신경생리학적으로 분석할 수 있어요. '내가 지금 이런 생각을 한다'는 것 또한 내 속에는 신경생리적으로 그렇게 하게 되는 물리적 뒷받침이 반드시 있다는 겁니다.

최종덕 선생님의 생각이신가요?

장회익 주류 과학의 입장이 그렇다고도 할 수 있습니다. 신경과학자들은 그것을 거듭 확인해주고 있어요. 그것을 인정하지 않으면 이원론으로 빠집니다. 나는 나라는 주체가 있다고 의식하지만, 제3자가 볼 때 로봇이라고도 볼 수 있어요. 내가 나라는 주체를 의식하면서 어떤 말을 할 때 신경생리학적으로 그렇게 말하도록 되어 있어서이지만, 동시에 그렇게 말하고 싶어서 말한다고도 할 수 있어요. 하고 싶어하는 것과 신경생리적으로 그렇게 되는 이 두 가지가 일치하고 있다는 겁니다. 둘이 아니라 하나의 두 측면이라는 의미이지요. 이 두 가지가 어떻게 그리 잘 일치하느냐고 물을

지 모르지만 이미 이원론을 전제하고 보기 때문이에요. 내 답은, 하나니까 일치하지 않을 수 없다는 겁니다.

방금 말씀하신 철학에서 보는 인간의 특성들은 사실 나라고 하는 주체적 측면에서 대상을 재언어화·재개념화한 것들이지요. 아름다움에 대한 판단이나 옳다 그르다의 판단 등은 나라는 주체를 기준으로 다시 사물을 볼 때 나타나는 현상 아닙니까? 물리적 바탕에서 합법칙적인 질서 위에 나타나는 현상을 주체의 입장에서 보면 이런 것들이 되는 것이지요. 유물론에서 마음을 제쳐놓고 물질만을 보는 것은 옳지 못해요. 엄연히 물질을 보는 주체가 있는 것이고 이것은 인정해야 합니다. 물질이 정교화되면 주체가 나오는데, 그건 물질이 담고 있는 보이지 않는 또 하나의 특성이라는 거예요. 그것을 함께 봐야 물질도 제대로 이해한 거라고 할 수 있어요.

최종덕 물리학자이면서도 철학적 상상력이 뛰어난 펜로즈(Roger Penrose)의 『황제의 새 마음』(*The Emperor's New Mind*)의 내용과 유사한 측면이 있네요. 펜로즈는 '의식없는 마음'과 '의식있는 마음'을 구분하였습니다. 그리고 마음은 진화의 선택과정을 거쳐 오늘에 이르러 의식있는 마음이 되었고, 이 상태는 단순히 물질로 환원할 수 없는 물질의 도약을 포함하고 있습니다. 선생님께서 말씀하신 '불쑥 튀어나온 것'을 양자도약에 비유하여 '직관적 도약'이라고 표현해도 될까요? 물론 펜로즈가 도약이라는 개념을 의미심장하게 논의한 것은 아니에요. 그러나 양자역학과 의식과의 연관성에 대한 그의 논의구조를 따라가다보면 그러한 의미를 충분히 찾아볼 수 있다고 봅니다. 의식은 기본적으로 물질적 구성에서 출발했지만, 여기에 일종의 비약이 있다는 말이지요. 그 비약이 어떤 역학적 과정인지를 완전히 밝히지는 못하지만 말입니다. 기본적으로 물질이라는 일원론적 배경은 놓치고 싶지 않지만 비약, 즉 논리적 비약과 존재론적 비약을 함께 설정함으로써 이미 물질과 결별한 상태로 나타났다는 거지요.

장회익 펜로즈는 그 비약을 정상적 물리학 과정과는 구분되는 양자역학의 이른바 '파동함수 붕괴'라는 것과 관련시켜 설명하려는 시도를 해요. 나는 그렇게 보지는 않아요. 물질의 기본 속성 안에 그 두 양상이 함께 있었고 물질이 정교화하면서 두 측면으로 분명하게 나눠졌다는 겁니다. 다시 표현해보지요. "한쪽이 어느 날 갑자기 생겨났다기보다 물질 속에 숨겨져 있던 또 하나의 측면이 정교화되어 나타났다. 그 또 하나의 측면이 주체의식이다. 인간 수준의 정교성을 가진 중추신경계가 출현할 때, 비로소 분명하게 그 주체의식이 나타났다." 이렇게 봅니다.

우리가 물질을 볼 때 자연과학적 고찰 대상이 되는 한 측면만 보는데, 이론상으로는 그것만으로도 현상을 완벽하게 설명할 수 있어요. 의식 주체가 하는 행위까지도 현상으로 나타나는 범위에서는 이것만으로 완벽하게 설명할 수 있다고 하는 것이 작업가설이지요. 그런데도 주체만이 느끼는 자기의식의 경험은 전혀 다르지요. 분명히 나는 내 의도를 가지고 내 손을 흔들고 있거든요. 그런 점에서 의식 주체의 주체적 경험은 굉장히 신비로운 것입니다. 기존 이원론에서는 별개의 두 존재가 만나서 작용하기 때문에 한쪽이 한쪽을 명령하고 통제하는 문제가 발생하지요. 하지만 하나의 존재가 전혀 다른 두 측면을 나타낸다는 것이 나의 생각입니다.

'내가 내 팔을 들어올렸다'고 할 때, '들어 올린' 것은 완전히 물리적으로 설명 가능한 거예요. 어떤 힘이 있어서 '들어 올려졌고', 내 팔이 올라간 이유는 내 몸의 어떤 물리적 이유 때문에 올라가게 된 거지요. 하지만 주체로서 내가 볼 때 들어 올리고 싶어서 들어 올린 거예요. 이 사이에 아무런 모순이 없어요. 물리적 이유 자체가 내면화하여 내게는 들어 올리고 싶은 의지로 나타나는 거니까. 나와 물리적 이유 사이에는 지배–피지배 관계가 성립하는 게 아니에요. 물리적 이유를 포함해 내 몸 속에서 일어나는 모든 물질현상이 주체의 입장에서 보면 곧 '나'이고 내 마음입니다. 이게 어떻게 연결되는 것인지를 제대로 파악한다면 생명의 중요한 본질을 이해한 것이 될 겁니다. 생명에서 중요한 건 현상으로서의 생명만이 아니라 주체로서의 생명도 포함되거든요.

다른 예를 들어봅시다. 우주의 미래나 지구의 미래가 어떻게 될 것인가? 내가 지금 어떻게 행위하느냐에 따라 달라진다고 생각하고 지구의 장래를 걱정해요. 그런데 물리적으로 보면, 물질이 법칙에 따라 일어날 일이면 일어나고 안 일어날 일이면 안 일어날 텐데, 왜 걱정하느냐고 하겠지요. 그러나 이건 잘못 생각하는 겁니다. 마음의 입장에서 보면 결과는 내가 하기에 따라 달라지게 되어 있어요. 그 점에서는 내 마음이라는 물질적 상황이 결과라는 물질적 상황을 지배하는 거예요. 이 점에서 마음을 가진 나로서는 책임을 피할 수가 없습니다. 물리적 입장에서 보면 내 마음이라는 물질적 상황이 빚어낸 결과이지만.

최종덕 물질의 조건이 그렇게 되어 있었기 때문에 나의 마음이 혹은 나라는 주체가 책임을 가지게 된다는 것인가요?

장회익 그렇지요. '물질의 상황'이 그렇게 되어 있었기 때문에 그 '물질의 상황'이 책임을 가지게 된다면 말이 되겠지요? 그 '물질의 상황'이라는 것과 '나'는 둘이 아닙니다. 그게 중요합니다.

최종덕 그것은 오늘날 시각에서 과거를 재구성하는 방식으로 오늘의 인류가 있기 위해서 우주의 지난 역사가 흘러왔다고 하는 강한 의미의 '인간원리'(anthropic principle)의 사유와 비슷한 것이 아닌가요? 인간원리는 복잡하지만 간단히 말해서 현재 시점에 놓인 나의 존재, 인류의 존재를 위해 과거사의 모든 역사적 조건이 조립되는 방식으로 형성되어왔다는 거지요. 즉, 오늘 인간종이 있기 위해 우주 탄생 이후 우주의 모든 것이 거기에 맞춰 진행되어왔다는 것입니다. 과거 입장에서 보면 오늘의 존재 양태는 목적론적 귀결을 수행한 결과라고 보는 것인가요?

장회익 그것과는 다릅니다. 나의 존재를 위해 이뤄졌다는 목적론적인 게 아닙니다. 그걸 위해서 나타났느냐 아니냐의 문제는 여기서 배제해야 해요. 내가 여전히 따로 있고, 세계가 나를 위해 봉사했다는 게 아니라, 물질적 세계와 내가 하나라는 것입니다. 하나의 외적 측면과 내적 측면일 뿐이지요. 이런 점에서 흔히 말하는 '인간원리'와는 크게 달라요.

최종덕 스티븐 호킹이 처음 제시한 인간원리는 우주의 형성과정을 설명하는 매우 효과적인 가설이었지만, 특히 강한 의미의 인

스티븐 호킹과 로저 펜로즈

스티븐 호킹(Stephen W. Hawking, 1942~)은 케임브리지 대학의 루카스 수학 석좌교수로 있는 영국의 이론물리학자이다. 그는 블랙홀 우주론과 양자중력 연구로 뛰어난 과학자로 인정받았으며, 런던『선데이타임스』에 273주 동안 베스트셀러 목록에 올랐던『시간의 역사』등을 저술한 대중적인 과학자로도 유명하다. 그의 중요한 과학적 업적은 박사학위 논문 심사위원이였던 로저 펜로즈와 함께 일반상대론적 특이점에 대한 수학적 정리를 증명한 것과 블랙홀이 열복사를 방출한다는 사실을 밝혀낸 데 있다.

펜로즈(Roger Penrose, 1931~)는 수학 박사학위를 받은 후, 영국과 미국의 여러 대학에서 교수직을 지냈으며 수학·물리학·천문학·철학·인지과학 등에 걸친 방대한 학제 간 연구로 세계적인 학자로 인정받았다.『황제의 새 마음』(*The Emperor's New Mind*, 1989),『마음의 그림자』(*Shadows of the Mind*, 1994) 등의 저서가 유명하다. 1988년에 스티븐 호킹과 함께 울프(Wolf)상을 받았고, 디랙 메달과 아인슈타인상도 받았다. 펜로즈는 괴델의 영향을 받아 정합체계 안에서 스스로의 완전성을 증명할 수 없듯이 인간의 마음에서도 마음 자체를 계산적 방법으로 모방하거나 재현할 수 없다고 주장하였다. 의식이나 마음이라는 것은 그 고유한 시스템이 있으며 이는 양자론적 특성과 깊이 연관되기 때문이라고 했다.

간원리는 목적론에 사로잡혀서 저 역시 수긍하기 어려웠어요.

장회익 나도 지구 생명의 역사에서 목적론이 개입하는 것을 차단하고 있어요. 목적적 행위는 오직 의식을 가진 존재가 주체적으로 행하는 행위에 국한하는 것이 옳다고 봅니다.

의식의 진화

최종덕 그렇다면 여기서 언어의 문제를 다시 제기하고 싶은데요. 내가 나를 반성한다는 것, 나를 본다는 것, 이러한 일상의 명제 안에는 주어가 있고 목적어가 있습니다. 자아에 대한 반성이나 주체에 대한 자각 역시 나를 대상화시켜서 보는 과정으로 해석할 수 있습니다. 결국 의식 개념의 중요한 측면 가운데 하나는 대상이 존재하지 않으면서도, 의식이 존재할 수 있느냐의 문제입니다. 저는 이런 측면에서 의식은 정신이라는 개념과 차이가 있다고 봅니다. '정신' 대신에 '의식'이라는 개념을 사용한 것은 형이상학에 빠지지 않고 구체적으로 경험적 탐구가 가능하기 때문입니다. 경험적 대상이 존재해야 의식이 존재한다는 뜻입니다. 철학에서는 이를 지향성 개념으로 설명하곤 하죠.

그렇다면 지향성 없는 의식이 있느냐는 질문을 던져야 해요. 마취 상태는 외계 대상과 만나지 않고도 자기 내부에서 순환적인 의식을 하잖아요. 하나의 연습된 신경계 반응작용의 반복일 뿐 의식은 아니라고 답할 수도 있을 겁니다. 대상의 존재를 먼저 설정한 상태에서만 주체라는 개념이 설정될 수 있다는 겁니다.

장회익 대상에 초점을 놓고, 그것을 중심으로 의식 활동을 구체화하는 건 익히 잘 아는 일입니다. 그런데 멍하니 아무 생각을 하지 않아도 의식이 있을 수 있는 상황은 어떻게 봐야 하지요? 의식은 모든 준비를 갖추고 있는데, 구체적인 대상만 상정되지 않은 상황이라 해야 하지 않을까요. 또 잠을 잔다든가 혼수상태와 같은 경우도 있는데, 이건 의식의 기능은 살아 있지만 활동은 중단된 대기 상태라고 봐야지요. 말하자면 이런 것들을 대상 없는 의식이라고 볼 수 있겠지요. 대상이 없으니 의식이 아니라고 한다면? 어쨌든 그건 의식을 어떻게 정의하느냐의 문제가 아닐까요?

최종덕 제가 말하고 싶은 것은, 의식의 기본 틀은 작용과 반작용의 관계에서 나온다는 겁니다.

장회익 자극이 있을 때 거기에 따라 반응하는 정신작용을 의식이라고 하겠다는 것인가요?

최종덕 단순한 작용과 반작용이 아니라 한 단계 도약된 주체적 자각을 말하는 것입니다.

장회익 의식이 외적 자극에 의해 촉발될 수도 있겠지만 내적 원인으로도 얼마든지 일어날 수 있어요. 예를 들어 잠에서 깰 때, 이것이 꼭 외적 자극에 의한 것이라 보기 어려워요. 의식의 대상 또한 외부로 나갈 수도 있고 내부로 지향할 수도 있겠고요. 가령 자아의 대상화 같은 것이 그것이지요. 심지어 대상을 배제한 상태의 의식도 있지 않겠습니까?

최종덕 그런 의식은 생리구조에서 발생한 정교한 피드백 반응 구조의 하나라고 보는 겁니다. 현대 심리학은 자연과학의 분과학문

> **최** 의식 개념의 중요한 측면 가운데 하나는 대상이 존재하지 않으면서도 의식이 존재할 수 있느냐 하는 것입니다. 의식은 정신이라는 개념과 차이가 있다고 봅니다.

으로 자리잡은 지 오래입니다. 그런데 반작용으로서의 의식과 주체적 자각으로서의 의식 사이에 괴리가 있는 건 분명한 것 같아요. 물론 둘 다 신경계의 역학적 작용이라는 점에는 동일하다고 봅니다.

장회익 그런 점에서 동일하지만 분명 차이는 있어요. 밖에서 자극이 들어오면 그에 대한 반응으로서 의식이 활동하게 되지만, 그것이 없는 상태에서도 작용할 수 있다는 뜻입니다.

최종덕 제 입장은 선생님과 비슷하지만, 그 두 가지 의식 사이가 불연속이 아니라 연속이어야 한다는 거지요.

장회익 기본적으로는 그래요. 의식의 상태가 여러 가지 있기는 하지만 이것이 다 의식의 기능이 살아 있는 경우에 나타나는 일들이지요.

최종덕 저는 그런 관계의 진전을 설명하는 근거로서 생명진화론을 듭니다.

장회익 신경생리학적인 진화를 말하나요?

최종덕 신경생리현상을 진화의 한 산물로 볼 수 있으니까요. 의식의 지향성 가운데 '컵이 아름답다'와 같은 느낌의 의식적 지향 말고 자동적이고 수동적인 지향성이 있지요. 앞서 말했듯이 해바라기가 해를 향하는 건 지향적 현상이기는 하지만 의식이 있어서가 아니지요. 그래서 그것을 의식이냐 아니냐를 따지자는 게 아니라, 의식의 필요조건의 하나인 지향성이 중요하다는 말입니다. 의식의 지향성과 의식이 아닌 지향성 사이의 근본 차이가 무엇인가를 묻는 것입니다. 사실 의식의 정의에 따라 해바라기의 굴일성도 의식으로 볼 수는 있어요. 인간만이 가졌다는 자각이나 반성도 물리적 작용으로 볼 수 있는 것처럼요. 저는 강한 입장이기는 하지만 그런 지향성의 차이는 정도의 차이이며 연속의 차이일 뿐이라고 봅니다.

장회익 사람 중추신경계의 생리학적 바탕이 현대인과 같아진 건 길게 잡아 100만 년, 짧게 잡아도 10만 년 전이에요. 그런데 우리가 말하는 의식을 10만 년 전의 인류도 가지고 있었을까요? 또 다른 예로, 늑대 소년 이야기를 봅시다. 그 소년의 신경구조는 사람의 구조지만 늑대 세계에서 자랐기 때문에 현대인의 의식과는 전혀 다른 체계를 가졌을 거예요. 오늘 같은 사람의 중추신경계가 10만 년 전에 형성되었다고 하고, 1~2만 년 전의 의식 세계가 어떠했는지 생각해보지요. 1~2만 년 전이라고 하면 그로부터 8~9만 년을 경과한 겁니다. 문화 및 언어의 세련화가 이루어진 게 대략 그때쯤입니다. 문화의 지적 바탕이 만들어진 거지요. 이 기간을 거쳐 인간의 의식은 한 차원 높아졌을 거예요. 인간 의식이라는 게 신경생리만의 산물이 아니라 문화의 산물이기도 합니다.

최종덕 이 시점에서 우리의 토론은 이처럼 놀라운 인간의 능력이 어디서 나왔을까 하는 질문으로 이어져야 할 것 같습니다. 영장류인 인간은 합목적성, 계획하고 의도하는 능력, 추상화 능력 등에서 원숭이와 비교할 수 없는 엄청난 문화의 양식을 가지고 있어요. 게다가 자아를 자각하는 능력까지 있단 말이에요. 저는 어떤 측면에서 이것이 과잉 진화로 보인다고 생각합니다. 과잉의 예를 들자면 우울증이나 다중인격증과 같은 정신질환을 들 수 있지 않을까요. 그러나 자연에는 과잉이 없어요. 그 이유가 있지 않을까요?

장회익 인간의 정신질환 역시 자연선택의 적응의 한 결과라는 뜻인가요?

최종덕 저는 진화론을 적응주의로만 설명하려는 기존의 진화론자는 아닙니다. 적응주의란 적응된 유기체만이 생존한다는 뜻입니다. 거꾸로 보면 현재 생존하는 생명체의 모든 형질들은 예외 없이 적응의 산물이라는 것입니다. 그런데 현존하는 생명종의 생명형질들은 적응의 결과로 형성된 형질이기도 하지만 그렇지 않은, 즉 적응과 무관한 형질도 있다는 것이 저의 입장입니다. 어쨌든 자연에는 나름의 이유가 있다는 것이지요. 비록 현재 수준의 과학언어로 표현할 수 없다손 치더라도 말입니다.

장회익 정신적 능력의 진화에는 불가사의한 점이 있어요. 물질이 다양화되고 정교화되어서 의식이 나오는 것만은 분명해요. 그런데 진화의 어느 시점에서인가 그 물질이 천 배 만 배 차원이 달라질 만큼 정교화해진 거예요. 문제는 그 원인이 어디 있었느냐 하는 건데, 단순한 진화적 요구만으로는 설명이 어려워요. 당장의 생존에 그렇게 큰 영향을 미쳤을 것으로 보이지는 않거든요. 여기서 간혹 형이상학적 설명이 들어오기도 하지요. 신이 존재하는데, 자기와 비슷한 차원의 정신세계를 전개하기 위해 인간의 능력을 높여준 것이 아니냐는 말을 던질 수 있어요. 현상적으로, 양적으로 워낙 신기하고 놀랍기 때문이지요.

최종덕 그렇다면 인간 의식의 도약적이고 고차원적인 측면을 설명하기 위하여 신의 존재를 설정하는 것인가요?

장회익 이건 과학적 해답과는 또 다른 차원, 종교적인 질문에 해당하는 거예요. 과학과 종교가 갈라지는 부분이겠지만. 과학적 이해에 병행해서 종교적 해석을 내리는 것은 자유이며 넓게는 주체적 삶의 문제입니다. 그렇지만 과학적 이해의 차원에서 종교를 끌어들이는 것은 온당한 자세가 아닙니다. 다른 차원의 문제를 섞어놓는 것이지요. 과학의 문제는 과학만으로 풀어야 합니다. 설혹 그 한계가 드러난다 하더라도.

최종덕 선생님 말에 동의합니다. 문제는 과학과 종교를 혼동하거나 일부러 혼동시켜 인간의 정신을 그럴듯하게 설명하려는 사회적 현상이 많은 것 같아요. 저는 그런 현상을 일종의 '주술적 우화'라고 말합니다.

장회익 다시 우리의 논의로 돌아와 인간 정신의 진화 과정에 대해 말해보기로 해요.

최종덕 한 가지 가설을 제기해보겠습니다. 자아를 자각하는 능력이 과잉 진화해서 그 한 양태로서 인간의 정신질환이 생겼고, 집단과 개체 간의 갈등으로 군집 간의 대규모 전쟁이 발생하는 부정적인 부작용도 생겼다고 상정해봐요. 이런 부작용조차 적응진화의 한 결과이니 무조건 인정하고 넘어가자는 주장이 나온다면 수

궁해야 할까요? 이런 그럴듯한 주장들은 진화 과정을 모두 적응주의로만 해석한 생물학적 오류라고 생각해요. 결국 주체를 자각하는 능력이 과잉된 것처럼 보이는 현상들은 자연선택과 적응진화의 결과라고 보는 것이 아니라 일종의 물질적 진화의 부수현상이라는 것이 저의 평소 생각입니다. 이런 생각은 창의적이고 독자적인 것이 아니라, 최근 진화론 연구경향 중에서 이보디보(Evo-Devo)라고 불리며, 적응이론과 발생학을 종합하여 진화형질을 해석한 새로운 흐름입니다. 어쨌든 인간에게는 과잉처럼 보이는 현상들이 나타나지만, 인간을 포함한 전체 자연에는 과잉이 없다는 거지요.

장회익 진화론적으로 해석해보면 모든 기능은 진화론적인 필요에 의해 나타나지요. 생존에 유리하게. 그렇다면 내가 자아를 느끼는 것이 육체적 생존에 필요했던 것일 수도 있어요. 그러나 그것을 훨씬 뛰어넘는 다른 개념이 있을 수 있습니다. 방금 표현하신 '과잉'이 그런 것일 수 있습니다. 이렇게도 생각해봅시다. 진화론적인 필요에 의해서만 나타나는 거냐? 진화론적인 필요를 넘어서는 기능이 주어질 수 있어요. 그 점을 최 교수님은 적응주의에 국한하여 설명하려는 기존의 태도를 벗어나야 한다고 말하시는 것 같은데요?

최종덕 그렇습니다.

장회익 사실 그런 사례들은 있어요. 가령 새가 하늘을 날지만 처음부터 날기 위해 날개가 만들어진 건 아니지요. 처음에는 체온이나 몸을 보호하기 위한 것이었지요. 그런데 어느 단계에서 나는

이보디보와 적응주의

이보디보(Evo-Devo)는 진화발생생물학(Evolutionary Developmental Biology)의 약칭으로 기존 적응주의를 기반으로 한 진화생물학과 계통학적 발생생물학의 통합을 통해 새로운 생물진화론의 개척지를 전개하였다. 진화생물학은 적응과 선택의 두 기둥에서 전개된다. 진화의 시동력이 적응력이며, 적응된 것 중에서 자연선택된다는 입장이다. 이런 적응주의 이론은 현대진화론의 주된 경향이지만, 적응 메커니즘 외의 발생학과 같은 비적응 요인들이 진화의 압력일 수 있다는 입장도 두드러진다.

예를 들어 고생물학적 화석의 경우에서 적응이론만이 아닌 계통발생학 이론이 추가되어야만 설명이 가능한 것이 많았다. 최근 들어 적응의 단위가 개별형질이 아니라 형질들의 집합인 모듈 단위로 진화한다는 '모듈적응이론'이 나왔다. 이런 발생학을 통해 계통진화가 개체발생에서 재현하는 방식에서 적응이론이 아니라 일정 시점, 특정 기관에서 특정 형질을 발현시켜주는 고유의 발생론적 스위치가 있다는 것을 알게 되었다.

모듈 개념은 진화의 속도가 비연속적일 수 있다는 점을 함의하기도 한다. 이러한 진화생물학의 진전은 발생학과 유전학, 면역학과 진화론을 통합하여 새로운 방식으로 진화를 보는 계기가 되었다.

기능으로 이를 활용하게 되었어요. 날게 되면서 활동영역이 넓어지고요. 진화적 필요에 따라 형질의 발전이 진행되다가 날게 됨으로써 다른 세계를 접하는 겁니다. 인간의 정신능력도 어쩌면 이와 비슷한 방식으로 비화한 것이 아닌가 생각해요. 두뇌를 대형화하고 정교화하는 새로운 메커니즘이 생겨나 그 용량 자체가 별 어려움 없이 커지면서 직접적인 필요를 넘어서버린 거지요. 그렇다고 이것이 생존에 크게 불리하게 작용했던 것은 아니었을 겁니다. 어느 시점까지 별 도움도 피해도 주지 않고 유지되어오다가, 어느 단계에 고차적 사고라고 하는 전혀 예상치 않은 새 용도 또는 새 기능을 맞게 된 겁니다. 이러한 신경생리적 바탕 위에 다시 문화적 상호작용이 첨부되어 그 능력이 다시 한 번 비약한 것이고.

최종덕 명쾌한 설명입니다.

장회익 덧붙인다면, 인간의 의식이 하나가 아니겠느냐 하는 추론이 있는데, 한번 생각해볼 만합니다. 인구가 60억이라면 60억 개의 의식이 있다고 봐야 마땅할 것 같은데, 슈뢰딩거는 하나라고 얘기합니다. 슈뢰딩거의 논변은 좀 다르지만, 문화가 하나라는 점에서 음미해볼 만한 면이 있어요. 인간의 지적·문화적 상호작용이 인간 의식이라는 하나의 큰 전체 틀을 만들고 있음을 주목할 필요가 있어요.

최종덕 슈뢰딩거가 말하는, '의식이 하나'라는 것은 개체의식의 물리적 구조가 동일하다는 얘기 아닙니까? 슈뢰딩거가 말하는 생명은 기본적으로 물질에 원천을 두고 있기는 하지만, 매우 복잡하게 구성되어 물질로는 도저히 설명할 수 없는 이중적 구조를 띠고 있습니다. 그가 말하는 의식 역시 그의 책 『생명이란 무엇인가』 중에서 가장 애매한 개념인데, 개체의식을 통괄하는 인간 전체의 의식이 있다는 것을 은근히 말하고 있습니다. 그래서 애매하다는 것입니다.

장회익 슈뢰딩거가 '의식은 하나다'라고 한 말은 당시로서 매우 충격적인 표현이었는데 종교적 의미 또는 신비적 의미의 그 무엇이기보다는 의식이 지닌 그 어떤 본질적 특성을 말하려 한 것으로 보입니다.

최종덕 천억 개 이상의 신경세포들이 모여 하나의 의식으로 나타난다는 것, 달리 말해 개체의식이 모여 집단의식으로 나타날 수 있다는 것은 전체론적 위험성을 내포하고 있습니다. 단순히 하나하나가 모여 전체가 된다는 논의를 우주적 생명의 논의구조로 등치시키면 상당히 위험한 결과가 나올 수 있어요.

장회익 집체주의 또는 전체주의의 억압을 말하는 게 아니라 각각의 개체들, 그 개체들의 자발적 기능이 모여 새로운 속성이 발현된다는 거예요. 신경세포들이 모여 하나의 통합적 의식을 형성한다는 것은 매우 놀라운 일인데, 이것이 이런 억압적 기제와는 전혀 다른 거예요. 전체주의라기보다는 각각의 개체들에 의한 구성주의라고 할까요. 개체성을 유지하는 가운데 서로 주고받으면서 하나의 통합된 전체성을 이루어가는 그 어떤 이상적 삶의 방식과 흡사한 거지요.

최종덕 무슨 말씀인지 알겠습니다. 그러나 그 논리 자체에 위험성이 있다는 것이 아니라, 그것을 나름대로 이해하고 바라보는

> **장** 신경세포들이 모여 하나의 통합적 의식을 형성한다는 것은 놀라운 일입니다. 하나의 통합된 전체성을 이루어가는 그 어떤 이상적 삶의 방식과 흡사합니다.

사람들의 해석방식이 위험할 수 있어요. 현실적으로 그런 위험이 나타나거든요. 편협한 문화환경을 옹호하고 자신의 입지를 정당화하기 위하여 남의 과학적 이론을 자신의 주장을 변호하는 도구적 이론으로 둔갑시킨다는 말이에요. 그게 염려되는 것이지요.

장회익 사실 우리의 전통문화는 집체성이 강합니다. 정상적인 집체성이 아니라 억압 류의 집체성이랄까. 공동체적이라는 장점도 있지만 단점도 많아요. 그런 와중에 서구의 개인주의적 사유가 어떤 해방감을 주었을 겁니다. 그런데 개인주의는 또 너무 개체에 머물러버린 측면이 있어요. 통합적인 측면이 도외시되거나 부당하게 위험시되는 경향이 있지요.

최종덕 제가 이야기 방향을 바꾸었는데, 다시 처음 논의로 돌아가지요. 앞의 이야기들은 전통적으로 말하는 정신과 물질의 관계, 환원주의적 논쟁은 분명 아닙니다. 환원주의 논쟁은 철학이나 심리학에서 많이 해왔고요. 환원주의는 과학적 방법론 측면에서는 중요한 의미가 있겠지요. 그런데 정신과 물질 사이의 환원 가능성 주제는 시간성을 배제하고 공간적 관계만을 논의할 경우 공허해집니다.

실용적 차원에서 로봇을 만들 때, 인간의 의식구조를 함께 연구해야 하기 때문에 심리학자들이 과학자들과 함께 작업하지 않습니까? 그런데 인공지능과 같은 의식의 구조연구에서 시간적인 역사, 진화적인 역사를 연구하는 사람들의 참여가 별로 없어요. 실용적인 인공지능 로봇을 만드는 것도 진화사적인 의식의 변천과정을 추적해야만 실질적인 결과물을 낼 수 있거든요. '시간'이라는 개념이 필요하다는 겁니다. 좀더 쉽게 말해, 이미 지나온 것을 현재 시점에서 반추하여 생각해볼 수 있는 행위, 즉 '반성'의 기능이 필요합니다. 최근 인공지능에 순환 알고리즘을 도입해 스스로를 반성하는 로봇이 나왔잖아요. 기존의 논리형 알고리즘으로서는 연산속도가 아무리 빠른 병렬 컴퓨터로서도 로봇 자체의 반응동작을 실현시킬 수 없습니다. 그래서 최근의 로봇 인공신경망 기술은 로봇 스스로 방향과 목적을 탐색할 수 있는 새로운 연결주의 알고리즘을 채택하고 있습니다. 일종의 반성적 순환연산을 할 수 있는 기능이겠지요. 그런 기능이 인간의 반성적 사유와는 당연히 차이가 있겠지만 근본적으로는 같은 구조라는 전제에서 연구하겠지요. 그렇다면 이것은 물리적 환원주의가 아니라 진화론적이고 자연주의적 측면에서 설명해볼 수 있지 않을까요? 인간의 반성행위를 확대시키면 바로 주체에 대한 자각, 자아에 대한 인식으로 나갈 수 있지 않을까요?

의식의 주체화

장회익 진화의 과정에서 의식에 이르기까지 매우 긴 기간이 소요되었고, 또 이 과정에서 엄청난 양의 지적 기능이 출현하고 축적되었으리라는 점을 생각해야 합니다. 자연지능이 인공지능과 다른 점이 여기 있습니다. 이 가운데는 반성기능이나 학습기능 또한 포함되고요. 이런 점에서 '시간' 요인이라는 점은 중요합니다.

철학계에서 오랫동안 논의되었던 주제로 '자유의지'라는 것이 있지요. 이것 또한 이러한 진화의 과정에서 형성되었겠지만 기계 속에 삽입한 인공지능과는 너무도 달라 보여 과연 이들 사이에 어떤 연속성이 있을까 하는 문제가 제기되지요. 로봇은 컴퓨터의 알고리즘으로 지능 활동을 수행하는데, 왜 주체는 내 의지에 따라 행동했다고 보게 되는가를 질문하는 것입니다. 여기에 대해 프랜시스 크릭(Francis Crick)은 그의 책 『놀라운 가설』(*The Astonishing Hypothesis*)에서 재미난 설명을 하고 있어요. 크릭의 가정에 의하면, 사람이 실제 두뇌 알고리즘에 따라 계산을 해놓고는 자기 의지대로 결정했다고 느끼는 것은 계산의 결과만을 기억하고 과정은 대부분 잊어버리기 때문이라는 겁니다. 크릭은 다음 세 가지 가정을 해요. 그의 글을 인용해보죠.

첫째, 두뇌의 한 부분은 미래의 행위 계획에 관여한다. 그렇다고 이를 꼭 수행하는 것은 아니다. 우리는 이 같은 계획을 의식할 수 있으며, 적어도 이를 즉각적으로 떠올릴 수 있다.

둘째, 우리는 두뇌의 계산과정을 의식하지 않으며, 이것이 만든 결정 계획의 내용을 의식한다.

셋째, 하나 이상의 계획이 마련되었을 때, 어느 계획을 따라

장 크릭은 주체가 두뇌 알고리즘의 상세한 내용을 '내 마음'이라고 의식하는 것이 아니라 그것의 일정 부분만 떼어내 '자유의지'라고 의식하게 된다는 겁니다.

행동할 것인가 하는 결정을 할 때도 마찬가지다. 결정에 이르게 된 계산과정은 의식하지 못하고 결정된 내용만 상기한다.

이런 가정에 따르면 실제로는 로봇처럼 내 머릿속 알고리즘을 따라 결정하고 행동하지만, 본인은 그것이 자신의 자유의지로 선택된 것이라 생각한다는 거지요.

최종덕 의식의 주체는 의식의 과정을 의식하지 못한다는 이야기인가요? 버트런드 러셀(Bertrand Russell)이 이야기한 범주의 차이와 비슷하군요. 이를 라일(Gilbert Ryle)의 범주 오류(category mistake) 논지로 설명하면 더 쉽게 들어옵니다. 범주 오류를 설명하는 라일의 예를 들어 볼게요. 손님이 내 집에 와서 나는 손님에게 안방과 부엌, 작은 방과 화장실을 안내해주었지요. 그렇게 집 안내를 다 마쳤는데 손님이 하는 말이 "그러면 당신의 집은 어디에요?"라고 묻더랍니다. 그렇다면 그 손님은 집과 방의 범주를 혼동하고 있는 셈이지요. 즉 집의 범주와 방의 범주는 당연히 다릅니다. 이와 마찬가지로 의식과정의 범주와 의식주체의 범주는 완전히 다르다는 뜻이라고 선생님의 이야기를 다시 해석할 수 있다는 거예요. 의식과 관련하여 의식의 주체가 독립적으로 실체의 범주

> **최** 괴델은 의식의 주체는 의식의 과정을 분석하여 그것을 종합한다고 하여도 주체의 존재는 여전히 결정될 수 없다는 것입니다.

로서 존재한다는 믿음 자체가 오류라고 생각합니다. 즉 의식의 과정 말고 의식의 실체가 달리 있을 필요가 없는데도 불구하고 실체를 설정한다면 그것은 의식의 형이상학이 되는 것이지요.

장회익 여기서 두 가지 다른 문제를 구분해 생각할 필요가 있어요. 하나는 객관적 실체로서의 두뇌 활동과 주체가 파악하는 '나'의 활동 사이의 관계를 어떻게 보아야 하는가 하는 문제고, 다른 하나는 주체로서 '나'가 내부 두뇌활동의 일부를 어떻게 '자유의지'로 의식하게 되는가 하는 문제예요. 비슷해 보이면시도 사실은 크게 다릅니다. 전자는 이른바 '신체/마음 문제'(body/mind problem)에 해당하는 본질적인 것이고, 후자는 의식을 지닌 주체를 일단 인정했을 때 그가 자신 두뇌 안의 알고리즘을 일일이 읽어내는 것이 아니라 상당 부분을 '자유의지' 형태로 인식하게 되는 이유를 설명하는 거예요. 크릭의 설명은 사실 후자에 속하는 것인데, 다소 기술적 영역에 속하지요.

크릭의 주장은 예를 들면 이런 거예요. "너 왜 이 일을 했느냐"고 물을 때, "이렇고, 이렇고, 이래서 했다"고 할 수가 있지요. 이러한 내면적 이유, 즉 두뇌 내부의 알고리즘이 분명히 있었는데도 실제로는 "내가 그렇게 하고 싶어서 했다"고 느끼게 되는 경우가 있는데, 이를 일러 '자유의지'라 한다는 거지요. 사실 자기 두뇌 속에 있는 알고리즘에 따라 행동했는데도 느끼기에는 자기가 하고 싶어서 했다고 합니다. 그렇게 되는 이유는 계산 과정의 상당 부분이 기억 속에 들어가지 않기 때문이라는 거예요.

우리가 이 점을 인정하더라도 앞의 문제, 곧 객관적 실체로서의 두뇌활동과 주체로서의 '나' 사이의 관계를 어떻게 볼 것인가 하는 문제는 여전히 남지요. 여기서 크릭이 기여하고 있는 점은, 이런 주체가 두뇌 알고리즘의 상세한 내용을 '내 마음'이라고 의식하는 것이 아니라, 그것의 일정 부분만 떼어내어 이를 내 '자유의지'라고 의식하게 된다는 겁니다. 만일 두뇌 알고리즘의 상세한 내용을 내 마음이라고 의식한다면 자신 내부에 '자유'가 있다는 느낌을 가지지 못할 것이라는 말도 되고요.

최종덕 의식의 실체를 부정하는 것과 의식의 주체를 부정하는 것은 다르지 않나요? 주체로서 의식이 없다는 건 아니잖아요. 다시 말해서 의식의 주체는 따로 존재한다기보다는 의식의 과정이 모종의 방식으로 모여 있는 것이라고 생각하게 되는데요.

장회익 그 이야기는 첫 번째 문제 곧 객관적 실체로서의 두뇌활동과 주체로서 '나'와의 관계를 어떻게 보아야 하는가 하는 문제로 보이네요. 소개한 크릭의 논의와는 별도로 그 문제는 다시 존재론적으로 깊이 성찰해보아야 할 문제지요.

최종덕 현상으로서의 의식과 주체로서의 의식이 동일선상의 카테고리가 아니라 다른 카테고리로 보아야 되는 것이 아닐까요?

장회익 그렇지요. 제3자가 봐서 설명하는 것과 본인이 주체가 되어 파악하는 것은 같은 이론이라도 전혀 다른 측면, 카테고리의 차이가 있어요.

최종덕 그렇다면 많은 문제가 해결되지요.

장회익 요약하면, 카테고리 차이가 있는 두 측면, 즉 외면과 내면에 해당하는 것이라고 할 수 있겠는데, 둘은 하나로 연결되어 있어요. '신체/마음 문제'의 이른바 '동일성 이론'(identity theory)과 아주 가까운 게 아닌가 생각합니다. 내적 측면에서 보면 주체로 보는 것이고, 외적 측면 곧 제3자 입장에서는 물리법칙에 들어맞는 현상으로 보는 거지요.

최종덕 그것이 시스템 내에서 결정할 수 없다는 괴델(Gödel)의 미결정성 이론과 통할 수 있다고 봅니다. 다시 말해서 의식의 과정을 물리적으로 아무리 합치고 붙여놓아도 의식의 주체가 되는 것이 아니라는 뜻이에요. 즉 의식의 주체는 의식의 과정을 분석하여 그것을 종합한다고 하여도, 주체의 존재는 여전히 결정될 수 없다는 것입니다. 우리는 지금까지 의식의 현상과 과정을 모두 동일한 차원에서 설명하려고 했거든요. 이것들 사이의 환원이 되느냐 안 되느냐의 문제에만 너무 골몰한 것 같습니다.

장회익 이 문제에서 환원 논의는 본령에서 벗어난 게 아닌가 싶어요. 환원을 이야기하자면 외적 측면, 곧 제3자의 측면 안에서만 생각해야 하는데, 이것은 이것대로 별도의 작업가설로 설정해 검토할 문제이지요.

최종덕 미국에서 활동하는 김재권 교수는 심신이론에 대한 '수반이론'의 세계적인 대가입니다. 그런데 김 교수 역시 대략

괴델과 불완전성정리

괴델(Kurt Gödel, 1906~78)은 '불완전성정리'로 유명한 수학자이자 논리학자이다. 오스트리아 제국(현 체코 지역)에서 태어나, 빈 대학 물리학과에 다니던 중 슐리크(Moritz Schlick)가 주도하던 비엔나 학파의 모임에 나간다. 「제1단 술어 논리의 완전성 정리」로 박사학위를 받고, 다음해인 1931년 20세기 수학기초론, 논리학에서 가장 중요한 발견으로 여겨지는 「불완전성정리」를 발표했다.

여기서 말하는 '완전성'이란 해당 체계 안에서 그 체계의 공리로부터 아무 모순 없이 증명 또는 정의되는 것을 의미한다. 이런 무모순성을 증명하려는 시도는 선배 수학자 힐베르트 연구에서 출발했으나, 그 결과는 오히려 힐베르트를 부정하는 "수학은 자신의 무모순성을 증명할 수 없다"라는 결론에 도달했다. 다시 말해서 체계 안의 참인 명제가 그 체계의 공리로부터 연역되지 않은 경우가 있다는 뜻이며 이는 산술을 포함하는 무모순인 어떠한 체계도 완전하지 않다는 뜻이다.

괴델의 불완전성정리(Incompleteness Theorem)는 수학을 포함한 통상적인 사유체계의 완결성을 재평가하였으며 과연 무엇이 참인가에 대한 인식의 진리성을 다시 질문한 역사적 도전이었다. 서구 전통 합리주의의 한계를 수학적으로 보여주었다는 평가를 받고 있다.

1990년대 초반부터 조금씩 철학적 견해가 바뀌었어요. 수반이론은 근본적으로 물질 일원론에 해당하는데, 나이가 들면서 그의 심신 수반이론은 점점 기존 유물론의 체계에서 벗어나고 있지요. 의식은 물질에 수반되는 것이라고 말할 때, 의식은 물질과 다르다는 말로 비칠 수 있어요. 물론 일원론이니까 완전히 다르다고는 할 수 없겠지만요. 그런데 수반이론의 성격이 점점 강조되면서, 물질로는 이론적 환원이 가능하지만 현상으로는 환원할 수 없다는 식의 주장까지 나오게 됩니다. 결국 그분의 고민도 주체, 자아의 문제입니다. 심리 분석철학에서는 자아를 형이상학적으로 보는 것을 금기시했기 때문에 물질 일원론의 성격이 있다는 점은 당연하지만 말이에요. 그런데 주체 문제를 자꾸 들여다보니까 의식의 문제가 물질적으로 단순하지 않다는 것을 깨닫게 된 것 같아요. 수반이론으로 미국 철학계를 깜짝 놀라게 한 철학자가 세월이 흐르면서 스스로 흔들리게 된 겁니다. 김재권 교수의 내적 갈등은 의식을 구조로만 보았을 뿐, 시간적인 요소를 빠뜨렸기 때문이 아닐까요? 인간 두뇌의 알고리즘의 진화방식이나 컴퓨터 계산의 시간적 알고리즘 등을 더 고려했다면 많은 문제가 해결될 수 있었을 텐데 말입니다. 인지과학에서 20년 가까이 논쟁해온 연결주의와 계산주의 사이의 문제도 진화적 시간개념을 도입하면 다소 해결방안이 보일 것 같은데요.

양자역학에서 의식의 주체

장회익 검토해볼 만한 일입니다. 그러나 시간성이 도입된다고 모든 게 풀리지는 않을 겁니다. 카테고리 이야기도 나왔지만, 주체와 대상을 한 카테고리 안에 넣어서 처리할 수가 없어요. 그것이 제일 명확히 나타나는 것이 '서술주체'의 경우예요. 서술주체 입장에서 대상을 서술할 때 서술내용 안에 서술주체를 함부로 집어넣으면 문제가 발생해요. 앞서 최 선생이 범주오류를 지적하신 것과 비슷한 것으로 '거짓말쟁이 역설'이라는 게 그렇습니다. 크레타의 한 사람이 "모든 크레타 사람은 거짓말쟁이다"라고 말해요. 그게 역설이 되는 것은 이 경우 말하는 주체가 그 서술대상에 포함되어 있기 때문이지요.

양자역학에서의 측정 문제도 바로 이런 것과 관련이 있어요. 양자역학은 대상을 서술하는 입장이에요. 그런데 주체와 대상 사이의 연관이 양자역학의 메타적 구조 속에 들어오기 때문에, 주체를 어떻게 처리할 것인가 하는 문제에 직면해요. 이때 주체와의 관계를 서술내용 안에 포함시키려 하면 역설적인 문제가 발생합니다. 이게 이른바 양자역학의 측정 문제이지요. 측정이라는 것은 기본적으로 대상으로부터 서술주체로 정보가 전해지는 과정인데, 고전역학에서는 이 부분이 문제를 일으키지 않지만 양자역학에서는 이른바 초기상태를 설정하는 데에 결정적 역할을 해요. 그래서 많은 물리학자 철학자들이 이 과정을 서술내용 속에 포함시키려 했지요. 그러다 보니 서술내용 속에 주체가 포함되는 결과가 되고 이것이 모순을 일으키는 겁니다. 양자역학을 제대로 파악하려면 주체와 대상을 메타적 관계로 봐야 해요. 대상에 대한 서술은 운동방정식에 따라 기술되는 일차 이론으로 보고, 측정의 문제를 포함한 전체 구조는 메타 이론적 관점에서 별도로 봐야 합니다.

우리의 일상언어 속에서는 주체와 대상이 섞여 사용되고 있는데, 엄격히 말하면 일차적 서술과 메타적 서술을 구별해야 해요. 암묵적으로는 구분해 사용하기 때문에 별 문제가 없지만 앞서 말한 '거짓말쟁이 역설'이라든가 '러셀의 역설' 등이 이러한 구분을 지키지 않은 데서 나타나는 모순이지요. '러셀의 역설'을 다시 말하면 이런 거예요. 카드의 한 면에는 "뒷면의 이야기는 참이다"라고 적혀 있고, 또 한 면에도 "뒷면의 이야기는 거짓이다"라고 적혀 있는 거예요. 이 두 가지 서술은 양립할 수가 없어요. 이야기의 내용 속에 서술의 대상과 이야기의 주체가 함께 뒤섞이기 때문이지요.

최종덕 동감이에요. 관찰의 주체 문제를 말씀하셨는데요. 가령 여기 양자역학의 대상이 있다고 합시다. 대상을 관찰하기 위해 현미경이 있고, 나는 또 안경을 썼어요. 그러면 이 대상이 대물렌즈와 대안렌즈, 그리고 안경을 통해서 들어옵니다. 대상을 인식하는 주체인 나도 따지고 보면 레티나(retina)라는 망막을 통하고, 뉴런(neuron)과 같은 신경선을 통하지요. 그렇다면 여기서 대상과 주체를 어디에서 구분할 수 있을 것인가에 대한 문제가 생길 수 있습니다. 초기 양자론의 수리구조를 구축한 폰노이만(John von Neumann)이 제기했듯이 말입니다. 폰노이만의 문제제기는 흥미로워요. 과연 객체와 주체를 어디서 어떤 경계선에서 나누어야 하는지를 보여줍니다. 대물렌즈를 경계로 객체와 주체가 나뉘지나요, 대안렌즈가 경계인가요? 안경은 도대체 객체에 속하나요, 주체에 속하나요? 내 눈의 레티나는 과연 주체에 속하나요, 아니면 대상을 보게 하는 물리적 수단에 지나지 않을까요? 뉴런의 신경 네트워크를 통해서 뇌에 이르는 과정에서 어디까지 객체로 간주해야 할까요? 이런 어려운 문제들이 양자역학의 측정 문제에서 생기는 인식의 복잡성에 관련되어 있잖아요.

장회익 우선 문제의 성격을 명확히 할 필요가 있어요. 고전역학에서와 달리 양자역학에서는 대상의 '상태'가 측정이 이루어질 때마다 달라진다는 것을 기본 공리로 삼고 있어요. 이미 대상의 '상태'를 내가 알고 있더라도, 거기에 다시 새로운 측정을 가하면 그 측정 결과에 맞추어 '상태'가 새롭게 지정된다는 것인데, 흔히들 '측정 장치의 영향을 받아' 상태가 달라진다고 해석하지만, 별로 적절한 해석이 아닙니다. 어쨌든 새로운 '상태'가 된다는 것은 분명한데, 문제는 측정이 되었다는 것이 무엇이기에 이 순간부터 '상태'가 바뀌는가 하는 점이에요. 측정이라는 것은 "서술주체가 대상에 대한 새 정보를 얻었다"는 상황을 말하는 거예요. 그렇다면 "이 정보가 어디에 도착했을 때, 대상의 '상태'가 바뀌는가?" 하는 점이지요. 지금 말씀하신 것처럼, 현미경 대물렌즈에 도착했을 때인가, 관측자의 망막에 도달했을 때인가, 관측자의 두뇌에 도달했을 때인가? 도대체 서술주체란 무엇을 말하는가? 이런 문제들이 나온다는 겁니다.

우리는 '대상 물체'의 상태를 논하고 있거든요. 예를 들어 관측자의 두뇌에 정보가 도달했을 때, '상태'가 바뀐다고 해봅시다. 대상 물체 입장에서 이것이 망막에 도달했는지, 두뇌에 도달했는지 어떻게 '알고' 그 상태를 바꾸느냐 하는 문제가 발생합니다. 어떤 극단적 해석에 따르면 인간의 '의식'이 대상에 영향을 미쳐 그 상태를 바뀌게 한다고 보는데, 이러한 것들이 양자역학을 둘러싼 터무니없는 신화를 만들어내고 있어요. 그게 아니라 이러한 정보를 구성할 물리적 자극이 대상으로부터 발사되는 순간, 대상은 이미 그 역작용으로 '상태' 변화를 가져오게 되고, 이렇게 발사된 물리적 자극은 일정한 통로를 거쳐 주체에까지 알려질 수도 있고 도중에 소멸될 수도 있는 겁니다. 주체가 현명하게 이를 감지하여 새로운 초기 '상태'를 알면 그를 통해 이것의 미래 행위를 예측하는 거고, 그렇지 못하면 미래 행위 서술에 실패할 뿐입니다. 하지만 대상으로서는 자기를 서술하든 말든 자기 상태에 따른 물리적 행위를 하게 될 뿐이지요. 다시 말해 정보가 현재 어디에 도달했는가 하는 것은 대상의 행위와는 무관한 서술주체 내부의 문제에 해당합니다.

최종덕 그렇다면 그것은 대상과 주체 사이의 경계를 어디로 한다는 뜻인가요?

장회익 현실적으로는 대상과 주체 사이의 경계를 설정하는 데에 아무런 문제가 없어요. 고전역학에서든 양자역학에서든 항상 서술대상을 무엇으로 삼느냐 하는 것을 명백히 하고 시작합니다. 여기에 "어떤 힘을 받는 어떤 물체가 있다"라고 말을 시작하는 데, 이것이 대상의 설정입니다. 다소 어려운 표현을 동원한다면 이 대상을 라그랑지안(Lagrangian) 또는 해밀토니안(Hamiltonian)이라고 하는 '함수'로 나타내고 이것을 써서 고전역학에서는 뉴턴의

라그랑지안과 해밀토니안

$$\frac{d}{dt}\left(\frac{\partial L}{\partial \dot{q}_i}\right) - \frac{\partial L}{\partial q_i} = 0$$

$$\frac{d}{dt}\left(\frac{\partial T}{\partial \dot{q}_i}\right) - \frac{\partial L}{\partial q_i} = Q_i$$

물리학 특히 동역학에서는 대상을 '서술한다'는 말을 흔히 한다. 화가가 예컨대 한 마리의 말을 서술한다고 하면, 종이에 말을 그릴 것이다. 이때 그림에는 말의 특징이 반영되어 이것이 말임을 알아보게 할 것이고 또 그 취하고 있는 동작을 통해 그것의 운동상태를 나타낼 것이다. 물리학에서 이에 해당하는 것은 대상의 '동역학적 특성을 나타낼 수학적 표현'과 그 운동상태를 나타낼 '동역학적 변수들의 초기 값'이다. 이때 '동역학적 특성을 나타낼 수학적 표현'이 바로 '라그랑지안'(Lagrangian) 함수 또는 '해밀토니안'(Hamiltonian) 함수이다.

라그랑지안을 취하느냐 해밀토니안을 취하느냐 하는 것은 그 서술양식의 차이에 따라 결정될 뿐 함축하는 내용은 동일하다. 이들은 물리적 서술을 위해 필요한 대상의 모든 특성을 반영하고 있다. 이러한 특성을 가진 대상이 구체적으로 어떠한 움직임을 나타낼 것이냐 하는 것은 이 특성 함수에 동력학적 법칙들을 적용하고 여기에 다시 별도로 측정한 '동역학적 변수들의 초기 값'을 활용하여 산출하게 된다. 즉 물리학적 대상의 서술을 그것의 '특성'과 '상태'로 구분해 이야기한다면, 라그랑지안과 해밀토니안 함수는 그것의 특성을 나타내주는 수학적 표현이라 할 수 있다.

운동방정식, 양자역학에서는 슈뢰딩거방정식을 만들어 그 대상의 운동을 서술하는 겁니다.

그렇다면 서술주체는 어디까지냐? 이것은 원칙적으로 규정된 서술대상의 밖에 속하는 모든 물리적 공간을 포괄합니다. 대상과 가장 가까이 접하는 측정장치에서부터, 관측자의 눈, 신경세포, 두뇌 등 모든 것이 주체의 영역에 해당하는 것이지요. 측정이 이루어지면 정보를 담은 물리적 자극이 이 안으로 들어오게 되는데, 주체에게 중요한 것은 이런 '물리적' 영역이 아니라 이것의 '정보적' 소통, 그리고 대상을 서술하는 '지적' 활동이지요. 즉 '측정'이라는 것은 물리적 영역에 속하는 대상에서 지적 영역에 속하는 주체로의 정보적 전이(transaction)가 이루어지는 걸 말합니다. 그래서 측정의 과정은 물리적 서술의 대상이 아니라 이 두 영역을 포괄하는 메타적 서술대상이 되지요. 이른바 '측정의 문제'라는 것은 이 두 서술 사이의 혼동에서 초래된 것이라 할 수 있어요.

요약하면, 양자역학적 서술은 엄격히 규정되는 대상에만 국한되고, 측정장치를 통해 주체 쪽에서 얻게 되는 것은 대상의 상태에 대한 '정보'일 뿐이에요. 대상의 '상태'는 동역학적 서술 대상이지만 '정보'는 메타 이론적 언술의 대상이 되는 거고요. 이 구분이 대단히 중요한데, 지난 몇 십 년간 서울대학교에서 내가 제자들과 이것을 밝히기까지 여기에 주목한 사람들이 아무도 없었어요. 말씀하셨듯이 그때까지의 통념으로는 대상과 주체 사이를 구분지을 수 없는 것으로 보았지요. 서로 연결되어 영향을 주기 때문에, 또 그 애매성 때문에 구분이 안 된다는 거였어요. 이게 근본적으로 양자역학을 모호하게 만들었지요. 그럴수록 대상과 주체 사이의 관계를 선명하게 해야 할 필요가 있어요. 그런데 닐스 보어를 중심으로 하는 이른바 코펜하겐 해석은 이것을 아주 애매하게 만들어왔어요.

최종덕 저도 양자역학의 주체를 정확하게 이해하지 못하고 객체화된 대상과 뒤섞어 해석하는 것은 많은 오해를 불러일으킨다고 생각했어요. 선생님의 이야기를 듣고보니 다소 오해가 풀리는 듯합니다. 그런데 어쨌든 '주체'라는 용어, 그런 개념을 자연과학에서 언급하기 시작했다는 것은 양자론의 획기적인 측면이라고 봅니다.

장회익 이것이 어쩌면 과학과 철학 사이의 중요한 새 연결고리가 될 겁니다.

삶의 경험주체로서의 의식

최종덕 의식이란 물질로부터 불쑥 나왔다는 말에서 시작해 양자역학 인식론의 주객 관계에 이르기까지 이야기를 전개했습니다. 물질에 원천을 두고 있는 의식이 다시 물질적 외부 대상에 관여하거나 간섭할 수 있는지, 아니면 관념론처럼 의식이 대상을 아예 재구성하는 것인지 이런 식의 논의는 끝이 없겠지요. 앞서 전개한 논의는 양자역학이 등장하면서 주관과 객관이 서로 대화할 수 있는 새로운 방식이 생겼다는 것으로 해석될 수 있을 듯합니다. 단지 그런 만남과 대화가 기존의 과학적 객관주의의 일방적 대체물로만 제시되어서는 곤란하겠지요. 객관주의에 대한 반작용으로서 뉴턴이나 데카르트를 겉만 보고 비난한다든가, 형이상학적 존재론으로만 객관세계를 파악한다든가, 아니면 관념론적 유아론(唯我論)에 빠지는 일이 없어야 합니다. 앞서도 말했지만 의식의 주체를 물질적 객체와 이원론적으로 대비시키는 태도도 이제 버리는 것이 좋을 듯합니다.

주체는 결국 삶의 경험과 만나는 통로로서 파악되어야 하는 것이 중요합니다. 주체는 항상 삶의 경험 속에서 외부와 만나는 의식의 과정이라는 것이 저의 기본적인 생각입니다. 혹자는 자기 자신과 자기 안에서 만나는 일상적 계기들이 많은데 그런 실존적 만남의 자아가 주체로 될 수 있는지 질문합니다. 저는 오히려 그런 자아가 더 주체적이지 않느냐고 거꾸로 반문합니다. 저는 외부세계와의 만남을 모방하는 것이 곧 자아가 자신을 만나는 의식의 원형이라고 생각합니다.

장회익 양자역학에서는 서술주체가 문제되었는데, 이것이 주체라는 점에서 우리가 더 폭넓게 경험하게 되는 인식주체, 의식주체, 그리고 삶의 주체와 어떤 연장선상에 놓인 것으로 생각해볼 수가 있겠지요.

최종덕 자아와 외부세계가 만나는 이러한 만남에는 반드시 시간 개념이 들어갑니다. 주체에 대한 의식, 자아를 인지하는 능력 등은 인류의 놀라운 진화적 측면인데, 이것을 도외시할 때 많은 문제가 발생합니다. 예를 들어 어항 속의 물고기가 주체에 대한 자아의식이 없다고 어떻게 단정하지요? 우리는 물고기가 주체를 가지고 있는지 없는지를 파악할 수 있는 방법이 전혀 없다는 겁니다. 인간의 의지와 정신의 고유성을 내세우기 위하여 유아론을 고집하

> **최** 주체는 삶의 경험과 만나는 통로로서
> 파악되어야 합니다. 주체는 항상 삶의 경험 속에서
> 외부와 만나는 의식의 과정입니다.

는 경우, 물고기의 의식이 있지만 다만 알 수 없을 뿐이라는 자가당착에 빠질 수 있어요. 이는 의식에 대한 논리적인 접근만 할 경우에 생기는 엄청난 오류일 수 있습니다. 그래서 진화사적 고려가 있어야 인간의 고유한 자아의식의 현상과 유아론적인 자아 존재 사이의 경계선을 비로소 나눌 수 있다는 겁니다. 결국 자아에 대한 인문학적 질문과 성찰을 위하여 과학을 통한 사실의 지식을 수용해야 한다는 말입니다. 또한 그 역도 성립해야 되겠고요. 그것이 과학과 인문학의 실제적인 만남이 되는 거죠.

장회익 이런 점에서 인식의 문제라든가 삶의 문제 역시 새로 파악된 사실적 지식들과 부딪혀봄으로써 새로운 도전과 함께 깊이를 더해갈 수 있다고 봅니다. 좀더 구체적으로는 인문학과 철학이 자연과학의 성과들을 만나 이를 기존의 사고 틀 안에서 어떻게 수용할 수 있는지, 그 사고의 틀을 어떻게 넓혀나갈 수 있을지 고민해봐야 합니다. 삶의 원리와 인간의 도리를 파악하기 위해서도 우주 자연의 질서와 생명의 존재양상을 널리 참조해야 할 필요가 있고요. 나 자신은 최근 양자역학의 서술주체 개념을 더 확장해 집합적 인식주체, 집합적 의식주체의 개념을 생각해보고 있습니다. 인식, 의식, 그리고 삶에 있어서 너와 나가 서로 어떻게 연결되어 있는가, 결국 우리라는 것이 무엇인가 하는 점들 말입니다.

최종덕 장 선생님께서 의식에 접근하는 방법론적 사유에 대하여 말씀하신 내용이 중요하게 여겨집니다. 결국은 의식에 대한 철학적 인식을 위하여 자연질서에 대한 인식이 배경으로 있어야 한다는 말인 듯합니다. 더 구체적으로 의식의 문제를 다루기 위하여 의식의 물리적 원형을 고려해야 한다는 뜻으로 받아들여도 괜찮을까요? 현재의 의식과 의식의 원형으로서 자연의 질서를 연관시킬 수 있다면 개인의 의식이 서로 소통 불가능한 고립적인 의식일 것이라는 일반적인 선입관에서 벗어날 수 있을 것 같기 때문입니다. 다시 말해서 내가 의식하고 있다는 것을 타자가 알려면 어떤 전달방식이 있어야 하며, 그 상호 소통방식이 무엇이냐는 질문에 직면하게 됩니다. 그러나 고립적인 의식들을 하나의 집합체로 어떻게 연관시킬지를 고민하는 것보다, 원래 개체의식이 하나에서 출발한 것이어서 공통의 원형을 기억하고 있는 것으로 해석하면 많은 문제가 풀리지 않을까요? 공통의 원형이라는 의미를 추상적으로 말하는 것이 아니라 진화생물학적 공동조상의 형질이라는 자연학적 의미로 보는 거지요.

장회익 의식의 공통된 원형이라는 말은 무척 흥미로운 생각입니다. 이것이 주는 시사점은 두 가지가 될 것 같아요. 첫째 하나는 남도 나와 같은 의식을 가질 것인가 하는 문제가 던진 시사점이지요. 의식이라는 것은 주체적인 것이기 때문에 엄격히 말해 나는 내가 의식한다는 것밖에 말할 수가 없어요. 그렇지만 공통의 원형이라는 것이 있다면 나에게만 특별할 필요가 없다는 논리가 성립되지요. 나와 나 아닌 사람이 객관적으로 무엇이 다르냐, 같은 선조에게서 태어났고 비슷한 생김새와 생리작용을 하지 않느냐. 그런데 나는 의식을 가지고 있으니, 다른 사람 또한 이런 의식이 없을 이유가 뭐냐는 논리가 성립합니다.

둘째로는 의사소통이 가능하리라는 겁니다. 사실은 "나는 의식이 있는데, 너도 의식이 있어?"하고 묻고, 저쪽에서 "그래, 나도 의식이 있어"라고 해버리면 끝나거든요. 그만큼 우리가 의사소통을 신뢰하는데, 그 근거가 사실은 좀 약하지요. 그런데 공통의 원형이라는 것이 가능하다면 좋은 근거로 작용하리라고 본 거지요.

최종덕 말하자면 유추의 논리인데, 아주 실질적입니다. 이런 것이 없다면, 나만 주체를 가지고 있다고 해도 그 반증은 할 수 없어요. 아기들은 급성수술을 해야 하는 경우에도 아프다는 말을 못해요. 자아의식은 아프다고 느끼지만 전달이 안 되지요. 1940년대에는 아기들을 수술시킬 때, 마취제로 쿠라레(curare)라는 식물을 정제해 생약으로 사용했다고 합니다. 그런데 1950년대 말이 약이 아무런 효과가 없었다는 게 밝혀진 겁니다. 고통을 느끼지 못하게 하는 신경 마취가 아니라 고통을 표현하는 신체의 근육만을 마비시키는 근육 이완제의 효과만 있었던 거지요. 그동안 아기들은 수술받으면서 엄청난 고통을 당한 거지요. 끔찍한 일이에요.

결국 의식이라는 것은 현상적으로 표현해야만 하고 표현은 곧 타인의 의식과 만남을 목표로 하지요. 자아라는 것이 서로 만남의 작용을 해야 하고, 고립된 자아의 의미는 추상적인 형이상학을 위해 있는 것이지 실제의 의미는 없다고 봅니다.

장회익 역시 최 선생은 경험주의 입장이 강하시군요. 저도 마찬가지입니다. 그러나 경험주의자가 조심할 부분이 있어요. 분석 가능한 미시적 개체만을 탐구한 나머지 개체 간 연결과 소통에 대한 지식을 소홀히 할 수 있습니다.

최종덕 여태까지는 나와 다른 자아의 간극, 즉 자아의 차별성 또는 정체성을 이야기하면 자아를 철학적으로 설명하는 것이 되었어요. 20세기 초반의 심리학과 심리철학 대부분이 그랬지요. 그런데 이런 자아는 자칫 단절된 자아에 국한될 수 있어요. 그런 자아만 자아인가요? 오히려 소통 가능한 자아의 문제가 더 중요하고, 그러한 접근방식이 자아의 문제를 더 잘 설명할 수 있다고 생각합니다.

장회익 소통이 불가능할 때, 나 홀로 개척할 수 있는 정신세계란 어떤 것일까 생각해보게 되는데, 아마 극히 제한적일 거예요. 그래서 결국 '집합적 주체'를 생각해봅니다. 집합적 주체란 고립된 자아가 아니라 내가 속한 집단의 타인과 더불어 사는 '공유된 주체'라는 뜻입니다. 무엇을 공유하느냐? 바로 사유의 틀, 인식의 틀입니다. 그런 틀을 함께 한다는 강한 연대감이 소통을 가능케 합니다. 그래서 소통을 지닌 '나'로서의 주체는 집합적 주체에 근접하는 게 아닌가 하는 생각도 들어요. '우리'라는 것이기도 하고요.

가치의 주체성: 삶의 윤리

최종덕 이제 좀더 구체적인 현실에서 자아의 주체성이 어떻게 적용되고 실현되어야 하는지를 따져보아야 해요. 의료 불평등, 빈곤, 인권침해, 낙태 등의 생명윤리 위기상황이 계속 발생한다면 주체라는 그럴 듯한 개념을 철학적으로 아무리 떠들어봐야 소용없겠지요.

장회익 그런 위기 상황이란, 결국 앞서 말한 이해 부재, 소통 부재의 전형적인 결과예요. 낙태문제를 예로 들면, 인간의 주체성이 어느 시점부터 시작하느냐와 연관되겠지요. 태아는 인격에 해당하는 그 무엇도 인정할 수 없으므로 인간으로 볼 수 없다는 주장에서 태아 역시 성숙한 인간이나 마찬가지이기 때문에 살인행위에 해당한다는 데까지 다양한 주장들이 있죠.

얼마 전 어느 모임에서 생명문제에 관한 토론이 있었어요. 한 신부님은 정자와 난자가 만나는 순간부터 인간이므로 태아의 인권을 인정해야 한다고 주장하셨어요. 나는 정자와 난자가 따로 따로 있는 건 인간이 아니냐고 따져 물었지요. 그랬더니 "그건 인간이 아니다. 그들이 만나지 않으면 인간 노릇을 할 수 없지 않느냐"고 하더군요. 그렇다면 인간 노릇이 뭐냐, 생물학적으로는 적어도 후손을 가져야 생존이 지속되고, 인간도 후손을 가질 수 있어야 인간 노릇을 하는 게 아니냐? 그렇다면 좀 우스운 이야기지만, 결혼 안한 사람은 인간이 아니고 결혼한 커플이어야 비로소 인간이 되느냐고 했지요. 그랬더니 그 신부님이 엄청 화가 나신 거예요. 졸지

> **최** 인간의 주체성 문제를 다루기 위해서는 반드시 상실된 주체성을 찾아가려는 현재 사회체계의 현실적 문제를 도외시할 수 없습니다.

에 인간이 아닌 것으로 되어버렸으니까요.(웃음) 사실 예전 우리 선조들은 그렇게 보기도 했어요. 결혼 안 한 사람들은 족보에도 못 올라갔지요.

최종덕 정말 재미있는 토론이었겠군요.

장회익 내가 하려는 이야기는 인간이냐 아니냐 하는 것은 단순히 '예, 아니오'의 문제가 아니라는 거예요. 인간이 형성되기 위해서 많은 점진적인 과정이 있어요. 그 가운데에는 물론 정자와 난자가 만나 태아가 형성되는 단계라든가 14일이 지나 기능별 분화가 시작되는 단계, 임신 4주가 지나 신경구조가 형성되는 단계, 마침내 모체에서 산소와 영양을 공급받지 않아도 되는 출산단계, 언어를 이해하고 의식이 생겨나는 단계, 의식이 더 발전하여 성인에 이르는 단계 등 비약적 진전이 보이는 과정들이 있지요. 이런 도약들이 있지만 전체적으로는 연속적이지요. 0에서 갑자기 1로 뛰어오르는 게 아니라는 뜻입니다. 한 가지 덧붙이면 성인이 되더라도 결코 완전한 존재는 아니라는 거예요. 정상적인 생존이 가능한 보생명, 곧 가족과 사회 그리고 필요한 모든 정신적·물질적 여건이 함께 해야 완전한 삶을 이루게 됩니다.

최종덕 주체의 문제는 결국 인간의 문제, 더 나아가 사회적 인간학의 문제로 넘어가는데요. 사실 이런 논의는 복잡한 난제이지만, 우선 사회적 측면에서는 주체성이 인간의 핵심이라고 할 수 있어요. 물론 인간이 '인간답다'라는 의미에서의 주체성과 저희들이 지금까지 얘기한 주체는 개념이 다르지만요. 어쨌든 주체성이 결여된 인간을 우리가 어떻게 볼 것인가라는 거지요.

장회익 식물인간도 하나의 예가 되겠네요.

최종덕 생명윤리의 기준에서 '인간'이라는 개념은 어려운 주제예요.

장회익 어디까지가 인간이라고 정해놓고 강요할 게 아니라, 왜 인간을 소중하게 여겨야 하느냐의 문제를 더 생각해야 합니다. 미성숙한 존재도 잠재성을 가지고 있기 때문에 소중히 여겨야 한다는 건 당연한 얘기이고요.

최종덕 수정부터가 인간이냐, 또는 착상 이후냐, 줄기세포가 형성되어 각 기능별로 분화하는 14일부터냐, 태어나는 때부터냐 하는 문제는 별 의미가 없어요.

장회익 결국 점진적으로 인간을 지향해 나가고 있다고 보면 되지요. 그 단계를 어느 시점에서 끊으려는 것 자체가 무리입니다.

또한 지나친 윤리 강박주의도 문제예요. 윤리란 결국 우리가 어떻게 행동할 것인가의 문제인데, 그것을 규범으로 정한다는 건 위험해요. 윤리란 정해진 길을 가는 것이 아니라 답 없는 길을 찾아 나가는 데에 작은 보탬을 주는 거예요. 윤리를 누가 정하고, 무엇을 기준으로 정하겠어요? 규범을 정하는 것보다는 어떤 판단 기준이 있으면 그것이 어떤 배경과 이유에서 나왔는지 생각해보고 폭넓은 합의를 도출해나가는 것이 중요합니다.

최종덕 1994년 르완다 대학살 사태가 났을 때 짧은 3개월 사이에 무려 백만 명이 죽었어요. 지금도 수단에서는 지난 몇 년 동안 25만 명이 죽어가고 있어요. 3개월에 백만 명이면 하루에 만 명이 죽은 셈이죠. 미국 캘리포니아 주에서 나오는 농산물만으로도 아프리카 인구 전체를 먹여 살릴 수 있다는 통계치를 본 적이 있어요. 동남아시아 해일 때 세계적인 지원이 들어왔지요. 이 액수는 유니세프에서 아프리카에 지원하는 액수의 약 15배였습니다. 이런 수치를 따지자는 게 아니라, 생명의 가치는 동등한 것인데도 생명 논의에서 사람의 가치를 논할 때 묘하게도 편협적이라는 겁니다. 수정 순간이냐, 14일 이후냐, 아니면 출산 이후냐의 논의도 사람의 가치에 관한 논의예요. 그렇다면 아프리카 사람들의 생명가치도 동등한 수준에서 논의되어야 해요. 저의 이야기가 요즘 한창 논쟁 중인 생명윤리 문제와 방향이 좀 다르기 때문에 얼토당토하게 들릴지 몰라요. 그러나 인간의 주체성 문제를 다루기 위해서는 반드시 상실된 주체성을 찾아가려는 현재 사회체계의 현실적 문제를 도외시할 수 없습니다. 생명의 문제와 사회의 문제는 분리시킬 수 없고, 주체의 문제 역시 현실의 사회적 환경과의 갈등을 무시할 수 없습니다. 그러한 사회적 접근 방식이 철학적 논의로 이어져야 해요. 예를 들어 배아복제 기술이 완성되어 치료목적용 의료복지가 구현된다고 해도 여전히 가난한 사람들은 혜택을 받을 수 없는 것이 현실이니까요. 그래서 저는 기존의 규범 윤리 안에서 인간의 주체성을 다 해명하려는 것은 형이상학적 유토피아라고 봅니다.

장회익 이러한 사회적 불평등, 구조적 부정의 등이 폭넓게 고려되고 시정되어야지요. 그런데도 이런 것들이 좁은 생명관에 묶여 좀처럼 개선의 기미를 보이지 않고 있어요. 안락사 문제만 하더라도 그렇습니다. 사실 산다는 게 뭡니까? 본인이 어떤 삶의 의미를 느껴야 하는 겁니다. 작게는 지나친 고통을 받지 않아야 하고. 사람이니까 절대 죽게 두어서는 안 되고, 적극적인 의료행위가 불가능한데도 삶을 유지시켜야 한다, 그렇게만 얘기할 수 없어요. 이런 문제도 훨씬 유연하게 바라볼 시각이 있어야 해요. 인간이라는 범주를 경직되게 바라봐서는 안 되지요.

최종덕 의식의 주체성, 인간성의 문제를 경직된 구획과 실체성의 관점에서만 바라보는 것이 아니라 좀더 유연하게 과정의 측면에서 보는 것이 중요합니다.

이제 지금까지 이야기된 것을 어느 정도 정리할 필요가 있겠어요. 이 논의에서 우리들은 의식에 관해 역사적·진화론적 접근의 중요성을 강조했습니다. 장구한 생명의 역사가 시작하는 시점에서 물질의 원형으로부터 의식이 생기고, 문화·언어를 통해 더 고양된 의식이 생기게 되었다는 자연주의적 접근의 의미를 되새겼습니다. 그런데 이런 진화적 변화들은 불연속적으로 단계적인 도약이 있었지만 전체적으로 보면 연속적입니다. 불연속과 연속이 중첩되어 있는 자연의 변화과정을 볼 때, 너무 평면적인 환원주의의 논리는 편협된 결과만을 낳습니다. 그래서 자연의 변화, 생명의 진화, 의식의 고양에 대한 접근방식은 항상 입체적이고 메타적으로 봐야 할 필요가 있습니다. 또한 의식을 어떻게 정의하느냐에 따라 알맹이는 비슷하지만 껍데기만 바뀌는 그런 논쟁점이 반복하여 악순환의 고리에 빠질 우려가 있으므로, 논쟁점의 범주가 어디에 놓여 있는지, 범주의 차이가 무엇인지를 먼저 검토하는 게 중요하다는 얘기도 했습니다. 또 문화적 상호작용으로서의 자각의식에 관해, 인간과 인간의 가치에 대해 얘기하다보니 생명윤리 문제와 그 사회적 주체의 의미로까지 진전되었습니다.

6

대립과 화해, 물러섬과 나아감

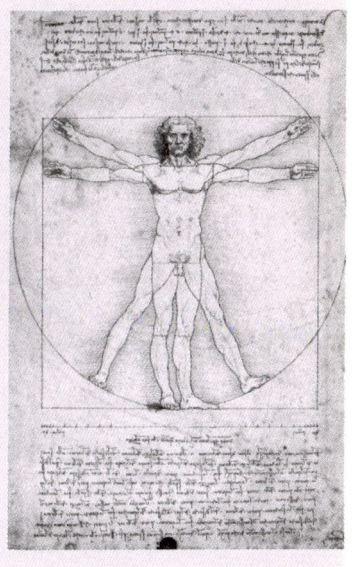

종합을 향한 통찰

최종덕 우리는 그동안 이분법적 개념과 사유를 고민하고, 그 고민으로부터 종합을 향한 소통의 길을 찾고자 긴 이야기여행을 떠나왔습니다. 자연과학과 인문학, 고전역학과 현대물리학, 개체와 온생명, 동양과 서양, 의식과 물질 등의 이원적 분화가 갖는 철학적 오류를 지적하기도 했고, 나름대로 대안을 모색하기도 했습니다. 그렇다면 이제 우리가 찾아 나섰던 대안의 길이 이원성을 붕괴하고 종합적 전체만을 지향한 것인지를 다시 검토할 필요가 있다고 봅니다.

동양의 지성이 서양의 세계관을 접하면서 동서양의 이원적 분화의 깊은 골에 빠지게 되었고, 과학적 이성과 이성 해체의 분화가 커다란 인문학적 논쟁이 되기도 했습니다. 철학사에서 볼 경우 정신과 신체, 의식과 물질, 그리고 본질과 현상 혹은 실체와 양태 그리고 경험과 이성 등의 이분법적 존재론 및 인식론의 분화를 익히 겪어왔습니다. 20세기 들어와 풍요로운 물질세계 뒷면에 착 달라붙은 환경위기와 인간소외가 심각히 노출되면서 과연 그런 이분화된 세계관이 정당했는지를 되묻게 되었습니다. 그래서 이분화의 사유는 비판의 도마 위에 오르게 되었고, 그 필수양념으로 데카르트라는 철학자 혹은 뉴턴과 같은 물리학자는 항상 부정적으로만 회자되어왔습니다. 저 역시 이분법의 세계를 탈피하고자 다양한 학문을 시도해왔지만 아직도 그 이원적 분화의 골에서 벗어나지 못했음을 솔직히 시인할 수밖에 없습니다.

장회익 그런 고민을 『주역』 계사전(繫辭傳)에 나오는 다음과 같은 구절을 통해 생각해보면 어떨까요.

역유태극(易有太極) 시생양의(是生兩儀) 양의생사상(兩儀生四象) 사상생팔괘(四象生八卦)

전체는 하나인데 그것이 양의(兩儀), 곧 음양(陰陽)을 낳고, 다시 사상(四象)을 낳고, 다시 팔괘(八卦)를 낳는다는 이야기입니다. 물론 이건 부정할 수 없는 진리나 대원칙이 아니라 하나의 관점이지요.

최종덕 고전 역시 하나의 관점이라는 말인가요? 사유의 이분화가 일종의 방법론이란 뜻인가요?

장회익 그렇지요. 그런데 이 안에는 사물을 깊이 통찰해서 얻은 지혜가 담겨 있다고 봅니다. 세상은 다양하지요. 그렇지만 다양한 것만 봐서는 그 안에 들어있는 조화라든가 질서는 보지 못해요. 그래서 관련되는 것끼리 서로 묶어나가다 보면 최종적으로 하나에 이를 수도 있고 둘에 이를 수도 있습니다. 하나에 이르면 일원론이 되고 둘에 이르면 이원론이 되지요. 그런데 『주역』의 이 주장은 결국 태극, 곧 하나에 이르게 된다는 이야기예요. 존재론적으로 말하면 거꾸로 하나에서 나왔다는 이야기가 되는데, 양방향에서 마찬가지지요. 그런데 이것을 무조건 받아들이거나 고집할 것이 아니라 하나의 작업가설로 삼는다는 것은 현명한 일입니다. 모든 것의 관련성을 살피다가 결국 전체를 다 함께 연결해내는 결과를 얻게 된다면 가장 좋은 일이고, 설사 거기에 못 미친다 하더라도 그래서 결국 이원론에 머문다 하더라도, 그러한 시도를 해보는 것은 나쁠 게 없지요. 저는 기본적으로 일원론을 지향하고 있어요. 그렇지만 모든 게 하나니까 더 이상 할 것도 없는 끝이라고 하는 자세가 아니라 이 하나가 어떻게 둘과 연결되고 또 이것이 어떻게 넷, 여덟, 그리고 무수한 다양성과 연결되는가를 계속 찾아나서야 하는 것이지요.

최종덕 무한한 다양성이 일자(一者)로 수렴된다는 뜻인가요?

장회익 그러한 가능성을 보자는 거지요. 처음부터 그렇다, 아니다가 아니라 그렇게 살펴나가다가 어디까지 갈 수 있는지를 보자는 거예요. 그렇게 해서 현재까지 내가 도달한 궁극적인 존재론은 '일원양면론'(一元兩面論)이라 할 수 있지 않을까 합니다. 궁극적으로는 물질이 존재하는데, 이 물질은 물리적 서술대상, 곧 외적 측면만을 지닌 물질이 아니라 주체적 의식의 발현, 곧 내적 측면도 지닐 수 있는 물질이라는 거예요. 다른 모든 것들도 이를 바탕으로 이해될 수 있으리라고 봅니다. 사실 물질과 마음을 뚝 떼어내 이원론으로 생각하면 무척 편합니다. 그러나 그럴 경우 이것 사이에 존재하는 떼려야 뗄 수 없는 관련성을 모두 놓쳐버리고 말아요.

최종덕 유심론처럼 정신만을 인정하는 것은 물론이고, 물질과 정신을 독립적으로 구획하는 일 역시 일종의 관념론일 수 있다고 생각합니다. 그러나 물질로 환원된다는 유물론 역시 지나치게 소박한 생각일 것입니다. 선생님의 일원양면론은 그런 소박한 유물론을 거부하면서도 존재의 통일성을 강조하는 것 같습니다. 그런데 일원양면론은 스피노자에게서 이미 사유되었던 방식이지 아닐까요? 스피노자에게서 존재는 일원성을 지니지만 그 양태는 무한하다고 보는 거예요. 그런 무한한 양태 중에서 인간에게 발현되는 것은 심신의 두 측면이라고 보는 것이지요. 스피노자의 이런 해석은 관념론이나 유물론의 논의 차원을 넘어서 더 높은 수준의 논의를 필요로 합니다.

장회익 그러니까 관념론도 유물론도 아니면서 두 측면을 모두 포괄하는 것으로 보아야지요. 이것은 결코 둘을 섞어버리는 절충론이 아니에요. 기본적으로 하나이면서도 두 측면이 모두 나타나는 새로운 하나의 독자적 존재론이지요. 사실 저는 이러한 생각을 혼자해오면서 스피노자의 사상은 거의 검토해보지 않았어요. 그러다가 최근에 들어 깊이 있게 살펴보고 있는데, 참 놀라운 직관에 도달했다는 생각이 들어요. 나와 스피노자가 서로 독자적으로 생각을 했는데 결과가 거의 일치한다는 데서 희열도 느껴요. 그러고 내가 스피노자를 더 일찍 공부하지 않은 것을 다행으로 생각해요. 스피노자 없이도 그런 생각에 도달했다는 것이 그 생각의 객관성을 한층 높여주고 있거든요.

이것은 물론 가장 기본적인 존재에 대한 이론이지만, 그 외에 가지에 해당하는 다양한 대상에서 여전히 이런 사고는 가능하다고 봐요. 지금까지 나열된 양단의 두 체계가 하나냐 둘이냐 하는 논쟁의 대상으로 떠오르는데, 여기에 대해서도 마찬가지 생각을 해볼 수 있지요. 이들이 물과 기름과 같이 융합될 수 없는 대척점에 서 있다고 보면 이원론이고, 이들을 묶는 명백한 관련성이 있다고 보면 일원론이 됩니다. 물론 차이를 무시하자는 것이 아니에요. 단지 그 관련성에 주목하는 입장이 더 생산적인 것이 아닌가 생각하고 있어요. 심지어 차이점조차도 관련성을 먼저 확실히 하고 난 후에 더 잘 드러나는 것이지요.

요즘의 탈근대적 사유가 잘못된 일원화, 과도한 일반화를 경계한다는 점에서 의미 있는 기여를 한다고 생각해요. 그렇지만 자연스럽게 지니는 관계성마저 부정하고 분리된 독자적 면모만 보자고 하는 도그마로 빠진다면 또 다른 면에서 걱정스런 일입니다.

최종덕 무슨 말인지 조금 이해하겠습니다. 저 역시 방법론으로서의 이분법적 설명방식을 거부하지 않습니다. 오히려 그런 방식이 학생들을 가르치는데 도움이 된다고 봅니다. 그런데 저의 고민은 다른 데 있습니다. 나라는 자체가 이원적인 방식으로 존재하는 것이 아닌가라는 내적 갈등입니다.

장회익 그것이 내가 말한 근원적 존재론의 문제이지요. '생각하는 나'와 '신체로서의 나'의 문제인데, 데카르트는 간단히 이원론으로 풀려고 했단 말이지요. 최 선생과 길게 이야기를 나눴지만, 나는 이것을 하나로 봐요. 생각하는 나와 몸으로서 나는 나를 표현하는 두 가지 측면일 뿐이고, 원래 하나일 수밖에 없어요. 그런데 최 선생이 지금 자신의 정체성에 대해 고민하시는 것이 이런 근원적 차원의 이야기인지, 좀더 현실적 차원의 이야기인지를 모르겠군요.

최종덕 근원적 차원의 이야기라기보다는 여러 차원에서 나 자신이 이중적 태도의 주체라는 생각이 듭니다. 저는 과학과 철학,

최 정신과 물질, 무위와 유위, 내적 성찰과 외적 참여,……
나는 양단의 어느 하나도 해결하지 못하고 왔다갔다하는
진자추라는 생각이 듭니다.

자연과 문명, 이론과 실천, 합리성과 이성해체, 동양과 서양, 물리학과 생물학, 정신과 물질, 무위와 유위, 내적 성찰과 외적 참여, 본성과 양육, 감성과 이성, 관념과 실재 등의 양단에서 어느 하나도 해결하지 못하고 왔다갔다하는 진자추라는 생각이 듭니다.

장회익 학문의 양식, 더 넓게 말하면 삶의 양식에서 흔히 이분법적으로 나누고 있는 두 영역 모두에 자신이 관여하는 데 대한 일종의 회의랄까 정체성 문제랄까 하는 것에 대한 이야기인 것 같군요. 현실적으로 충분히 납득이 가는 문제이지요. 더구나 그것 때문에 학문적으로 또 사회적으로 어려움을 많이 겪고 계신 처지이니까요.

그런데 앞에서 이미 이야기한 것처럼 우리가 이원론으로 만족하지 않고 기필코 그들 사이의 연결고리를 찾아 통합된 하나를 이루어나가는 것이 옳다면, 누군가가 그런 자리에 서서 선구적인 시도를 해나가야 할 겁니다. 그러나 이러한 작업은 생각처럼 쉽게 성과가 나는 게 아니지요. 당사자로서의 고통이야 그 자리에 서보지 않고는 잘 알기가 어려울 줄 압니다. 나 자신도 성격은 조금 다르지만 비슷한 자리에서 비슷한 역할을 해왔다고 할 수 있는데, 정말 막막하게 느껴질 때가 많았어요. 때때로 아주 초보적인 소통조차 어려움을 겪어요.

 하지만 정말 중요한 작업은 통합을 위한 이런 노력에서 나온다고 하는 것이 저의 신념이에요. 한번 우리말 큰 사전을 들여다보세요. 얼마나 많은 용어들이 들어있습니까? 이것들이 뿔뿔이 다 다르다고 생각하고 이것 하나하나를 알아야 한다고 생각하는 게 우리의 상식이에요. 그런데 진정한 앎은 그게 아닙니다. 이것이 전부 어떻게 서로 연관되는가? 그래서 하나의 세계가 어떻게 형성되는가? 이게 모여 참된 하나의 삶을 어떻게 이루어나가는가? 이런 게 아니겠어요? 누군가는 이 작업에 뛰어들어야 합니다. 설혹 별로 성취한 것 없이 빈손으로 뛰쳐나오는 한이 있더라도 말입니다.

 그런데 하나를 만든다는 것, 하나가 된다는 것은 결코 표피적인 연결만으로는 안 된다는 데에 주목해야 되요. 반드시 뿌리를 파고 내려가 공통된 근원에까지 이르러야 해요. 때로는 남들이 앞으로 나갈 때 뒤로 빠지기도 해야 하고. 결국 남들의 눈에는 보이지 않는 또 하나의 차원을 찾아내 그 안에서 활동을 해야 하는 겁니다. 남의 눈에는 허깨비 잡는 일로 비칠 수도 있지요. 그러다 보면 스스로도 내가 허깨비를 쫓고 있는 것은 아닌가 하는 생각이 들 때도 있는 것이고. 최 선생한테 그런 생각이 든다면 위안을 받으세요. 여기 비슷한 경험을 이미 겪어온 사람이 있으니까.

 최종덕 네, 깊이 새겨듣겠습니다. 개인적으로는 그런 양면성의 입장이 학문적 수준에서 벗어나 인간적인 갈등과 연관되기 때문입니다.

실존적 대립을 넘어서

최종덕 그래서 세계존재에 대한 질문이 아니라 나의 존재와 인식에 대한 고민을 말하려 합니다. 세계가 일원론이냐 이원론이냐의 문제는 선생님이 제시하신 일원양면성이라는 주제어로 어느 정도 해소할 수 있다는 데 동의합니다. 고민해온 이원적 구조들은 존재 자체에 대한 충돌이기보다는 그것을 인식하는 인식주체인 나 자신에 대한 갈등을 표현한 것입니다. 쉽게 말한다면 나라는 존재가 갖는 문화적 속성과 자연적 속성 사이의 갈등이며, 내적 성찰과 외적 참여의 갈등입니다. 저는 그런 자아를 이중적 자아라고 말합니다. 이중인격이라고 말하면 부정적인 느낌을 주지만 과연 이중적이지 않은 사람이 있을까라는 나 자신에 대한 타진입니다.

장회익 삶의 내적 갈등에 관한 문제군요. 어떻게 보면 실존적 자아에 대한 문제이기도 하고요. 사실 그것은 누구나 겪는 문제인데, 굳이 이중적이라고 하는 이유가 무엇인지요?

최종덕 저는 원숭이도 아니고 신도 아니기 때문에 필연적으로 이중적일 수밖에 없다고 생각합니다. 자아의 내면 깊숙이 들어갈 필요도 없이 표면적으로라도 인간에게서 윤리와 욕망이 같이하며, 정신이 물질과 같이하며, 이성도 감성과 같이 갑니다. 그래서 저는 아예 이중적이라는 표현을 숨기지 않으며, 오히려 그 이중성이 인간의 본성이라고 보는 것이지요. 그런 이중성을 다른 말로 표현할 수 있다면 더 좋겠지만요. 나는 나 하나로서 나의 정체성을 갖지만 나의 양상은 이중적일 수 있다는 말입니다. 그래서 선생님이 제시하신 일원양면성의 틀을 외부 존재에서 인식주체로 바꾸어 말한다면 동일 자아의 이중적 의식구조라고 대신할 수 있지 않은가라고 질문하는 것입니다.

장회익 '동일 자아의 이중적 의식구조'라는 말이 흥미로운데, 이것을 일원양면성 존재론의 일환으로 해석한다면 다소 오해의 소지가 있을 듯합니다. 어쨌든 최 선생의 이중성 문제에 대한 이야기를 좀더 들어봅시다.

최종덕 한 개인의 행위에 대하여 물러섬과 나아감의 이중성을 말하고 싶습니다. 나아가 이론과 실천 또는 내적 성찰과 외적 현실 참여의 이중적 구조이기도 하지요. 한 인간 안에서 내적 침잠과 외적 참여가 종합적이고 상보적이라고 한다면, 그것은 이상적인 인간형의 모습이라고 생각합니다. 그러나 실제로는 그 둘 사이의 관계가 상보적으로 나타나기보다는 갈등 관계로 나타나는 것이 생물학적 인간의 보편적인 표현형이라고 봅니다.

장회익 생물학적으로 보자면 그런 양면성이 모두 필요하기에 나타나는 것으로 봅니다. 그렇지만 이를 늘 조정하여 하나의 행위를 선택할 수밖에 없는 주체의 입장에서는 갈등으로 느끼겠지요. 물러섬과 나아감이라고 하는 양면적 행동 양상은 가변적 상황 아래서 생존을 유지해나가는 모든 행위주체가 숙명적으로 담당해야 할 요구조건이라고도 할 수 있습니다. 그러기에 대생지식의 강령이라고도 할 주돈이(周敦頤)의 태극도설(太極圖說)을 보면 "한번 동(動)하고 한번 정(靜)하는 것이 서로 근본이 되어 음(陰)과 양으로 나누어져 양의(兩儀)가 성립한다"(一動一靜 互爲其根 分陰分陽

兩儀立焉)고 했어요. 쉽게 말해 이것은 음양의 조화를 말하는 것이지요. 살아 있음의 표현이기도 하고요.

최종덕 분명한 설명입니다. 유학자의 이야기가 나왔으니 도가와 유가를 비교하여 제 원래 생각을 말해보겠습니다.

예를 들어 전통 사조의 하나인 도가철학의 무위사상을 먼저 말하겠습니다. 무위는 보통 기존의 관념대로 청정자연과 소요와 관조 그리고 은둔과 무욕이라는 내면의 성찰적 의미를 상징하는 도가철학의 중심개념이라고 말들 합니다.

반면에 유가철학은 현실참여와 실천의 장르가 중심이라고 평가합니다. 저 개인적으로는 그러한 통상적 설명을 받아들이지 않고 오히려 도가의 무위 자체를 내적인 청정무위와 외적인 참여무위가 뒤섞인 혼재의 철학이라고 보고 있습니다. 제 생각이 옳은 것인지는 더 따져볼 일이지만, 궁극적으로 이런 문제는 인간의 본성과 관련된 것으로 생각합니다. 이기주의와 이타주의, 개체성과 공동체성, 욕망 지향적 본성과 도덕 지향적 훈련과 양육, 아니면 본성 자체의 성선론과 성악론 등으로, 이들 서로 간의 우열비교를 통하여 어느 고정된 한 입장을 옹호하거나 배척하는 '배타적 본성론'이 아니라 이중적 대척점 사이의 변증법적 관계로서 나를 평가하고 싶은 것입니다. 인간은 원숭이도 아니고 신도 아니지만, 원숭이의 잊혀진 과거와 신의 닿을 수 없는 미래를 같이 갖고 있기도 한 듯합니다. 그 흔적과 환상을 공유하고 싶은 것이 저의 본성이라고 봅니다.

장회익 단순한 음양의 관계로 파악하기는 좀 어렵겠네요. 인간이 지닌 복합적 성격에 해당하는 일이겠는데, 구체적 현실상황을 사례로 든다면 좀더 쉽게 토론이 될 것 같군요.

최종덕 좀더 구체적으로 말해보겠습니다. 선생님도 저도 대학 교수라는 직업을 갖고 삶과 세계에 대하여 공부를 하는 지식인입니다. 우리 시대 지식인이 어떤 역할을 해야 하는가에 대한 고민을 하기도 합니다. 소위 상아탑에 틀어박힌 채 지식 자체와 씨름하면서 지식의 재생산을 할 것인지, 아니면 대중과 만나고 유명세도 약간 타면서 지식의 전달을 해야 하는 것인지 혼란스러울 때가 있습니다. 이런 이분법적 질문 자체가 잘못된 것임을 알고 있습니다. 그런데도 저는 항상 갈랫길을 왔다갔다하면서 어느 것에도 만족하지 못하는 것입니다. 예를 들어 새만금과 같은 구체적인 사회적 사안으로 환경문제가 제기되었을 때 철학자로서 분명 해야 할 몫이 있지만 방기하는 경우이지요. 물론 지식인이 모든 사회적 사안에 참여해야 한다는 도덕적 강령을 말하는 것은 아닙니다. 지식인이 시대적 상황을 모두 해결할 수 있다는 것도 건방진 이야기일 뿐이고요. 그렇지만 여전히 지식의 보편성과 지식의 실천성이라는 이중성이 제 주위를 맴돌고 있습니다.

장회익 최 선생의 자기고백적인 이야기인 듯한데, 아마 그런 고민에서 완전히 벗어나 있는 사람은 없을 것 같아요.

최종덕 선생님은 대학의 교수협의회와 비제도권인 녹색대학 일을 맡아본 경험이 있으시기 때문에 지식의 보편성과 사회적 실천성의 두 측면을 조화시키는 나름대로의 비방이 있으리라 생각합니다. 예를 들어 선생님의 온생명 사상이 현실적인 사회문제를 어떻게 조명할 수 있는가 등입니다.

장회익 이것은 근본적으로 우리가 어떻게 살아야 할까 하는 문제와 연관된 것입니다. 무위다 유위다 하지만 그것 또한 우리가 어떻게 행동하며 살 것인가에 대한 성향의 차이를 말해주는 것뿐입니다. 유위라 할 때는 좀더 적극적인 행동성향을 말하는 것이고, 무위라 할 때는 자연의 과정에 많은 부분을 맡기는, 좀더 소극적이라고 할까 신중하다고 할까 하는 행동성향을 말하는 것이지요. 그러나 사람은 살아가기 위해 어쨌든 처신을 해야 하니까 행동을 하는 셈인데, 그 행동을 어떻게 할까 하는 문제에 늘 부딪치는 겁니다.

그런데 여기서 이중적이라고 말씀하신 것은 이러한 행동을 해나갈 때 서로 양립하지 않는 두 가지 행동규범이 자신의 판단을 어지럽힌다는 이야기가 되겠지요. 예를 들어 자신의 개체를 보존해야 할 당위와 자신이 속한 공동체의 안위를 보살펴야 할 당위가 구체적 현실 속에서 서로 다른 행동을 나에게 요구할 때 어느 것을 따라야 하는가 하는 판단의 문제가 됩니다. 어느 때는 공동체의 안위를 제쳐놓고 개체의 보존에 유리한 행동을 하게 되고, 또 어느 때는 그 반대의 행동을 하게 되는데, 이 경우 일관성이라는 척도를 놓고보면 우왕좌왕하는 모습으로 보이지요. 선악의 관점에서 보자면 선으로 갔다가 악으로 갔다가 하는 모습이 되기도 하고요.

최종덕 이러한 결정에는 합리적 판단만이 작용하는 것이 아니라 진화와 성장, 학습의 과정을 통해 우리 안에 마련된 본능적이고 심정적이며 문화적 장치들이 다 함께 작동하는 것 같습니다. 많은

> **장** 우리는 지식인 본연의 요구와
> 사회제도 자체가 강제하는 요구,
> 이 두 상황 사이에서 고민하고 있습니다.

경우 의식적 판단조차 없이 행동이 수행되어버리기도 하고요. 그러나 우리가 생각하는 중요한 행동을 위해서 최종적으로 이성적 판단을 거치게 되는데, 여기에 우리의 고민이 놓입니다. 이렇게 하면 저게 걸리고, 저렇게 하면 이게 걸리는 상황이 발생하는데, 이것이 실존적 고민에 해당합니다.

장회익 특히 지식인의 경우, 부과되는 고민이 더욱 더 늘어납니다. 그 하나는 방금 말씀하신 대로 새 지식의 생산작업에 충실해야 할 것인가, 아니면 기왕에 마련된 지식의 전파 작업에 충실해야 할 것인가 하는 문제이고, 다른 하나는 자기가 이미 지닌 지식으로 비추어 볼 때, 과연 우리 모두는 올바로 살아가고 있는 것인가에 대한 고민을 떠안게 됩니다. 먼저 첫 번째 문제를 놓고볼 때, 이것은 이른바 학자의 작업과 교사의 작업 가운데 어느 것을 우선해야 할 것인가인데, 정답이 있는 것은 아니라고 봅니다. 중요한 것은 현 상황이 어느 것을 더 요구하느냐 하는 점과 나 자신이 어느 일을 더 잘 수행할 수 있느냐 하는 점을 고려해야 하지요. 이러한 고려를 통해 최선의 길을 택하면 되리라고 봅니다.

두 번째로 자기가 이미 지닌 지식으로 비추어 볼 때, 과연 우리 모두는 올바로 살아가고 있는가, 우리 문명의 방향이 바른 길로 나아가고 있는가 하는 문제는 특히 오늘날의 지식인에게 부담지워진 중요한 과제입니다. 사실 이 점에 대해 모두가 크게 반성해야 한다고 봅니다. 우리는 지금 기능적 지식인의 길에서 빠져나오지 못하고 있어요. 사회제도 자체가 기능성과 효율성만을 요구하고 있지요. 우리는 지식인 본연의 요구와 사회제도 자체가 강제하는 요구, 이 두 상황 사이에서 고민하고 있는 겁니다.

나보고 이러할 경우에 행동을 선택할 어떤 비방이 있는가 물으셨는데, 비방이라는 것은 원칙적으로 있을 수가 없지요. 단지 앞뒤 상황을 잘 살펴 내 행동이 의미 있는 결과를 낳을지, 그러한 결과를 낳는다면 이게 다른 쪽을 희생한 대신 그만큼의 충분한 보상이 되는지를 진지하게 생각해보고 행동하는 것이 최선이라는 것 정도 말할 수 있겠지요. 내 경우 지나놓고보니 이러한 생각을 충분히 못했다는 아쉬움이 있습니다. 좀더 신중했더라면 하는 생각 말이지요.

최종덕 선생님의 과학적 사유가 실질적으로 어떤 영향을 미치지 않았을까요?

장회익 여러 번 강조했지만 온생명 개념은 순수하게 생명을 이해해보려는 노력에서 얻은 결과입니다. 그렇지만 일단 이것을 파악하고 나니까, 우리가 너무도 잘못된 길을 가고 있구나 하는 생각을 하게 된 겁니다. 그래서 이것을 위해 현실적으로 무엇을 좀 해야겠다는 생각도 하게 된 거고요. 그러나 막상 사회활동이라고도 부를 만한 이런저런 일, 즉 생태운동이나 사회교육운동 등에 나서보니 부족한 것도 많고 우선 적성에 잘 맞지를 않았어요. 또 한편으로는 아직 학문적으로 정리해야 할 일도 많아서, 서툰 사회활동을 줄이고 있습니다. 요즘은 온생명 개념을 알리는 일이라면 되도록 사양하지 않고 나서지만, 그 외의 활동은 대체로 자제하는 편입니다. 그러나 여전히 지식인의 역사적 역할이 중요하며, 따라서 지식인의 내적 과제와 더불어 외적 참여 역시 중요하다고 봅니다.

최종덕 이미 앞선 토론에서 온생명 사상이 비록 자연계의 틀에서 선생님이 추출해낸 철학구조로 탄생하였지만, 온생명의 사유가 동양전통의 철학적 사유와 맞닿아 있는 부분이 있음을 확인하였습니다. 이 경우 동양철학의 범주를 보통 분류하는 방식대로 유가와 도가의 철학전통으로 나눌 경우 이 중에서 온생명 사상이 어느 범주와 맞닿아 있는지 따져보는 일도 중요하다고 생각합니다. 보통은 유가의 사유규조를 도덕생명과 연계하고, 도가의 사유구조를 자연생명과 연계하는 것을 볼 수 있습니다. 유가의 도덕생명과 도가의 자연생명의 차이는 물론 서양학에서 말하듯 규범성과 자연성으로만 구획되는 것은 아니지만 어쨌든 유사한 측면이 있습니다. 이런 구분을 놓고볼 때 선생님의 온생명은 그 탄생과정에서는 자연생명과 맞닿아 있지만, 존재론적 구조는 도덕생명에 근접한다고 여겨집니다.

장회익 흥미로운 해석입니다. 최 선생의 고유한 생각이신가요?

최종덕 아니에요. 이미 동양철학계에서는 자연생명과 도덕생명의 의미와 차이가 많이 논의된 바 있습니다. 저도 그런 논의를 따라 그 용어를 사용한 것입니다.

장회익 그런 논의구조와 똑같은 것이 아니기에 오해의 여지가 있을 수 있으므로 부연해보지요. 온생명적 사고의 의의는 본래 우리 생명의 실질적인 존재양상을 밝히는 데 있는 것입니다. 그런 점에서 최 선생이 말한 도가의 자연생명과 통할 겁니다. 그런데 이러한 생명의 틀 안에서 우리는 또 인간의 위상을 읽게 되지요. 인간이란 단순한 한 생물종에 그치는 것이 아니라 주체적 판단에 의해 행동해나가는 존재이고, 그 행동의 결과가 온생명의 안위에 심각한 영향을 미치고 있다는 사실을 알게 됩니다. 물론 우리는 이러한 것을 오래 전부터 어렴풋이나마 알고 있었지요. 특히 그 일부가 유가 사상에 반영되어 있는 거고요. 그런데 우리는 지금 이것을 온생명이라는 거울에 비춰봄으로써 그 실상을 더욱 정확하고 실감나게 알았다고 말할 수 있어요. 여기서 우리는 이래서는 안 되고, 또 이렇게 해야 한다는 실천과 행동방향의 실마리를 찾게 되는데, 이것이 최 선생님이 말한 유가의 도덕생명이 아닌가 생각합니다. 이것을 굳이 존재론적 구조라고 불러야 할지는 선듯 판단이 서지 않네요.

최종덕 그렇지만 여전히 현실로 '나아감', 즉 현실참여의 이론적 통로는 도덕생명이 지름길이라는 것이 유가의 주장입니다. 그래서 유가의 주장은 자연생명이란 일종의 자기만족과 개체 보존만을 염두에 둔 사치스럽고 용기 없는 '물러섬'의 메타포라고 보는 것입니다. 물론 도가 쪽에서는 그런 유가의 비판을 그대로 받아들이지 않을 것입니다. 도가 쪽에서는 시대적 현실과 사회적 상황을 치료하기 위하여 당장의 현실로 나서는 일보다는 한 발 물러서 있다가 도(道)와 사(事), 즉 무위의 청정함과 현실참여의 자연함이 근접되었을 때 비로소 사람들에게 나서는 것이 중요하다고 본 것입니다. 이런 상황을 두고서 어떤 이는 도가의 물러섬의 철학을 일종의 처세술이라고 악평하고, 또 어떤 이는 앞에 나서는 시점의 차이일 뿐이라고 말하기도 합니다. 그렇지만 저는 그런 도가의 사유구조를 물러섬과 나아감의 이중적 고민이라고 말하고 싶습니다. 물러섬 없는 나아감은 맹목이고, 나아감 없는 물러섬은 허상이라는 것이지요. 그런 물러섬과 나아감의 이중나선형 구조는 이것과 저것을 가르는 서양의 배중률의 논리로는 도저히 설명할 수 없는 인간의 깊은 본성이라고 봅니다. 변명 같지만 저 역시 그런 이중적 갈등을 안고 있다는 말을 장황하게 한 것입니다.

장회익 결국 행동을 어떻게 해야 하는가의 문제로 다시 돌아오는 것 같군요. 이런 상황에서 어떤 적극적 변화를 시도하는 행동으로 나설 것인가 사태를 더 지켜본 후 꼭 필요한 행동을 취할 것인가 하는 문제이지요. 이것을 나아감과 물러섬이라는 말로 표현할 수도 있겠고.

최종덕 물러섬의 메타포와 나아감의 메타포는 인간에게서 영원한 이중성의 숙제로 남는다고 생각합니다. 나아감의 지향성은 사회화의 적응결과라고 봅니다. 나아감의 지향성은 혈연주의와 사회성 그리고 교육을 중시하며 규범과 윤리의 본체론적 지위를 강조합니다. 그래서 나아감의 지향은 도덕생명과 밀접하다고 여겨집니다. 반면에 물러섬의 지향성은 자연생명과 밀접하지만 그 자연생명의 틀은 원래 자연계의 생명성을 부가하는 듯 보이지만 실제로는 도덕률과 자연율 사이의 변증법적 종합으로 탄생한 제3

초/ 물러섬의 지향이 자기만의 지식 향유가 되어서도,
나아감의 지향이 사회적 권력의 향유가 되어서도 안 됩니다.

의 자연생명의 특징이라고 봅니다. 다시 말해서 자연생명은 자연계의 생명성 그 자체이기보다는 도덕생명을 반성하고 자연계의 생명을 모방하는 것이 현실사회를 치유하는 과정이라고 보는 것입니다. 그래서 도덕생명과 대비되는 자연생명은 도덕생명에 비하여 매우 자기성찰적이며 좀더 개인적인 심층구조를 지니는 듯합니다. 자연생명의 물러섬의 지향성은 도덕생명이 지향하는 분별지와 규범체계를 비자연적인 것으로 간주하고 더 나아가서는 덧없는 무상으로까지 간주하기도 합니다.

결국 자연생명은 현실참여를 비하하는 듯 보이고 은둔과 침잠으로 들어가지만 실제로는 나아감의 적절한 시기를 엿보는 것일 수 있습니다. 그러나 개인의 심미적 수준에 빠질 우려가 농후하여 실천 없는 이론의 환상일 수 있다는 점을 인정해야 한다고 생각합니다. 저 역시 물러섬의 지향이 자기만의 지식 향유가 되어서는 안 되고, 나아감의 지향이 사회적 권력의 향유가 되어서는 안 되게끔 노력을 하고 있습니다. 그래도 역시 물러섬과 나아감의 그 이중적 갈등구조는 여전하지요.

장회익 갈등구조라기보다는 나아감과 물러섬의 균형을 어떻게 취하는 것이 좋으냐 하는 문제 아니겠어요? 유가에서는 이것을 중

용이라고도 하고요. 대체로 나아감은 자기희생을 각오하고 뭔가 적극적인 변화를 시도하는 것인데, 사태를 잘못 파악하거나 전략을 잘못 짜면 오히려 역효과를 가져올 수 있습니다. 특히 인간 중심적 관점에서 무엇인가를 이루어보려고 할 때 막심한 위험이 따르는 것입니다. 그러니까 물러섬이라는 것은 최소한 이러한 위험성을 피하는 장점을 지니지요. 그러나 꼭 필요한 것을 행함으로써 상황의 개선을 도모할 수 있는 경우, 이를 놓치고 마는 약점도 있어요. 아마도 가장 중요한 지혜는 이러한 경계를 어디서 찾느냐일 것입니다. 이걸 갈등이라고 보면 갈등이지만, 최적의 판단을 내리는 지혜의 문제가 되겠지요. 어쨌든 인간은 의식적 판단에 의해 살아가야 하는 존재이기에 이걸 숙명으로 받아들이지 않을 수 없어요.

최종덕 나아감과 물러섬의 양면성은 갈등의 관계라기보다는 균형과 조화의 관계라는 선생님의 논의를 중요하게 생각합니다. 이 논의는 곧 규범적 도덕과 역사적 자연이 어떻게 만나는지에 대한 문제로 연결된다고 봅니다. 더 넓게는 인문학과 과학의 대화를 가능하게 하는 존재의 콘텐츠라고 할 수 있지요.

도덕과 자연: 삶과 세계

장회익 그런데 가치 자체에 대해서는 많은 이야기를 못한 것 같군요. 가치문제와 사실문제는 차원이 다릅니다. 무어(G. E. Moore)가 '자연주의적 오류'라고 잘 지적했듯이 사실의 맥락에서는 사실만 다루어야지 가치가 섞여 들어가면 안 됩니다. 하지만 인간이 하나의 사실에 대해 말하는 순간 이미 자신의 가치의식이 그 안에 숨어 들어가게 됩니다. "사실은 사실 자체로만 사실이지, 그 사실을 말하는, 즉 인간 언어로 표현하는 순간 사실이 아니다"라는 말이 있어요. 인간의 행위라는 것은 가치에서 분리시킬 수가 없어요.

그렇다면 이 가치는 어디서 오는 것이냐? 살아가면서 삶에 더 충실하려는 어떤 지향성이 생기게 됩니다. 이 지향성의 주체적 측면이 곧 가치가 아닌가 하는 생각이 들어요. 이 지향성은 어떻게 생겨났겠어요? 결국 긴 진화의 과정에서 수많은 경험의 축적을 통해 지금의 나에게까지 전해진 것이겠지요. 그러니 그 가치는 무엇에 바탕을 두겠어요? 생존의 유지가 길러낸 것이니 기본적으로 생존가치이며, 생명을 유지하는 게 으뜸이지요.

그런데 이러한 가치는 다분히 추상적입니다. 구체적 행동지침은 이미 본능 속에 들어가 자연적이고 자율적인 행동으로 연결되어버리니까 별도로 의식할 필요가 없어지고, 상황에 맞추어 행위를 의식적이고 의도적으로 결정하고 선택해야 할 부분에 가서 가치판단이 작동하는 거예요. 따라서 가치의 구체적 발현을 위해서는 먼저 사실 세계에 대한 파악이 앞서게 됩니다. 사실과 가치는 논리적으로는 구분되는 것이면서 현실적으로는 밀접한 관련을 맺지 않을 수 없어요. 이 점에서는 윤리도 마찬가지입니다. 윤리라는 것은 간단히 말해 가치에 맞추어 구분해낸 행위유형을 지칭하는 것뿐이니까.

최종덕　가치는 폭넓은 타인과의 공유성을 통하여 규범으로 전환될 수도 있지만, 가치형성은 주체의 주관적 요인이 여전히 강하게 작용한다고 볼 수 있나요?

장회익　그렇지요. 나에게 가장 소중한 가치는 무엇이냐? 이건 내가 주관적으로 판단하는 수밖에 없습니다. 물론 내가 받아들인 객관적 사실들을 바탕으로 판단하게 되지요. 그런데 여기에는 이미 나에게 주어진 성장과정이라든가 사회적 통념과 같은 주변요소들이 상당 부분 작용하게 됩니다. 그렇기 때문에 바른 판단을 하기 위해서는 객관적 사실에 대한 정확한 '이해'와 함께 기왕의 잘못된 통념에 스스로 빠져들지는 않았는지 철저한 '반성'이 요구됩니다.

최종덕　그렇습니다. 외부세계를 바라보지 않는 주체는 주체가 아니라 관념적 허상일 뿐입니다

장회익　설혹 이렇게 하더라도 사람과 사람 사이에 가치의 판단과 윤리의 규범이 서로 달라질 수가 있지요. 누구나 갖고 있는 가치의식의 공통분모가 있지만 그 차이도 있어요. 그런 차이를 인정 못하고, 나의 이익만 챙길 경우 분쟁으로 번질 수도 있습니다.

최종덕　맞습니다. 분명 주체의 고유한 가치는 서로 비교할 수 없는 것이지요. 사실의 문제는 이것과 저것의 양적인 무게를 비교할 수 있어요. 하지만 너와 나의 가치, 나아가 과학과 인문학의 가치, 동양과 서양의 가치는 어떤 우열을 따지는 기준으로 비교할 수 없어요.

장회익　가치 자체에 대한 단순 비교는 안 되겠지만, 가치 도출

의 바탕에 대한 근원적인 재검토를 수행해볼 수는 있겠지요.

최종덕 네, 그렇다고 생각합니다. 개별 가치의 차이를 인정하면서 서로 공존하는 것이 중요합니다. 그런데 차이를 차별로 몰고 가면서 가치의 우위비교로 단정해버리는 함정에 빠지곤 해요. 한 개인의 가치가 사회와 공유되고 또한 도덕적으로 인정받으려면, 그 가치에 대한 주체적 존중이 필요할 겁니다. 어떤 규범화된 것, 강제력에 의한 것, 권위가 실린 가치는 정당한 의미에서 가치라고 할 수 없을 것입니다. 마찬가지로 선험성에 의해서 형성된 가치는 선험적 가치일 뿐, 구체적 삶과 미학을 찾아가는 실천의 가치는 아닐 거고요. 결국 일방적으로 주장되거나 사회적 조류에 휩쓸려 교조적인 성향을 보이거나, 자연의 색깔을 아예 탈색해버리고 이론체계만 남게 된 선험성의 가치들은 주체의 의미를 상실하고 만 거죠.

장회익 어느 누구도 자신의 가치를 타인에게 강요해서는 안 됩니다. 그런데, 최 선생의 논조와 조금은 다르지만 모든 사람의 가치판단이 동일한 위상을 지닌다고는 보지 않아요. 좀더 존중받을 가치판단도 있고 그렇지 못한 것도 있겠지요. 상식적인 가치와 이를 넘어서는 가치도 있어요. 사실 지금과 같은 혼란기에는 이것을 구분하는 작업도 매우 중요합니다. 그러나 어떤 강요나 설득으로 될 일이 아니라 끝없는 반추와 반성을 통해 이루어져야 할 일이에요.

현재 우리 사회는 너무나 다양한 사조와 일치하지 않는 다양한 문화가 뒤섞여 있어요. 그런데 이를 핑계삼아 모든 것을 해체하고 개별화시키려는 자세 또한 옳지 않다고 봅니다. 물론 어떤 하나가 다른 하나를 통합하고 지배해야 한다는 뜻은 아닙니다. 서로를 지나치게 간섭하는 것도 옳은 일이 아니고요. 그러나 일단 차이가 생기면 그 차이의 바탕은 무엇인지, 해소할 수는 없는지, 그리고 이러한 해소의 노력을 통해 더 깊은 뿌리에 닿지는 않을지 생각해봐야 한다는 거예요.

이와 함께 나는 이른바 선험성이라는 것은 들어설 자리가 없다고 봐요. 이미 말했다시피 가치도 기본적으로 진화의 과정을 통해서 형성된 것일 텐데, 이를 선험적이라 부르는 것은 적합하지 않겠지요.

최종덕 방금 단적으로 선험성은 들어설 자리가 없다고 말씀하셨는데, 이런 단정이 잘못하면 철학자들에게 엄청난 비난의 빌미가 될 수 있습니다.

장회익 그래요? 그렇다면 무슨 근거로요? 백만 년 전에도 선험성이 있었느냐, 천만 년 전에는? 또 일억 년 전에는? 만일 그렇지 않다면 언제 왜 그런 것이 생겼느냐고 묻고 싶어요.

최종덕 선생님의 이야기는 매우 진보적인 논지라고 생각합니다. 기존 권력에 휩쓸리지 않고, 주어진 윤리규범을 받아만 먹지 말고, 기성체계에 묻히지 않고, 사물과 사람을 바라본다는 것은 의식의 주체성을 찾아가는 실질적인 통로라고 여겨지는데, 현실적으로는 그럴 만한 용기를 갖는 일이 더 중요합니다.

저 자신은 선험적 도덕규범 대신, 진화론적 도덕 형성 과정에 대해 좀더 연구해볼 생각이 있어요. 그런데 아직도 진화론으로 대체

되면 기존의 규범 윤리가 무너진다고 겁내거나, 아니면 무작정 진화론적 사유를 비난하는 사람들이 많아요. 참으로 답답한 실정이지요.

장회익 아직도 우리의 전통규범들은 너무도 인간중심적이에요. 물론 일부 종교에서는 신(神)중심적이기도 하지만. 이 경우에도 신 자체가 인간의 모습을 하고 있으니 역시 인간중심적 시각을 못 벗어나고요. 이것이 결국은 인간중심적 문명을 만들어 생태적 파멸을 자초하지요.

문제는 이러한 인간중심주의가 생태적 파멸로 연결되고 있음을 충분히 못 느낀다는 거예요. 그래서 한 가지 방식은 그들이 태산같이 믿고 있던 기존의 규범과 윤리를 깨뜨리는 거예요. 그러면 이것이 생각을 돌려볼 수 있는 계기를 주게 되지요. 그래서 나는 요즈음 논의되는 이른바 생명윤리 논쟁을 한편으로는 즐거운 눈으로 바라보고 있어요. 뻔히 깨져야 할 것들을 가지고 씨름하고 있지요. 그러나 혼란 그 자체를 즐기자는 것은 아닙니다. 하루 속히 더 깊은 차원에서 재검토하고 합의의 길을 열어가야지요. 이런 점에서 규범적 도덕의 성격에 대해 좀더 이야기를 나누어보아야 되겠군요.

최종덕 규범적 도덕은 존재론적 지위보다는 실천적 지위를 갖는다고 말하는 것이 더 합당하지요. 그런데 저에게 그런 존재론적 지위는 반드시 실천적 구조에서만 축조된다고 봅니다. 그래서 제가 말하는 존재론이란 서구철학에서 말하는 형이상학적 존재론이 아니라 존재 자체가 실천의 운동성을 지녀야만 비로소 존재의 지위를 획득할 수 있다는 것입니다. 저의 이런 생각은 근원적으로 생물학적 사유에 기인합니다. 생물학적 존재란 반드시 존재의 존속을 위하여 운동성을 지녀야 합니다. 그런 운동성은 시간 의존적이고 일시적이어서 형이상학적인 절대적 존재의 지위를 지닐 수 없다고 다들 말하지요. 개체는 일시적이고 유한하지만, 선생님의 온생명 개념이 그렇듯이 모든 개체들의 연계망을 더 큰 의미의 생명이라 볼 수 있지요. 따라서 개체는 보이지 않는 생명활동을 통해 과거의 개체와 만나고 있습니다. 쉽게 말해 유전자라는 진화·역사적 매체를 통해 그 개체는 일시적 유한선을 탈피할 수 있으며, 그때 비로소 존재론적 근거가 마련된다고 생각합니다. 물론 그런 경우조차도 형이상학적인 존재의 지위를 획득하는 것은 아니지만요. 이렇게 존재론적 근거는 선험적 배경에서 만들어진 것이 아니라 자연의 끊임없는 진화운동에 의해 이뤄진 것이지요. 이런 모습을 존재의 실천적 구조라고 표현한 것입니다. 따라서 존재론적 지위는 실천적 구조 위에서 축조된다고 할 것입니다.

저는 이런 생각이 오히려 선생님이 말하신 온생명의 존재론적 근거와 일치한다고 봅니다. 온생명을 공간적으로만 볼 것이 아니라 시간적인 차원에서 볼 경우 과거 개체와 현재 개체 그리고 미래 개체 각각은 개체생명이지만 그 개체를 시간적으로 통하는 통시적 존재를 하나의 온생명이라고 할 수 있듯이 말입니다.

장회익 도덕이 생명에 대한 존재론적 이해에 바탕을 두게 된다는 점에 전적으로 동의합니다. 그렇기 때문에 도덕 문제를 별도의 차원에서 보는 것이 아니라 생명에 대한 이해를 바탕으로 전일적

장 도덕 문제는 생명에 대한 이해를 바탕으로
전일적 시각을 통해 해결해야 할 문제라고 봅니다.

시각을 통해 해결해야 할 문제라 보고, 이러한 점에서 진화적 관점을 포함해 통합적으로 접근하는 것이 옳다고 봅니다. 그런데도 우리 사회에서는 아직 이를 사회적·문화적인 요인에만 관련되는 것으로 보는 시각이 팽배합니다. 이것은 특히 서구적 사고에 관련된 것이고 또 개체적 생명관을 가질 경우 누구나 쉽게 빠져들 수 있는 함정입니다. 그런 점에서 우리는 지금 도덕을 과연 사회적이고 문화적인 요인으로만 보아야 하는가에 대해 진지한 문제제기가 필요합니다. 거듭 얘기하지만 온생명의 사유구조는 생명의 세계를 온전하게 인식하자는 데 있는 것이고, 이러한 온전한 인식으로부터 사회적 행위 곧 도덕에 관련된 실천적 규범을 이끌어낼 수도 있다고 봅니다. 온생명은 단순한 현상적 세계인식만이 아니라 현실 속에서 실천적인 행동지침과도 연계될 수 있습니다.

최종덕 네, 저도 같은 생각입니다. 앞서 말한 도덕생명과 자연생명의 차이를 두고 싶지 않습니다. 저는 서양의 규범윤리학처럼 도덕을 선험적인 정언명법으로 생각하지 않으며 또한 도덕을 문화성에 대비하고 자연을 선천성에 대비하는 이분법적 분리도 거부합니다. 인간의 도덕규범 역시 자연화된 결과일 뿐입니다. 쉽게 말해서 도덕이란 인간이 자연을 대하면서 그리고 인간이 인간사회를

> 초/ 도덕이 '자연의 산물이냐 문화의 산물이냐'처럼
> 둘 중의 하나를 가르는 논쟁은 더 이상 필요 없습니다.

존속해가면서 자연적으로 선택된 결과라는 말입니다.

예를 들어 보겠습니다. 유클리드의 수학공리가 인간의 약속으로만 정의되는 것이 아니라 당시 북부 아프리카 나일 강 유역의 지형과 기후를 대처해가면서 인간에게 자연스럽게 선택된 약속으로 되었다는 이야기와 비슷합니다. 도덕 역시 따로 선험적인 이론화 과정이나 사회화된 거대 약속을 통하여 생산된 것이 아닙니다. 오히려 도덕은 자연을 헤쳐 나가기 위해 사회화된 집단의 종 보존을 위해 최적화된 삶의 양식으로 신화하여, 나중에 문화적으로 묶여지고 정리되고 규범화되었다고 생각합니다. 결국 도덕과 자연은 설명적으로는 이원화하여 대비적인 개념이라고 볼 수 있겠지만, 실제로는 인간 삶의 양식이라는 큰 스펙트럼의 양단일 뿐입니다. 따라서 도덕과 자연은 연속적입니다. 간단히 말해서 도덕이 '자연의 산물이냐 문화의 산물이냐'처럼 둘 중의 하나를 가르는 논쟁은 더 이상 할 필요가 없는 것입니다.

장회익 사실 도덕과 자연의 분리는 인간의 본능적 혹은 무반성적 행위가 사회적으로 부적절한 결과를 초래할 수 있다는 데서 출발합니다. 문명의 양상이 복잡해지면서 개인의 자연스런 행동 패턴이 사회 그리고 전체 인류의 이해에 역행하는 결과를 빚을 수가

있지요. 그래서 이를 시정하기 위한 사회적·문화적 장치가 필요하게 된 것이고, 그 중 하나가 바로 도덕입니다. 그런데 사람은 본래 본능적 충동만으로 행동하는 존재가 아니에요. 설혹 본능에 입각한다 하더라도 현실의 상황을 살피고 나면 거기에 따라 발현되는 본능의 양상이 달라지지요. 그렇기 때문에 객관적 상황만 완벽하게 파악할 수 있다면 그것을 바탕으로 그 행동방향을 본능에 맡기더라도 별로 문제될 게 없어요. 원론적으로 볼 때 그렇다는 이야기입니다.

우리가 만일 사회와 인류 그리고 온생명을 제대로 파악해서 존재론적 위상에 따라 행동한다면, 이것이 곧 도덕적 행동과 다를 게 없습니다. 이것이 유가나 도가를 포함해 대체로 동양적 사유에 가까운 것이고, 오히려 도덕률을 절대자의 의지나 선험적 명제 속에서 찾으려는 서구적 사고와 구별되는 것이지요. 서구에서도 그 시대적 연원을 살펴 올라가면 결국 이러한 연속적 이해를 바탕으로 한 인간의 행동양식을 역사의 어느 시점에서 절대자의 의지라는 고고한 지위로 격상시킨 것뿐이라고 봅니다. 지나치게 선험적으로 발전한 형이상학을 본래의 모습대로 되돌리려는 작업이 이른바 자연화 작업의 한 사례가 아닐까요?

최종덕 그래서 제가 말한 양단적인 개념들의 이중성이란 결국 연속성이라는 말로 대체하면 좋을 듯합니다.

장회익 그렇지요. 결국 하나의 것을 다른 관점에서 보는 것일 수 있고, 하나의 것이 나타내는 서로 다른 측면을 각각 분리해서 보는 것일 수 있지요. 분리해서 이들에게 독자적 실체를 부여하고 나면 이중성으로 보이기도 하고 갈등 양상으로 파악되기도 합니다. 그러나 그 내면에는 서로 분리될 수 없는 하나 또는 연결점이 있고, 그런 모습을 두고 연속성이라는 표현을 쓴다면 좋을 듯합니다.

최종덕 이렇게 생각한다면 결국 자아 성찰과 외적 참여도 연속적인 양태라고 보는 것이지요. 나아가 앞서 말했던 동양과 서양, 자연과 문명, 정신과 물질이나 감성과 이성까지도 연속적이라는 관점을 갖는 것입니다. 선생님이 말씀하셨던 일원양면성과 비슷한 귀추를 갖게 됩니다. 또한 확실하고 분명한 연결고리는 아닐지언정 어쩔 수 없이 스피노자의 세계관과 비슷한 결과를 낳기도 하고요. 이런 생각이 어쩌면 이중성의 고민을 해소하는 유일한 길이 아닐까 생각합니다.

장회익 지금 이 시점에서 스피노자의 세계관을 그대로 끌어안기에는 부담이 되는 것도 사실이지만 윤리학을 비롯해서 그의 철학 많은 부분이 우리가 논의해왔던 입장과 잘 부합되고 있습니다. 그러나 우리는 더 나아가야 합니다. 스피노자 이후 우리의 세계이해는 그 만큼 더 넓어졌고 앞으로도 더 넓어질 것이기에 열린세계에 대한 두려움을 줄이면서 최선의 가치와 삶의 향방을 찾아나가야 할 것입니다. 한 가지, 현대인들이 당면한 어려움은 우리가 알고 이해해야 할 내용이 너무 많아서 아예 포기하고 단편적이고 파편적인 이해와 시각에 안주해버릴 위험이 있다는 것입니다. 우주도 삶도 하나인 이상 적어도 큰 줄거리에서는 모두를 아우르는 가운데 삶의 지향을 찾아야 합니다. 옆도 돌아보지 않으면서 자기만이 옳다거나 궁극적인 진리를 찾았다고 주장하는 사람들을 보면 오싹 소름이 돋습니다.

최종덕 우리들이 그동안 이야기해온 것은 처음 1장부터 마지막 끝까지 대척 개념에 대한 실천적 종합구조를 지향해왔습니다. 물론 이런 논의는 책 한 권의 이야기로 해결되는 것은 아니라고 봅니다. 우리의 논의는 무엇을 깨끗이 해결하는 데 있었던 것은 아니었다고 생각합니다. 과학과 철학, 고전과 현대, 전체와 부분, 동양과 서양, 의식과 물질 그 어느 하나 쉽게 만나기 어려운 문제들을 최대한 많이 연결해보려고 나선 길이었습니다. 문제를 해결했다고 장담할 수 없지만, 최소한 문제가 무엇인지는 분명히 논의되었다고 봅니다. 문제가 무엇인지를 밝히는 일 자체가 이미 문제해결의 문지방을 반은 넘어선 것이니까요.

어쨌든 오랫동안 많은 이야기를 나누었는데요, 이제 대화를 마치도록 하겠습니다. 안다는 것이 무엇인가에 대한 질문에서부터 자연과 존재에 대한 복잡한 문제까지 토론해보았습니다. 근본적으로는 과학과 인문학이 서로 만날 수 있는 접점을 찾아가는 자리였습니다. 과학과 인문학이 만나는 계기에는 학술적인 이론체계의 공통분모만이 필요한 것이 아니라, 삶과 세계를 이어주는 역사적 맥락과 생태학적 사유가 중요하다는 것을 깨달은 자리였습니다.

찾아보기

| ㄱ |

가이아 이론 172, 175, 177, 182
거짓말쟁이 역설 292, 293
겔만, 머리 139
격물치지 214, 216, 221
경험과학 47
경험세계 119
고유함수 109
고전역학 44, 50, 93, 96, 97, 104, 106, 107, 123, 124, 219, 229
공유된 주체 303
과잉 277, 279
　~ 진화 277, 278
『과학과 메타과학』 37
과학권력 245, 247
과학의 희망 246, 247
과학적 실재론 116
과학적 자연주의 220
과학철학 25, 33
관념론 122, 124, 126, 316
관찰의 이론 의존성 85, 86

광속 46, 75
광전효과 95, 106
괴델, 쿠르트 289, 290
국소질서 181, 184~186
기(氣) 169, 170, 207, 210, 215
기술독재 247, 256
김재권 289, 291
김지하 153, 154, 169

| ㄴ |

낱생명 166~178, 172, 173, 185, 186, 188, 190
내적 성찰 320, 321
노자 237, 250
논리실증주의 27, 28
뉴턴 43, 50, 76, 83, 96, 98, 101, 219, 229

| ㄷ |

다윈, 찰스 186, 192, 193
　『자연선택에 의한 종의 기원』 192

대물지식 209, 210, 215
대상 없는 의식 274
대상적 지식 31
대생지식 209~211, 216
대인지식 209~211, 215
데스파냐, 베르나르 133
데카르트 37, 219, 231, 252, 313, 317
도덕 336~340
　~생명 327, 328, 330, 338
돈오 94, 95
동양적 자연주의 220
동역학적 서술 122, 124, 298
동일성 이론 289
DNA 구조 159, 196

|ㄹ|
라그랑지안 295, 296
라이헨바흐, 한스 25, 32
라일, 길버트 286
러브록, 제임스 177, 182
러셀, 베트런드 286
　~의 역설 293
로렌츠 변환 240, 241
리(理) 216, 219

|ㅁ|
마음 268, 270
마투라나, 움베르트 190
맥스웰, 제임스 80
　~ 방정식 80, 104
메타 생물학 164, 196

무어, G. E 220, 331
무위 322, 324
무위당 153, 154, 157
　~의 생명사상 155, 156
물(物) 213, 221
물리량 78, 116
물질 165, 166, 168, 265, 266, 268, 269, 315
　~의 양면성 265
민코프스키, 헤르만 37, 74, 76, 77, 82~84

|ㅂ|
바렐라, 프랜시스코 190
반성 25, 284
반실재론 129, 131
방이지 212
『물리소지』 212
보생명 167, 168, 186
보어, 닐스 24, 63, 114, 119, 127~131, 151, 195~197, 298
보옴, 데이비드 132, 133
복소수 79, 80
복잡계 이론 180, 183
복잡성의 과학 183
볼츠만, 루트비히 44, 45
분석철학 27, 33, 291
불완전성정리 290
불확정성원리 107, 108, 110, 112, 115, 136
불확정의 범위 110, 111

붕게, 마리오 137
비엔나 학파 27, 28
비유클리드 기하학 77, 78
비평형 열역학 183
비평형적 여건 184

| ㅅ |
사고의 틀 86, 87
4차원 74, 76, 77, 82, 97, 101
사회생물학 193
3차원 100, 101
상대성 98, 99
　~이론 25, 38, 47, 73, 75, 83, 97, 99, 104
상보성 원리 114, 196
상태 109, 114, 116, 117, 122, 294, 295
　~변화의 법칙 108, 109
　~함수 109, 127
생(生) 210, 215, 216
생명 156, 168, 161, 162, 164~168, 198, 199, 211
　~사상 153~156, 169
　~윤리 52, 306, 307
　~의 전일성 252, 253
생물학의 철학 152
생물학적 존재 337
서술주체 294, 297, 299, 300
선험성 335
성찰적 지식 31
소통불가능성 이론 91

수반이론 289, 291
수학 48, 49, 78
숨겨진 변수이론 132, 133
슈뢰딩거, 에르빈 63, 115, 151, 195, 281, 282
　~ 방정식 106, 109, 297
　~의 고양이 115
『생명이란 무엇인가』 195, 282
슐리크, 모리츠 28, 290
스피노자 316, 341
신(神) 225
신경망 143, 144
신과학운동 231
신체/마음 문제 287, 289
실수 체계 78
실재론 120, 122, 129, 131, 132
실재성 116, 117, 134

| ㅇ |
아인슈타인 43, 73~77, 81, 83, 95, 98, 99, 105, 118, 127, 142, 143, 225
양자역학 38, 39, 93, 104, 107, 123, 138, 225, 292, 294, 295
　~적 서술 297
　~적 대상 113
양전닝 226, 232
엔트로피 44, 45, 182
오리엔탈리즘 204
온생명 152, 155, 162~164, 169~172, 176~179, 194, 326~328, 337

온신경망 145
우주론적 생명사상 164
운동량 109, 112~113
유가철학 322
유물론 261, 266, 268, 315, 316
유심론 261, 266, 315
유클리드 기하학 44
유클리드의 공리 220
의식 261, 263, 273, 274
　～없는 마음 268
　～의 원형 301
　～의 주체 263, 288, 289
　～의 지향성 275, 276
　～있는 마음 268
이보디보 279, 280
이원론 265, 314, 318
이중성 320, 321
EPR 논문 127, 128, 130
인간원리 270
인간중심주의 336
인공지능 284, 285
인물성동이 222
인물성이론 222
일반상대성이론 78, 84, 106, 142
일원론 265, 314, 315
일원양면성 320, 321, 341

| ㅈ |
자연생명 327~330, 338
자연선택 192, 277, 279
자연주의적 오류 220

자연학 212, 213
자유의지 285, 287, 288
자체촉매적 국소질서 179~182, 184, 188
장일순 153, 155, 157, 169
장현광 100
　『여헌성리설』 205
　『우주설』 100, 205, 206
적응주의 277, 280
적응진화 279
전일론적 해석 131
전체성 282
전통적 실재론 129
점오 94, 95
정당화의 맥락 32
정량화 78
주돈이 321
『주역』 215, 218, 314
주체 263, 298, 299
　～성 306, 307
중력장 106
지향성 없는 의식 273
진화 193, 194, 275, 277, 279
　～론 64, 277
　～생물학 280
　～의 나무 193
집합적 주체 303

| ㅊ |
찬드라세커 233
참여무위 322

청정무위 322
초끈이론 146
최한기 217, 218, 226~228, 237
추론적 실재 118
추정가능성 134

| ㅋ |
카르나프, 루돌프 28
카프라, 프리초프 136, 137, 190
　『현대물리학과 동양사상』 136
칸트 26
　『순수이성비판』 26, 27
코페르니쿠스 73, 74
코펜하겐 해석 115, 298
쿤, 토마스 89, 91~93, 37
크릭, 프란시스 63, 285, 287, 288
　『놀라운 가설』 285
클라우지우스 44, 45

| ㅌ |
태극도설 212, 321
통일장 142
특수상대성이론 74, 77, 82, 99, 106

| ㅍ |
파동방정식 131
파동함수 붕괴 269
파인만, 리처드 139

파장분화 233
패러다임 90, 91, 243
　~ 전이 89, 91
패러데이, 마이클 79~81
펜로즈, 로저 268, 272, 269
포돌스키 127
포스트모더니즘 147
포이어, 르위스 99
포퍼, 카를 141, 142
폰노이만 293
프리고진, 일리야 161, 183
플라톤 117, 135, 254
플랑크 상수 108

| ㅎ |
하이젠베르크 24, 110, 111, 113~
　115 118
해밀토니안 295, 296
핸슨, 노우드 러셀 85
허셸, 윌리엄 226
허수 체계 79
형식과학 47, 224
호킹, 스티븐 271, 272
환상의 과학 246, 247
환원주의 161, 283, 283
황우석 56, 59, 245, 247
힐베르트, 데이비드 78, 81, 84, 95

장회익 張會翼

서울대 물리학과를 졸업하고 미국 루이지애나 주립대학에서 물리학 박사학위를 받았다. 서울대 물리학과 교수를 지냈고 국내 최초의 대안대학인 녹색대학 총장을 역임했다. 한국 물리학계를 대표하는 학자로서 오랫동안 학문의 통합과 소통에 깊은 관심을 두며, 과학자의 시선으로 폭넓은 인문학적 주제들을 연구하였다. 그 결과 탄생한 '온생명' 이론은 생명과 자연의 본질을 깊이 성찰함으로써 사회와 문명 문제에 혜안을 제시했다. 지은 책으로는 『과학과 메타과학』, 『삶과 온생명』이 있으며, 함께 쓴 책으로는 『새들은 과외수업을 받지 않는다』, 『삶, 반성, 인문학』, 『생태적 삶을 추구하는 영성』 등이 있다.

최종덕 崔鍾德

서강대 물리학과와 연세대 철학과 대학원을 졸업하였다. 독일 기센 대학 과학철학부에서 철학박사학위를 받고, 현재 상지대 인문사회과학대학 교수로 있다. 과학적 세계를 철학적 사유의 바탕에서 연구해온 대표적인 과학철학자로서 그의 탐구는 한의학과 생물학, 동양과 서양의 학문 영역에 걸쳐 자연에 대한 철학적 이해를 추구하고 있다. 지은 책으로는 『부분의 합은 전체인가』, 『함께 하는 환경철학』, 『인문학, 어떻게 공부할 것인가』, 『시앵티아』 등이 있으며, 옮긴 책으로는 『철학과 물리학의 만남』, 『과학철학의 역사』 외 다수가 있다.